신여성,
개념과 역사

신여성,
개념과 역사

김경일 지음

푸른역사

책머리에

한국의 근대에서 1920년대 신여성의 출현은 19세기 후반 한국 사회가 근대로의 길을 밟아 온 이래 여성을 둘러싼 가장 커다란 변화 중의 하나이다. 여성 자신의 인격과 개성에 대한 존중, 자유연애와 자유결혼, 정조에 대한 도전, 남녀평등과 여성 해방 등의 쟁점을 공공의 차원에서 제기하면서 이들은 남성이 지배하는 가부장의 한국 사회에 도전했다. 그것이 좌절로 끝났다고 하더라도 이들의 주장과 행동은 개조와 해방을 위한 1920년대 시대정신의 집단 표출로서 이후 한국 사회의 페미니즘과 여성 운동의 역사에 지워지지 않는 영향을 남겼다. 또한 신여성의 출현과 이들이 주도한 일상 문화와 소비에서의 충격은 유럽이나 미국과 같은 선진 제국은 말할 것도 없고 한국이나 중국, 인도와 같은 식민지·반식민지 경험을 가진 국가·민족에서도 공통으로 나타난 현상이었다. 이러한 점에서 한국의 근대사와 여성사, 그리고 동아시아와 지구 차원의 근대 역사에서 신여성은 중요한 주제 영역을 차지한다.

1945년의 해방 이후에 신여성은 역사의 개념으로서 연구 대상이 되었다. 이 시기 신여성에 대한 관심은 1950~60년대에 들어와 주로 신여성 문학 연구를 통해 이루어졌다. 이들 연구는 사회 구조의 시각이 아닌 성의 타락이나 일탈이라는 개인의 고립된 시각에서 신여성을 이해하고자 했는데, 이는 대부분 남성 중심의 편견을 반영한 것이었다. 신여성에 대한 연구는 사실상 1960~70년대에 들어와서 시작되었다고 할 수 있다. 이 시기에는 주로 근대화 이론의 시각에서 근대 교육을 받은 여성 지식인에 대한 관심과 계몽주의 여성 교육이라는 맥락에서 진행된 연구가 많았다.

근대화를 위한 의지나 감각이라는 차원에서 다소는 모호한 추상 방식의 이러한 초기 정의는 1980년대 이후의 연구에서 보다 정교한 방식으로 구체화하는 경향을 보였다. 이전 시기에 비해 1990년대 이후 많은 연구 성과와 진전을 보이는 가운데 특히 2000년대에 들어오면서 이 주제에 대한 본격 연구가 나오고 있다. 신여성의 대표 인물인 나혜석에 대한 일련의 연구와 자료집이 간행되었으며, 젠더와 여성주의 이론의 관점에서 식민지 근대를 파악하고자 한 연구도 나오고 있다. 최근에는 신여성에 대한 영문 소스북과 아울러 일제의 식민 지배가 한국 여성의 일상생활과 정체성에 미친 영향에 주목하여 식민지 근대성의 문제의식에서 이 시기의 여성을 분석한 연구도 출간되었다. 그런가 하면 여성의 근대가 지니는 다양한 측면의 어느 한 특정 현상에 주목한 연구도 나타나기 시작했다. 여기에서는 단연코 사랑과 연애의 주제가 가장 많은 조명을 받았으며 결혼이나 여행과 같은 주제를 다룬 연구서도 나왔다. 역사 연구의 디지털화와 정보 공유 체계의 발전을 배경으로 신여성과 관련한 많은 역사 자료가 간행되었으며, 이 밖에도 자료를 바탕으로 한 다양한 소개서도 나오고 있다.

이처럼 관점과 접근 방법, 문제의식 등에서 다양성과 분산성을 최근의 경향으로 지적할 수 있다. 한편 신여성 연구는 제국주의와 식민주의, 인종주의와 서구, 타자성, 식민지 근대성, 페미니즘과 여성 해방 운동 등과 같이 다른 쟁점이나 주제와 밀접한 관련을 가지고 진전되고 있다. 일반으로 서구 이론과 한국의 경험 현실에 대한 논의가 일방으로 진행되고 있는 (신)식민지에서 학문의 종속성 극복과 토착화라는 문제의식에서 이론과 경험의 밀접한 연관성이 설정되어야 한다면, 서구 페미니즘 이론에 대한 논의와 한국의 토착 전통에서 신여성에 대한 탐구는 각각이 독립되어 서로 분리된 주제 영역이라고 볼 수 없다. 나아가서 고립된 자기 완결의 주제가 아니라는 점에서 한국의 신여성 연구는 비교를 통한 일반 이론화의 수준에서 보편주의의 시각을 지향하고자 한다. 이러한 점에서 The Modern Girl Around the World Research Group(2008)의 연구 성과는 적절한 연구의 준거를 제공할 수 있지만, 여기에는 일본이나 중국, 인도의 사례는 있지만 아쉽게도 한국의 경우는 빠져 있다.

신여성 연구에서 역사 자료와 현대의 재현 사이의 긴장 문제도 언급하고 싶다. 최근 특히 인문학의 전통에서 신여성에 대한 현대의 재현과 해석 및 의미 부여를 지향하면서 사진이나 애니메이션, 동영상 제작, 혹은 퍼포먼스 구성 등을 통한 재구성 작업이 활발하게 진행되어 왔다.

이러한 시도는 신여성에 대한 객관의 실증 연구 성과가 부족한 상태에서 그 공백을 메우면서 역사 상상력의 동원을 통한 현대의 해석과 창조라는 점에서 의미를 갖는다. 그러나 신여성에 관한 중요 인물이나 사실 등에 대한 기본 자료도 제대로 정리되어 있지 않은 상태에서 과도한 의미 부여나 자의에 따른 해석은 역사 사실을 왜곡하거나 은폐할 수 있다.

이러한 점에서 연구에 필요한 기초 자료의 발굴과 정리 작업의 중요성에 대한 자각과 그것을 구체화하는 노력이 요구된다고 할 수 있다. 한계가 있다고는 하더라도 신여성의 실제 활동이나 생애사 연구 등으로 연구 방법을 확장, 개발함으로써 신문 자료의 해석이나 담론 분석 중심의 연구 경향을 극복할 수 있을 것이다. 자료 정리나 기초 연구의 과실만을 향유하려고 하지 말고 기초가 되는 자료와 사실의 수집, 정리에 체계화한 장기 접근이 필요하다. 이러한 점에서 가부장 남성 지배의 전제와 편견이 오랜 동안 지속되어 왔던 과거의 역사에서 왜곡되고 묻혀 왔던 기존의 자료에 대한 새로운 발굴과 재조명은 중요한 의미를 갖는다.

이 책은 신여성의 개념과 실체에 관하여 지금까지 제기되어 온 질문과 문제들에 답해 보고자 하는 문제의식에서 나온 것이다. 한국사회사, 역사사회학 전공자로서 노동사, 동아시아사와 함께 뜻하지 않게 시작한 여성사 연구가 어느덧 10년이 넘었다. 이 시점에서 이미 발간된《여성의 근대, 근대의 여성》(2004),《근대의 가족, 근대의 결혼》(2012)과 함께 필자로서는 일송의 신여성 연구의 결산으로서의 의미를 이 책에 부여하고 싶다. 이를 위하여 필자는 기존에 발표한 논문(김경일 2005,

2006, 2012b)을 보완한 내용을 중심으로 단행본 체제에 맞추어 재구성했다.

　먼저 1장에서는 근대 여성의 개념 구분을 염두에 두고 세대와 이념에 따른 다양한 근대 여성의 유형을 분류했다. 신여성 개념의 역사를 재구성한다는 문제의식에서 세대에 따라 근대 여성을 3가지 범주로 구분하고 여기에 이념의 차이를 고려한 유형화를 제시했다. 이와 아울러 개념사의 문제의식에서 신여성이나 신여자, 모던 걸, 무산 부인, 노동 부인, 현대 여성 등과 같은 근대 여성의 다양한 표현의 용례와 그것이 지니는 의미를 검토했다.

　2장은 1900년대의 애국계몽기에 활동한 제1세대 근대 여성을 대상으로 한다. 이 장에서는 초기 '신여성'으로 불리곤 하는 이들 여성이 1920년대 제2세대 근대 여성으로서의 신여성과 어떻게 다른가를 해명하고자 했다. 즉 신여성이라는 동일한 이름으로 때때로 불리는 이 두 세대 여성 사이에서 나타난 여성주의 의식과 이념 및 실천의 내용 분석을 통하여 이들이 어떠한 점에서 서로 다른가를 밝혀 보고자 한 것이다.

　3장과 4장은 1920년대 제2세대 근대 여성에 속하는 이른바 급진주의 신여성을 대상으로 한다는 점에서 연속성을 갖는다. 먼저 3장에서는 제1세대 근대 여성을 준거로 한 비교를 통하여 제2세대에 속하는 1920년대 신여성의 주장과 이념의 내용이 무엇이며, 그것은 무엇을 지향했는지를 살피고자 했다. 4장에서는 신여성을 대표한다고 할 수 있는 나혜석에 초점을 맞추어 급진주의 신여성의 주장과 사상이 어떠한 점에서 서로 구분되고 차이가 있는지를 검토했다. 제1세대와 제2세대 근대 여성의 비교를 통하여 후자인 1920년대의 신여성이 공유하는 요소에 주목한 것이 3장이라면 4장은 1920년대 신여성 자체의 비교를 통해 그 내부에서의 구별과 차이를 해명했다.

5장은 사회주의 계열의 여성을 주된 분석 대상으로 하여 계급주의와 봉건 전통, 자본주의와 가부장제, 혹은 계급 투쟁과 여성 해방의 사이에서 이들이 당면한 문제와 딜레마를 검토했다. 이 장의 연속선에서 6장에서는 사회주의 여성이 근거한 이론 자원과 쟁점에 대한 분석을 바탕으로 주로 급진주의에 비교의 준거를 두고 성과 사랑에 대한 사회주의 여성의 의견과 주장을 살펴보았다. 마지막의 7장에서는 김마리아와 박인덕, 허정숙의 세 사람을 사례로 미국 문명에 대한 이들 여성의 상이한 이해와 해석 및 수용 양식을 제시했다. 이를 통하여 동시대의 신여성이 단일한 내부 구성을 이룬다기보다는 이념과 민족의 상이한 입장에 따라 다양한 차이를 가진다는 사실을 보이고자 했다.

연구의 대상이라는 점에서 이 책은 신여성 일반을 다룬다기보다는 이른바 시대의 흐름을 선도하는 집단의 움직임으로서 소수의 한정된 신여성에 주된 초점을 맞추었다. 이는 이 책이 신여성의 역사와 개념에 대한 분석을 주된 문제로 설정했기 때문이다. 이에 따라 제1세대 근대 여성에서는 하란사와 박에스더, 차미리사, 윤정원과 같은 엘리트 지식인 여성을 다루었으며, 제2세대 근대 여성에서는 이른바 급진주의로 분류되는 나혜석, 김원주, 김명순과 김마리아, 박인덕 등의 자유주의 여성과 아울러 사회주의 계열에서는 유영준, 정종명, 정칠성, 허정숙 등을 주요 사례로 하고 있다. 시기 전반으로 보면 19세기 후반에서 20세

신여성,
개념과 역사

기 전반기에 걸친 70년 정도의 역사를 다루지만 이 중에서도 특히 1900
년대부터 1920년에 이르는 20~30년 정도의 시기를 집중 조명했다. 역
사로서의 신여성 개념이 징후 발견으로서의 의미를 갖는 시기가 바로
이 시점이기 때문이다.

2016년 4월
김경일

新女性

근대 여성과 신여성 — 개념과 실제

근대 여성의 출현

한국에서 근대 여성의 출현은 19세기 후반 무렵으로 거슬러 올라간다. 최초의 근대 여성은 1870년대 전반기에 태어난 하란사와 조신성 등에 의해 대표된다. 조신성은 1902년 이화학당을 졸업하고 이 학교의 사감을 지내다가 1908년에 도쿄와 요코하마에 유학했다.[1] 〈표 1〉은 19세기 후반부터 1910년대 중반 무렵에 걸쳐 태어나 근대를 대표하는 여성들을 세대와 이념에 따라 분류, 정리한 것이다.[2]

〈표 1〉에서 보듯이 전통 가부장 남성의 지배와 전제로부터 벗어나서 근대 학교 교육을 받고 근대 지식과 교양을 몸에 익힌 새로운 유형의 여성들이 1890년대 이후부터 사회 영역에 진출했다. 19세기 말 일본이나 미국에서 근대 교육을 받고 1900년대 이후 한국에서 활동하기 시작한 근대 여성의 대표로는 하란사河蘭史와 박에스더, 차미리사, 윤정원尹貞媛 등이 흔히 언급된다. 이러한 점에서 이들은 제1세대 근대 여성으로 일컬을 수 있다(〈표 1〉의 음영 표시 부분 상단).

<표 1> 세대에 따른 근대 여성의 분류

출생 연도	민족/자유/급진주의	사회/공산주의
1872	하란사(1919)	
1874	조신성(1953)	
1877	박에스더(1910)	
1879	차미리사(1955)	
1883	윤정원(?)	
1889		우봉운(?)
1890	방신영(1977)	유영준(?)
1891	김필례(1983)	
1892	김마리아(1944), 유각경(1966), 황애덕(1971)	
1893	장선희(1970)	
1895	박자혜(1943)	
1896	나혜석(1948), 김명순(1951?), 김원주(1971), 박인덕(1980)	정종명(?)
1897	윤심덕(1926), 차사백(1990)	박원희(1928), 정칠성(1897)
1898	김앨리스(1950), 김합라(?), 박순천(1983), 신의경(1988)	황신덕(1984)
1899	길정희(?), 김활란(1970), 임영신(1977), 김신실(1993), 한소제(1997)	
1900	강향란(?)	
1901	박경원(1933), 권기옥(1988)	주세죽(1953)
1902	유관순(1920), 최은희(1984)	허정숙(1991)
1904	복혜숙(1982), 이숙종(1985), 박화성(1988), 김메리(2005), 이월화(1933)	
1905	오엽주(?), 최영숙(1932), 송금선(1987)	
1906	강경애(1944), 배상명(1986), 최정희(1990)	
1908	백신애(1939)	
1909	최용신(1935), 고황경(2000)	
1910	이정희(1950?)	박차정(1944)
1911	최승희(1969), 최경자(2010)	송계월(1933)
1912		이순금(?), 지하련(1960?)
1913		박진홍(?)
1917	문예봉(1999)	

* 괄호 안은 사망 연도.
출처: 김경일 외(2015: 522~3)에서 작성.

신여성,
개념과 역사

일제 강점기인 1920년대로 이행하면서 이들에 이어 새로운 여성 집단이 출현했다. 이들의 대부분은 1890년대에서 1900년대 무렵 전후에 태어나 1920년대에 20대 전후의 나이로 식민지 공공 영역에서 활동했다. 대략 1910년대에 일본이나 중국, 미국 등지에서 근대 교육을 받고 식민지 조선으로 돌아와 1920년대에 본격으로 자기 목소리를 내기 시작한 것이다. 이 시기 근대 여성은 사회주의의 출현과 보급을 배경으로 이념에 따른 분화를 경험했다. 이에 따라 두 범주의 여성이 출현하는데, 하나는 민족주의/자유주의 계열 범주이고, 다른 하나는 사회주의[3] 계열 여성이다. 첫 번째 집단을 대표하는 인물로는 나혜석羅蕙錫(1896~1948), 김원주金元周(법명 '일엽一葉', 1896~1971), 김명순金明淳(1896~1951), 윤심덕尹心悳(1897~1926) 등을 들 수 있다. 역사로 보아 신여성의 '탄생'으로 흔히 지칭되는 범주로서 신여성의 주된 준거 집단이자 동시에 신여성 개념의 본령을 이루는 집단이라고 할 수 있다. 두 번째 범주는 우봉운禹鳳雲(1889~?), 유영준劉英俊(1890~?), 정종명鄭鍾鳴(1896~1947?), 정칠성丁七星(1897~1958?) 등이 대표한다. 이들 역시 넓은 의미에서 신여성의 범주에 포괄되지만, 이들은 '신여성'보다는 '무산 부인'이나 '노동 부인'과 같은 개념을 통해 스스로의 정체성을 정의하고자 했다. 여기에서는 이 두 계열의 여성을 망라하여 제2세대 근대 여성으로 일컫기로 한다(〈표 1〉의 음영 부분).

1920년대에 출현한 '신여성'은 근대 교육 제도의 보급과 교육받은 여성의 증대, 1920년대 후반 이후의 경제 공황과 현상 유지의 세태를 추종하는 사조의 강화, 신문·잡지와 같은 대중 매체를 통한 소비지향 문화의 확산 등을 배경으로, 특히 1930년대 후반 이후 세속의 개인주의 성격을 강화해 갔다. 이러한 시대의 특성을 배경으로 1930년대에는 민족주의와 사회주의 계열을 망라하여 다양한 성향과 활동을 보인 근대 여성 집단이 출현했다. 여기에서는 이들을 제3세대 근대 여성으로 명명하기로 한다(〈표 1〉의 음영 부분 아랫단).

이러한 근대 여성의 개념 구분을 염두에 두고 이 장에서는 세대와 이념에 따른 다양한 근대 여성의 사례를 유형화해 보고자 한다.[4] 실체와 개념에 따른 개별 사례의 다양성을 고려하여 각각의 사례와 집단을 분류하는 것이다. 근대 여성을 일컫는 말로는 신여성이나 신여자, 모던 걸, 현대 여성, 무산 부인, 노동 부인, 근로 여성, 혹은 프로 여성과 같은 다양한 용어가 있다. 무산 부인이나 노동 부인 등의 용어는 사회주의 진영에서 주로 통용된 개념이라는 점에서 논외로 한다면 근대 여성의 중심 개념은 신여성에 집중되었다. 따지고 보면 신여성에서 '신'이라는 표현은 '구', 즉 전통이나 봉건 시대가 아닌 근대의 여성을 지칭한다는 점에서 근대 여성은 곧 신여성이라고 할 수도 있을 것이다. 그럼에도 불구하고 단순히 시대의 범위를 나타내는 근대 여성이라는 표현에 비해 신여성이라는 개념은 그렇게 단순하지가 않다.

신여성의 등장 이후 최근에 이르기까지 그것의 정의나 실체와 관련한 다양한 질문과 논의가 있어 온 것은 이러한 맥락에서 이해할 수 있다. 이 개념의 불명료성은 신여성이 실재하던 당시에 이미 지적되어 왔으며,[5] 1945년 해방 이후 역사 개념으로서 연구 대상이 된 이후에도 그에 관한 다양한 의견이 제기되어 왔다(이배용 2003: 21; 김경일 2004:

44~5; 김영순 2011: 61~2). 역사 개념으로서 신여성의 범주나 실체를 둘러싸고 일찍부터 많은 논쟁이 있었으며, 시공간의 관점에서 이를 좀 더 구체화하면 다음의 질문들을 제기할 수 있다.

시기로 보아 신여성은 1920년대에 나타난 현상인가? 혹은 19세기 말 계몽주의 시기로 거슬러 올라갈 수 있는가? 두 시기의 근대 여성이 어 떠한 점에서 다른가? 어느 시기이건 간에 신여성은 동질의 집단으로 볼 수 있는가? 만약 그렇다면 이들은 어떠한 가치와 이념을 추구했는 가? 다른 말로 하자면 신여성을 판별하는 특성은 무엇인가? 나아가서 신여성 내부에서의 차이는 없었는가? 이와 아울러 신여성과 연관된 다 른 인접 개념들, 예를 들면 모던 걸이나 무산 부인, 노동 부인, 혹은 현 대 여성 등은 신여성 개념과 어떻게 다른가?

그런가 하면 역사에 따른 신여성의 변화는 공간의 변이와도 맞물려 있다. 한국의 신여성은 서구의 신여성과 어떻게 다른가? 만일 다르다면 이러한 차이점을 야기한 역사와 사회의 조건은 무엇인가? 그리고 이러 한 차이에도 불구하고 동서양을 막론하고 신여성이 공유하는 일정한 특성이 있는가? 이러한 특성은 여성의 역사와 여성주의에서 어떠한 의 미와 한계를 갖는가? 나아가서 시야를 동아시아 차원으로 옮겨 보면 다 음 문제들을 제기할 수 있다. 한국의 신여성은 일본이나 중국의 신여성 과 동일한 속성을 공유하는가? 만일 양자가 일정한 공통점이 있다면 그 것은 동아시아 여성의 역사에서 어떠한 의미를 갖는가? 나아가서 이들 각각의 지역과 국가의 신여성은 어떻게 다른가? 만일 차이가 있다면 그 것을 배태한 역사·사회의 요인은 무엇인가?

이러한 숱한 질문과 관심에도 불구하고 신여성 개념의 불명료성은 신여성이 실재하던 당시는 물론이고 해방 이후의 연구를 통해서도 유감스럽게도 해소되지 않은 채로 여전히 남아 있으며, 이러한 사정은 한국의 경우만이 아니라 서구와 동아시아를 비롯한 다른 지역에서도 비슷하다. 여기에서는 시간의 차원에서[6] 신여성 개념의 역사 변화를 해명한다는 문제의식을 가지고 세대에 따른 근대 여성의 유형화를 시도해 보고자 한다. 이와 아울러 신여성이나 모던 걸, 무산 부인, 노동 부인 등과 같은 근대 여성의 다양한 표현이 지니는 실체의 의미를 개념사의 관점에서 조명해 보고자 한다.

제1세대 근대 여성

19세기 후반부터 20세기 전반에 걸친 전통 사회에서 근대로의 이행기에 한국 사회는 모든 부문에서 급격한 변화를 경험했다. 서구 문물의 도입과 수용을 통한 근대의 기점으로서 흔히 (애국)계몽기로 일컬어지는 이 시기에 여성은 남성 지식인과 마찬가지로 자주독립과 부국강병을 주요 내용으로 하는 근대 국가의 건설에 동참하고자 했다. 이처럼 한국 여성사에서 근대를 위한 여성의 노력은 이 시기 이래 서서히 태동해 왔다고는 하더라도 1870, 80년대 여성의 의식과 활동에서 근대 지향은 아직 뚜렷한 형태로 드러나지는 않았다.[7]

한국 사회 전반에 걸친 변화의 물결이 집중하여 결집되면서 여성 사회가 이를 의식하는 반응을 보이기 시작한 것은 1890년대에 들어오면 서부터이다. 이 시기 이후 여성들은 전통 가부장 남성 지배와 전제로부터 벗어나서 자신의 개성과 평등과 해방을 주장하기 시작했다. 미약하지만 시대의 소명 의식에서 여성 스스로의 자각과 계몽을 위한 집단 활동이 시작된 것이다(이효재 1972: 37∼8·45). 우리나라 최초의 근대 여성 권리 선언이라고 알려져 온 〈여권통문女權通文〉(1898)은 종속 여성의 지위를 통렬하게 비판하면서 문명개화한 서구의 국가들과 마찬가지의 남녀평등을 실현하기 위한 여성의 자각과 계몽을 촉구한 바 있다. 이에 따라 근대 학교 교육을 받고 근대 지식과 교양을 몸에 익힌 새로운 유형의 여성이 1890년대 이후 출현하기 시작했다.

계몽주의 시대 일본이나 미국에서 근대 교육을 받고 1900년대 이후 한국에서 활동하기 시작한 근대 여성의 대표 인물로는 하란사와 박에스더, 차미리사, 윤정원 등을 들 수 있다. 그러나 이들이 근대 교육을 받은 '개화' 여성이라고 해서 곧바로 이들을 신여성으로 일컫지는 않았다. 여기에서 이들 제1세대 근대 여성이 1920년대의 근대 여성과 어떻게 다른가라는 문제가 제기된다. 1920년대의 근대 여성이 신여성이라고 한다면 1890년대의 근대 여성은 신여성으로 일컬을 수는 없는가? 실제로 이들 제1세대 근대 여성은 때때로 그러한 방식으로 불려 왔다. '당당한 신여성', 혹은 '신여성의 대명사', '신여성계의 선구자'라는 표현이 그것이다.[8] 이러한 점에서 이들 제1세대 근대 여성 역시 신여성으로 부를 수 있다는 것이다.

이상경은 1900년대와 1910년대, 1920년대, 1930년대 각 시기의 여성론을 모두 한꺼번에 '신여성론'으로 다루는 경향에 대해 회의를 표시하면서, 사회 상황의 변화나 의식 구조의 차이와 같은 역사의 문맥을 고려한 신여성의 다양한 행로를 검토해야 한다고 주장한다(이상경 2002: 79). 비슷한 맥락에서 이노우에 가즈에井上和枝 역시 당시 사회 상황에서 쓰인 '신여성'에 대한 의미와 연구상의 분석 개념을 혼동하는 경향을 지적하면서 연구자가 만들어 낸 분석 개념이 지나치게 확산되어 실제와는 분리된 신여성상이 만들어질 가능성을 경계한다(井上和枝 2003: 159).

이러한 점에서 근대 여성의 개념 구분을 위해서는 먼저 제1세대와 제2세대 근대 여성의 차이가 무엇인지를 해명할 필요가 있다. 미리 결론을 말하자면 제1세대 근대 여성은 그 딸 세대에 해당하는 1920년대의 근대 여성과 일정한 속성을 공유하면서도 서로 구분되는 특성을 가지고 있다. 두 세대 여성들의 차이를 보다 명확하게 드러내기 위하여 제2세대 근대 여성, 그중에서도 특히 흔히 신여성 개념의 본령에 해당하는 급진주의 계열의 여성을 주된 준거로 하여 이 기준을 앞 세대의 근대 여성에 적용해 보는 방식으로 비교해 보기로 하자. 제2세대 근대 여성은 다음의 몇 가지 요소로 개념화될 수 있다.

(1) 근대의 지식과 교육
(2) 근대의 신체와 소비 양식
(3) 여성주의의 의식과 가치, 이념 및 실천

신여성,
개념과 역사

첫 번째 근대 지식과 교육은 신여성 개념의 중심을 이루는 것으로 어떠한 종류의, 그리고 어느 정도의 교육을 받은 여성을 신여성으로 일컬을 수 있는지에 대해서 다양한 의견의 차이가 존재한다. 예를 들면 후자와 관련해서는 단지 여학교 졸업, 신식 교육, 지식 여성, 약간의 근대 교육 등이 지적되는가 하면(신영숙 1986: 183·1989: 14; 오숙희 1988: 129; 조은·윤택림 1995: 188·195), 해외 유학, 고등여학교 졸업, 문자 해독 정도에 따라 세분하는 경우(최숙경·이배용 외 1993: 26)도 있다. 전자와 관련해서는 광범한 대중 여성과 부르주아 지식 계층 여성의 구분(신영숙 1985: 87~8)이나 무산 부인이나 노동 부인, 혹은 프로 여성 등의 논의가 여기에 해당된다고 할 수 있을 것이다.

두 번째 정의는 신여성의 표지로서 겉으로 드러나는 의상, 화장, 신발, 장신구 등과 아울러 신체와 몸짓, 표정의 구사와 특정한 언어와 선택된 용어의 사용 등을 포괄하는 시각, 청각의 여러 요소를 포괄한다. 일반으로 신여성과 관련해서는 사회, 정치의 쟁점과 관련된 개혁과 실천을, 그리고 모던 걸은 소비 및 상품과 연관시켜 왔다. 그러나 양자가 거의 동시에 출현한 식민지·반식민지 사회는 물론이고 서구에서조차 양자의 관계가 모호한 경우가 많다는 사실을 고려한다면, 특히 신체나 몸짓, 언어, 그리고 의상이나 장신구와 같은 외면의 장치들을 신여성의 표지로서 상정할 수 있다.

마지막으로 관념과 추상의 요소로서 여성주의를 지향하는 의식과 가치, 이념 및 실천을 들 수 있다. 여기에는 예컨대 교육이나 직업 활동과 같은 일정한 사회 영역에서 남녀의 동등한 권리와 기회 균등, 여성의

신여성과 구여성 단발에 양복을 입은 여성과 쪽머리에 전통 복장을 한 여성이 뚜렷한 신구 대비를 이룬다. 의상, 화장 등 겉으로 드러나는 모습은 신여성과 구여성을 구별하는 지표가 되었다.

경제 독립, 나아가서 남녀평등과 남녀의 자유로운 교제, 자유연애, 자유결혼, 그리고 여성 해방에 이르는 다양한 차원의 주장과 운동을 들 수 있다. 이는 흔히 남성에 대한 대자 존재로서 여성의 자기의식과 더불어 전통 가부장제와 남성 지배의 사회 질서에 대한 비판을 수반한다.

이들 기준을 애국계몽기의 제1세대 근대 여성에 적용해 보면 첫 번째의 근대 지식과 교육은 일본과 미국에서의 해외 유학 경험이라는 점에서 이들 모두는 위의 기준을 충족한다. 두 번째의 근대 신체와 소비 양식이라는 점에서도 이들 여성은 전통 시대의 여성과는 구별되는 양상을 보인다. 하란사의 사례에서 보듯이 "검정 갓에 기다란 검정 새털 깃을 꽂고 검정 원피스를 입고" "챙이 넓은 둥근 모자에 검은 망사 그물 베일로 얼굴을 가리고 자가용 차를 타고 외출하는" 근대의 면모를 과시하는 것이다(김성은 2012: 123; 이덕주 1987: 90; 이옥수 1985: 251). 양장과 양풍, 자동차뿐만 아니라 집안도 "개화식으로"(최은희 2003: 149) 관리했으며, 영어나 일본어 등의 외국어를 구사했다는 점에서 이들은 두 번째 기준 역시 충족시킨다고 볼 수 있다.

따라서 위의 (1), (2)의 기준에 의거해 보자면 1900년대의 근대 여성은 1920년대의 근대 여성과 크게 다르지 않은 공통의 특성을 공유한다고 말할 수 있다. 두 시기의 여성을 구분하는 마지막 기준으로는 세 번째인 여성주의의 의식과 이념 및 실천을 들 수 있는데, 양자를 판별하는 주요한 특성은 바로 여기에서 찾을 수 있다. 여성주의의 쟁점은 두 시기의 여성 모두가 공유한 공동의 지반이기도 했지만, 양자의 내용은 달랐다. 애국계몽기 여성은 남성과 동일한 교육 기회의 요구, 경제 독립, 직업과 사회 활동의 필요 등을 주장했다는 점에서 전통 시대의 여성과는 구분되었지만, 1920년대의 근대 여성과는 일정한 연속성을 공유했다. 그럼에도 1900년대의 근대 여성은 자유연애와 여성 해방의 쟁점을 공론화한 1920년대의 신여성과는 달랐다.

이 점은 서구나 일본의 경우에서 찾아볼 수 있는 일반의 추세로서, 일본의 경우 메이지明治 중기인 1880년대 전반기에 기시다 도시코岸田俊子, 후쿠다 히데코福田英子로 대표되는 여성은 남녀의 동등한 권리와 여성 교육, 여성의 경제 자립, 부인 참정권 등을 주요 내용으로 하는 여성의 평등과 독립을 주장했다.[9] 애국주의의 동기를 배경으로[10] '공공'의 차원에서 여성 해방과 관련된 쟁점과 주장을 제기했다는 점에서 제1세대 한국 여성은 일본에서의 이들 초기 페미니스트에 비견될 수 있다. 그러나 식민화의 현실에서 '공공'의 의미는 서구나 일본에서와 같이 정치 활동의 자유, 참정권 등의 쟁점보다는 국가의 독립과 그것을 위한 여성 교육의 보급 등과 같은 특정 영역에 한정하여 나타나는 제약성을 보인다는 점에서 양자의 차이가 있었다.

제2세대 근대 여성(1): 자유/민족주의

1920년대에 등장한 제2세대 근대 여성은 봉건 가족 제도와 결혼 제도에 대한 신랄한 비판과 도전을 통해 사회 전반에 걸친 개조와 개혁을 달성함으로써 여성의 개성과 평등에 기반을 둔 신이상과 신문명의 사회를 건설할 것을 역설했다. 이들 중에는 흔히 신여성으로 불리는 범주의 여성들이 포함된다. 때때로 사회/공산주의 여성이 자유/민족주의 계열의 여성과 스스로를 구분하고자 했음에도 불구하고 1920년대 전반의 근대 여성은 대개의 경우 신여성으로 통칭되었으며, 이는 자유주의와 사회주의의 이념 분화가 일어난 같은 시기의 중반 이후에도 어느 정도는 그러했다. 적어도 이러한 의미에서 신여성은 제2세대 근대 여성을 대표하는 개념이라고도 할 수 있다.

그럼에도 엄격하게 말하면 신여성은 자유/민족주의 계열의 여성에 한정된 개념이었다. 이 시기를 대표하는 신여성으로 흔히 나혜석, 김원주, 김명순, 윤심덕 등이 거론되는 것은 이러한 맥락에서이다. 개념사의 시각에서 보면 신여성이라는 표현은 비록 한정된 범위에서나마 1910년대부터 쓰이기 시작한 것으로 언급되고 있다.[11] 이와 비슷한 의미를 갖는 말로는 새 여자, 신여자, 신진 여자, 선진 여자, 신식 여자 등의 다양한 용어가 통용되었지만, 적어도 1920년대 중반 이후 도시 중심의 지식인 사회에서는 신여성이 가장 대중화한 용어로 정착했다. 이 시기에 신여성이라는 말이 사회에서 유통되면서 공공 영역에 출현한 근대 여성을 '신여성'이라는 표현으로 개념화하고, 이에 따라 그것은 역사 개념으로 정착해 갔던 것이다.

신여성, 신여자

이러한 현황을 염두에 두고 신여성이라는 용어가 당시 사회에서 얼마나 유통되었는지 살펴보기로 하자. 〈표 2〉는 당시 주요 언론 매체에서 이 단어가 얼마만큼의 빈도로 사용되었는가를 정리한 것이다.[12] 이 표에서 보듯이 신여성이라는 개념은 1920년에는 매우 한정되어 나타나는데, 1924~25년 무렵부터 본격 사용되기 시작하여 1920년대 중반에 매우 활발하게 사용된다는 사실을 알 수 있다.[13] 주목할 것은 1930년대에 들어와서도 앞 시기에 못지않게 이 개념이 잦은 빈도로 유통되고 있다는 점이다.[14] 표에서 보듯이 신여성 개념은 《동아일보》는 1940년까지, 《매일신보》의 경우에는 1943년에 이르기까지 사용되는 것으로 나타난다.

신여성 개념과 비교되는 낱말로는 '신여자'가 있다. 이는 〈표 3〉에서 보듯이 주로 1920년대 전반기에 쓰이다가 1923년 이후에는 거의 사용되지 않았다는 사실을 알 수 있다.[15] 일제 강점기 전 시기에 걸쳐 《동아일보》, 《조선일보》, 《매일신보》의 세 매체에서 유통된 신여성이라는 단어는 564건인 데 비해 신여자는 5분의 1에 지나지 않는 116건을 기록하고 있다. 이러한 점에서도 근대 여성을 일컫는 용어로는 신여성이라는 표현이 대표성을 가지고 있는 것으로 보아야 할 것이다.[16]

〈표 2〉와 〈표 3〉을 아울러 검토해 보면 《동아일보》의 경우 1920~22년 사이에는 거의 모두 신여자라는 표현을 사용하다가 1923년 이후부터는 신여성이라는 말이 이를 대체함으로써 이후 신여자라는 용어는 이따금씩 나타나는 데 그치고 있다.[17] 《매일신보》의 경우는 적어도 1920년대 초반에 주목한다면 두 개념이 일종의 경합 관계에 있었다고 말할 수 있다. 1920년에는 신여자라는 표현이 빈번하게 쓰이다가 1921년에 들어오면 22건으로 가장 많은 빈도수를 보이는데, 같은 시기에 신여성이라

<表 2> 주요 언론 매체에서 신여성 기사 분포

구분 \ 매체	동아일보	조선일보	매일신보
1920			2
1921	1		12
1923	2		2
1924	20	3	8
1925	32	15	4
1926	36	12	9
1927	26	2	13
1928	13	10	3
1929	31	10	2
1930	7		2
1931	41	9	3
1932	23	4	4
1933	30	5	5
1934	24	3	2
1935	19	1	1
1936	26		1
1937	12		10
1938	13	1	1
1939	18	3	3
1940	7		8
1941			2
1943			6
계	381	80	103

* 《동아일보》는 원수치 385건에서 중복 4건(1929년 1건, 1938년 1건, 1940년 2건)을 뺀 수치임.
** 《매일신보》는 1937년에 중복 3건을 제외한 수치임.
출처: 《동아일보》는 네이버 뉴스라이브러리(http://newslibrary.naver.com), 《조선일보》는 DB조선(http://srchdb1.chosun.com), 《매일신보》는 미디어가온(http://www.kinds.or.kr)에서 검색.

<표 3> 주요 언론 매체에서 신여자 기사 분포

구분 \ 매체	동아일보	조선일보	매일신보
1920	24		14
1921	12	2	22
1922	4	2	4
1923	1		1
1924	6		
1925	9	1	
1926	4		
1927	1	1	
1928	1		
1929	?		
1933	1		
1934	1		
1935	1		
1937	1		
1938	1		
계	69	6	41

*《조선일보》의 검색 결과는 101건이지만 일신여자고등학교, 정신여자고등학교 등을 포함하므로 이를 제외한 실수치임.
**《매일신보》의 검색 결과는 80건이지만 《조선일보》와 마찬가지로 실수치만을 반영함.
출처: 〈표 2〉와 같음.

는 단어가 쓰이기 시작하여 점차 신여자라는 표현을 대체해 가는 경향을 보인다. 《동아일보》의 경우 경합의 과정 없이 처음에는 신여자라는 표현이 우세하다가 1923년 이후에 신여성이라는 표현으로 대체·이행해 간 것과 달리 짧은 시기이기는 하지만 1920년대 초기 《매일신보》에서는 두 개념이 경합하다가 점차 신여성이 압도하는 경향을 보이는 것

이다.[18]

개념으로서의 신여성이 아니라 실체로서의 신여성에 주목한다면 1920년대는 여성으로서의 자의식을 지닌 여성의 범주가 역사에서 최초로 출현한 시기였다. 이 시기에 들어와서 여성 자신이 스스로의 문제를 공공의 논점으로 제기했다는 점에서 신여성은 계몽주의 시대인 1890~1900년대보다는 1920년대에 출현했다고 할 수 있는 것이다. 민족과 국가에 대한 헌신을 통하여 자기의식과 여성 해방의 단초를 마련했다고는 하더라도 민족 존립의 위기라는 시대 상황에서 국가의 자주 독립과 국권의 회복이라는 동기가 강했던 계몽주의 시대의 여성과는 달리 1920년대의 여성은 여성 자신의 개성과 인격에 대한 자각과 아울러 남녀평등과 자유연애, 여성 해방과 같은 일련의 쟁점을 제기함으로써 신여성으로 불리게 되었다.

1920년대의 신여성은 무엇보다도 먼저 나혜석으로 대표되는 자유주의 계열의 여성을 지칭한다. 이들이 제기한 자유연애와 자유결혼, 여성 해방 및 사랑과 정조에 대한 생각은 1900년대의 여성에게서는 찾아볼 수 없는 것이며, 가부장제가 여전히 우세하게 작용하는 남성 지배 사회와도 화해할 수 없는 것이었다. 기본으로 자유주의자에 속하는 이들은 성性과 사랑을 주요 내용으로 하는 여성주의에 대한 근본적 문제 제기를 했다는 점에서 급진주의자로 명명할 수 있을 것이다.

급진주의자가 남성 지배 사회에 불러일으킨 파장이 엄청난 것이었음에도 불구하고 이들의 전성기는 오래 지속되지 못했다. 가장 큰 이유로는 이들 급진주의자가 손에 꼽을 정도의 소수였기 때문에 쉽게 남성 지배 사회로부터 고립되었다는 것이다. 뿐만 아니라 여전히 전통과 인습에 사로잡혀 있었던 대다수 여성의 호응이나 동정을 이끌어 내는 데도 실패했다는 사실을 들어야 할 것이다. 이들 대다수가 중간층의 지식인 여성이라고 한다면 이들을 지지하고 또 그로부터 충원되어야 할 중간층으로 일컬을 수 있는 범주가 식민지 사회에서 거의 형성되어 있지 못했던 것도 또 다른 이유로 들 수 있다.

이들 급진주의자를 제외한다면 자유주의 범주에 속하는 대부분의 여성은 남녀평등과 가정일과 육아, 직업 활동에서부터 여성의 사회 역할이나 남녀평등의 문제 등에서 이미니 세대의 선통을 일정한 방식으로 계승했다. 아울러 그것은 이 시기 자유주의 지식인 남성의 여성관과도 조화를 이루는 것이었다. 근대 가부장 질서에 대한 도전이 아니라 상호 존립과 화해의 방식을 통해 이들은 남성 중심의 식민지 기성 체제를 떠받히는 중요한 기둥 역할을 했다. 이른바 전형의 자유주의로 분류될 수 있는 이들 여성은 수로 봐서는 급진주의보다 훨씬 많은 비중을 차지했다. 남성 중심의 가부장제에 대한 도전을 배경으로 급진주의 여성이 사회로부터 배제되거나 추방되는 비참한 최후를 맞았던 것과 달리 이들은 1930년대 이후 가속화되는 세속화를 주도했다. 동시에 1930년대 말 이후 전시 동원 체제에서 일본 제국의 중요한 동반자로서의 원류를 이루었다.

모던 걸

1920년대에 신여성이라는 표현에 이어 출현한 새로운 개념으로는 모던 걸Modern Girl을 들 수 있다. '모던 걸' 역시 한국만이 아니라 비슷한 시기 세계 차원에서 출현한 현상 중의 하나이다. 세계 차원에서 보면 이 말은 20세기 전반기 중국 베이징에서 인도 뭄바이(봄베이), 서울과 일본 도쿄를 거쳐 독일 베를린에서 미국 뉴욕에 이르는 도시에서 출현한 말이었다. 이들을 일컫는 용어는 다양했다(flappers, garçonnes, moga, modeng xiaojie, schoolgirls, kallege ladki, vamps, neue Frauen 등). 모던 걸의 특징은 특정 상품의 사용과 노골적인 에로티시즘이었다(The Modern Girl Around the World Research Group 2008: 1~2). 이러한 맥락에서 신여성은 흔히 정치 행동주의political activism와, 모던 걸은 소비와 연관되는 경향이 있지만 반드시 그러한 것만은 아니었다. 한국의 경우에서 보듯이 반식민지나 식민지 국가들에서는 신여성과 모던 걸이 흔히 중첩하여 사용되는 경향이 있었기 때문이다(The Modern Girl Around the World Research Group 2008: 9~10).

일본에서 이 용어는 기타자와 히데카즈北澤秀一가 1924년 《여성》지의 8월호에서 처음으로 언급한 것으로 1926년부터 일반 대중의 차원에서 통용되기 시작했다. 박영희는 한국의 경우에 경성에서 모던 걸이라는 말을 듣게 된 것은 이보다 1년 정도가 늦은 1927년 중반부터였다고 하는데(박영희 1927: 114), 신문 자료에 의거해 보면 이 말은[19] 〈표 4〉에서 보듯이 1927년 5월에 《동아일보》 지상에 처음 나타난다.

일제 강점기 전 시기에 걸쳐 이 말은 《동아일보》 지상에 11건이 나타난다.[20] 이는 같은 매체에 381건이 수록된 '신여성'의 출현 빈도에 비추어 보면 모던 걸이라는 용어는 매우 제한되어 사용되었다는 사실을 알

〈표 4〉《동아일보》'모던 걸' 기사의 연도에 따른 분포

연도	1927	1928	1929	1931	1932	1933	1939	계
건수	3	2	2	1	1	1	1	11

출처: 〈표 2〉와 같음.

수 있다. 시기별 추세를 보면 1920년대 후반에 집중되어 있는데 1930년
대 들어서도 이따금 나타나고 있다.《동아일보》를 제외하면 다른 신문
에서는 이 용어가 거의 출현하지 않는데,《조선일보》에서는 1927년과
1931년, 그리고 1940년에 각 1건으로 모두 3건이 검색되지만, 앞의 두
시기는 외국 사례이다.《매일신보》에서는 1936년의 1건이 검색되는데,
《조선일보》와 마찬가지로 중국 광저우의 사례이다.[21]

　무산 부인이나 노동 여성이 공산주의·사회주의 이념에 밀착한 개념
인 것과는 다르게 모던 걸은 일상의 영역에서 특정 이념과의 연계를 연
상시키는 말은 아니었다. '모던 걸'은 신여성의 영어식 표현이지만, 양
자의 의미에는 차이가 있었다. 일본과 식민지에서 의미 함축 역시 달랐
다. 일본에서는 1910년대에 신여성이 출현하고 이어서 1920년대에 '모
던 걸'이 출현했지만, 식민지 조선에서는 이 두 개념이 거의 동시에 개
념으로서 수입되었다. 실체로 보면 모던 걸은 1920년대 신여성의 딸 세
대에 해당한다. 조선에서의 신여성이 1890년에 태어나 1910년대에 활
동한 세대라고 한다면 모던 걸은 1900~1910년대에 태어나 1920년대
중후반 이후 1930년대에 청춘을 맞은 세대로서, 신여성의 세속화와 개
인주의화 경향에 조응하는 범주로 이해될 수 있다.

　일본과 조선에서 모던 걸에 대한 개념의 차이와 그 이유에 대한 설명

을 전제로.[22] 여기에서 주목하고자 하는 바는 모던 걸 현상에 대한 당시 주류 남성 지식인들의 평가, 혹은 시선이다. 일본에서 모던 걸이 통속화된 이후의 용례와 비슷하게 식민지에서 모던 걸이라는 표현은 거의 모두 부정의 뉘앙스를 가지고 묘사되는 경향이 있었다. 예를 들면 박영희는 "유탕遊蕩에 있고 낭비에 있고 퇴폐에 있으니 자기 자신으로서는 생활해 가기 어려운 젊은"이로서, "유산 사회를 표상하는 유산자 사회의 근대적 퇴폐군"으로 모던 걸을 정의하고 있다.[23] 그런가 하면 김안서는 "온갖 기이한 것을 호기적好奇的으로 조제남작粗製濫作하는 현대품"으로 모던 걸을 소개하면서, "행동과 사상도 가량假量을 잡을 수가 없어 성격파산을 당하여 어쩔 줄 모르는 것이 모단걸"이라고 단정한다.

밤 깊은 거리에서 불량소녀로 비틀거리며 주정酒酲을 하든가 보더니 언제 벌써 사상가로 여권 운동이니 사회 개량에 대하여 고론高論을 토하며 연애 지상주의자로 "사랑에야 목숨이고 세상이 다 무어냐"를 부르며 봉건 시대의 여성보다도 못하지 않게 남존여비의 덕을 찬송하는가 하면 이번에는 소설가 시인으로 돌변하여 이 소설에는 인습의 낡은 때를 벗지 못했느니 저 시가詩歌에는 "부르"의 색채가 농후하여 맘에 드느니 하는 말을 하니 "맑스 노르다우"의 말을 빌면 "국민의 황혼에 나타난 세기말적 변질자"가 현대의 모단걸毛斷傑인 듯하여 무어라 정의를 내리울 수가 없다(김안서 1927(1)).

김안서가 보기에 '모던 걸'은 만화경처럼 좀처럼 종잡을 수 없는 실체이다. 이러한 맥락에서 그는 "살림살이 부녀는 물론 아니고 그렇다고 여학생인가 하면 그것도 아니고 기생인가 하면 역시 기생다운 곳이 없고 불량녀인가 하면 전혀 그렇지도 아니하니 행동과 사상의 성격파산자라고 할 것이 제일 적당"한 존재라고 모던 걸을 신랄하게 비난한다. 그러면서도 그는 모던 걸의 부정의 속성이 모던 걸 자신으로부터 비롯된 것이라기보다는 근대[24]의 성격 자체가 그러하기 때문이라고 주장한다. 원래 모던이라는 말에는 "부도덕이니 불건전이니 하는 불량하다는 뜻이 있"기 때문에 "모던 걸 즉 현대 계집이란 이름부터 벌써 도학자에게는 머리가 아플 만한 급험성急險性이 있"다고 하면서 그는 "죄를 주자면 무엇보다도 스핑그스 같은 현대라는 것에게 죄를 놀릴 수밖에 없"다고 언급한다. "무엇이든지 기성품은 모두 다 뚜드려 부시고 새로 새로운 기이한 것을 만들어 보자는 것이 현대의 커다란 조류이니 현대에 난 것이 잘못이라는 것"이다(김안서 1927(2)).

비록 근대 그 자체의 산물로서 모던 걸의 탄생에 대한 설명을 시도하고는 있다고 하더라도 김안서는 "무어라 정의를 내릴 수가 없다"고 하여 모던 걸에 대한 정의를 실제로는 포기하고 있다. 근대의 한가운데에 자리 잡은 남성의 지위에 대한 신여성의 비판과 도전, 그리고 때때로의 야유에 압도된 양상을 적나라하게 드러내는 것이다. 이와 아울러 유산자 사회의 유탕, 낭비, 퇴폐로서 모던 걸을 보는 박영희의 인식에서도 그러하지만 기이, 호기, 불량, 성격 파산 등의 이미지를 투영하는 김안서에게서 모던 걸에 대한 주류 남성 사회의 관음증의 시선을 느낄 수 있다. 이러한 시선은 모던 걸이라는 용어가 처음으로 출현한 《동아일보》1927년 5월 9일자의 〈휴지통〉 기사에서 전형의 양상으로 제시된다.

모던 걸이란 '모던 걸'이 처음 등장한 《동아일보》(1927년 5월 9일자) 〈휴지통〉과 당시 모던 걸을 분석한 《중외일보》(1927년 7월 25일자) 〈모던 걸이란 어떠한 여자인가〉. '모던 걸'을 보는 주류 남성 사회의 관음증의 시선을 느낄 수 있다.

조선극장에서 공연을 보고 나오는 관객 중에 "보기에도 눈이 부시도록 찬란하게 차린 시악씨 두 분"을 "요사이 말로 모던 걸"로 일컫는 이 기사는 자정이 가까운 밤에 "상점 문은 모조리 닫고 카페와 술집 문만 열린 본정 거리"를 거니는 두 여성과 이들의 뒤를 따라 "대어서는" "쑥쑥 빼인 건강 장다리 같은 청년"들을 끈질기게 추적한다. 여기에서 드러나는 것은 저널리즘 특유의 선정성을 통한 흥미 유발이지만, 거기에는 모던 걸에 대한 관음증의 시선이 집요하게 따라붙고 있다.

1920년대 개조와 해방이라는 시대정신의 집단 표출로서 신여성 현상이 한국의 페미니즘과 여성 운동의 역사에 오랜 동안의 영향을 남겼다고 한다면, 모던 걸은 신여성의 개조와 해방의 이미지를 전유하면서 일상 소비의 영역에서 자신들의 개성과 기존 관습으로부터의 해방을 구현한 존재라고도 할 수 있었다. 그러나 신여성의 경우도 그러했지만 모던 걸의 이러한 시대정신이 충분한 형태로 발현되기에는 식민 지배와 공고히 결합된 남성 지배에 의한 가부장제는 여전히 강력한 형태로 영향을 미치고 있었다.

제2세대 근대 여성(2): 사회주의

이 시기 남성 지배의 가부장제에 대한 비판과 자유로운 성에 대한 여성주의의 주장은 급진주의 여성에게만 한정되지 않았다. 사회주의 여성도 이와 비슷한 입장을 보였기 때문이다. 급진주의자와 마찬가지로 여성 사회주의자는 성의 자기결정권을 주장하면서 자유로운 성과 성 해방을 실천하고자 했다. 이러한 점에서 성욕과 정조에 대한 여성 사회주의자의 의견은 정조의 엄격성을 강조했던 대부분의 자유주의자와는 대조되었지만, 나혜석의 급진주의와는 동일한 입장에 섰다고 할 수 있다. 이 점에서 이들은 나혜석과 같은 급진주의와 통하는 면이 있지만, 자신의 삶을 내걸고 이 문제를 제기하고자 했던 나혜석과는 달리 성에 대한 쟁점을 전면에서 결정화하는 방식을 택하지는 않았다.

이 때문에 사회주의 여성은 급진주의 여성이 직면한 것과 같은 사회로부터의 비난이나 악의에 찬 비방으로부터 더 자유로울 수 있었다. 비록 비판이 있었다 할지라도 직접의 비난은 짐짓 자제되거나 지지와 이해를 전제로 하는 방식이거나 혹은 은밀한 형태를 띠는 경우가 많았다. 이러한 점에서 이들은 민족 해방과 새로운 사회의 건설이라는 대의에 헌신하는 존재로서 위상을 가지고 있거나, 최소한 그러한 범위 안에서 무시할 수 없는 실체로서 인정받았다. 여성에 고유한 사사私事의 주제들에 사로잡혀 민족의 대의를 돌보지 않거나 무관심한 것으로 여겨진 급진주의 여성과는 달리 이들이 지향한 궁극의 이상 사회는 민족 해방의 과정을 포함하는 것으로 이해되었다.

대중의 차원에서 보면 이들 역시 신여성과 같은 부류에 속하는 것으로 인식되었지만, 이들은 신여성과는 일정한 거리를 유지하면서 스스로를 무산 여성이나 노동 부인 등으로 호명하고자 했다. 정칠성은 "진정한 신여성"은 "강렬한 계급의식을 가진 무산 여성"이라고 언급하면서 계급주의 시각에서 신여성의 개념을 재정의했다.[25] 그녀가 언급한 무산 여성 말고도 '신여성' 개념에 대한 사회주의자들의 대안 용어로는 '무산 부인'이나 '노동 부인' 혹은 '프로 여성'과 같은 말들이 언급되어 왔다. 이 용어들의 사용 빈도를 일관성 있게 보기 위해 국사편찬위원회 한국역사정보시스템(http://www.koreanhistory.or.kr/)의 연속간행물(신문·잡지) 항목에서 각각의 용어를 검색해 보면, 먼저 프로 여성이라는 용어는 예상과 달리 검색되지 않는다.[26] 1926년 1월 조선노동당 계열로 조직된 프로여성동맹에서 이 단어를 사용한 사실을 제외하고는 다른 사례를 거의 찾아볼 수가 없다.

'노동 부인'이라는 용어는 22건이 검색되는데, 신문이 20건, 잡지가 2건이다.[27] 이 단어는 일찍이 1920년에 나타나지만 영국에서의 여성 해방 운동을 소개하는 내용으로 조선의 현실과는 관계가 없다. 이를 제외하면 천안청년회에서 노동자와 부인을 위한 노동부인강습회를 개설한다는 《동아일보》 1923년 4월 20일자 기사가 가장 빠른 것이다. 이 밖에도 여성동우회에서 노동부인위안회를 개최하는 기사라든가[28] 근우회 기관지인 《근우》에서 노동 부인의 조직화를 촉구하는 논설에서도 이 말이 쓰이고 있다(장린 1929: 33~4). 이 단어는 말 그대로 '일하는 부인'을 일컫는 일종의 보통명사로서 도시의 공장에서 일하는 여성을 지칭하는 점에서 '농촌 부인'에 조응하는 개념으로 이해되었다.[29] 이러한 점에서 이 말은 개념 자체가 이념성을 띠는 무산 부인이나 프로 여성과 구분된다. 1930년대 중반 이후 이른바 전시 동원기의 일상에서도 이 말이 사용되고 있는 사례[30]를 보더라도 이 개념이 지니는 중립 성격을 찾아볼 수 있다.

'무산 부인'은 이 시기 사회주의자의 계급 지향을 가장 잘 표상하는 용어라고 할 수 있다. 이 용어의 검색 결과는 31건으로 위의 두 단어보다도 빈도수가 많은데, 이 중에서 신문이 25건, 잡지가 6건을 차지한다. 위의 노동 부인과 비슷한 시기인 1923년 5월 여자고학생상조회의 강연 제목에서 처음으로 출현한 이래,[31] 국제 무산부인기념일(3월 8일), 일본 무산 부인 운동 등과 같이 이념 지향의 운동성이 강한 의미를 함축한다는 점에서 노동 부인과는 구분된다.[32] '신여성'이 자유주의 계열의 대표 개념이라고 한다면 위의 '무산 부인'은 사회주의 계열의 대표 개념이라고 할 수 있다.

이처럼 사회주의 이념의 실천 지향이 강하더라도 이 개념의 의미 내용이 세대와 시간에 따라 미묘한 차이를 보인다는 사실에 주목해야 한다. 월하동인月下洞人이라는 필명으로 발표한 〈무산 부인〉이라는 《동아일보》 연재 기사에서 황신덕黃信德은 무산 부인을 무산 계급에 속한 여자, 즉 근대 노동 계급에 속한 여자로서 정의한다(월하동인 1927(1)). 이 글에서 그녀는 근대의 가정과 공장에서 무산 부인이 당면한 비참과 곤궁을 지적하면서(월하동인 1927(3)), 무산 부인의 자각과 단결, 투쟁을 통한 무산 계급과 전 인류의 해방을 전망하고자 한다(월하동인 1927(4)). 여기서 주목되는 것은 그녀가 근대 산업의 가장 심한 희생자는 여자라고 하면서, 이 점에서는 "부유하고 안일한 계급의 여성"도 크게 다르지 않다고 주장한다는 점이다. 이들의 지위가 향상되고 법률상 남자와 평등하다고는 하더라도 그것은 "자기 자신의 육체와 정신을 파괴하는 자유 평등에 불과"하다는 것이다.[33]

황신덕은 비록 생활상의 자유와 평등의 차이는 있다 하더라도 유산 부인 역시 무산 부인과 궁극에서는 다르지 않다고 보았다. 즉 유산, 무산에 따른 여성의 차이보다는 여성 일반이 처한 공통의 상황에 더 주목하는 방식으로 무산 부인의 개념을 이해하고 있다. 허정숙 許貞淑(俶)은 무산 부인과 관련한 이러한 인식을 보다 명백한 형태로 드러낸다. 황신덕의 논의에서 더 나아가 그녀는 조선 여성은 전통의 관습과 제도의 희생양이라는 점에서 경제 독립이 가능한

| 황신덕 |

극소수 여성을 논외로 한다면 대부분의 여성이 무산 계급에 속한 현실에서 자산가 여성과 노동 여성을 구분하는 것은 별다른 의미가 없다고 보았다. 즉 도시의 유산 계급이나 중류 계급, 직업 부인, 무산 부인을 포괄하는 모든 조선 여성은 경제로 보아 무산 계급에 속하며, 개성으로 보아 노예의 지위에 처해 있다는 것이다(허정숙 1928).

이와 비슷한 맥락에서 정칠성 역시 "여자와 남자는 부자와 빈자 사이와 같이 근본적으로 이해불일치로 된 존재가 아니"라고 지적한다. 여성은 "성적으로나 사회적으로나 다른 특질로써 서로 부조해야 될 자연적 소질로써 위대한 힘"을 가졌다는 것이다. 이러한 점에서 그녀는 "선명한 계급의식하에서 성적 차별 철폐 운동을 하는 것이 우리 여성의 사명"이라고 주장했다(정칠성 1927: 16~8). 그러나 이러한 그녀의 입장은 오래가지 않았다. 2년 후인 1929년 5월의 《근우》 창간호에 발표

한 글에서 그녀는 구여성까지를 포함한 유산 여성의 행태를 신랄하게 비판하면서 "고력과 암흑과 빈곤에서 신음하는" 농촌과 도시에서 무산 부인의 생활을 이에 대비시켜 적나라하게 묘사하고 있다(정칠성 1929: 35~7).

정칠성은 이러한 자신의 입장을 근우회 해소 논쟁이 진행되는 시기에 보다 명확한 형태로 제시한다. 상고 시대 이후 부르주아의 세계관을 검토하면서 그녀는 "프롤레타리아트의 일속성―屬性인 여성으로서의 세계관"이 "프롤레타리아트 세계관과 합류되고 일치되는 것은 당연"하다고 생각했다. 이러한 점에서 "여성 독자의 특이한 세계관"이 있다는 생각은 "이단적 편견"이자 "주관의 함정에 전락된 세계관이 되고 말 것"이라는 것이다(정칠성 1931: 91). 정칠성의 이러한 입장은 비슷한 시기 정종명도 공유하고 있다. 정종명 역시 "현대의 조직화한 자본의 공세 아래 있는 부녀에게 여성 독자의 왕국"은 있을 수 없다고 말한다.[34] 이 시기에 이르러 무산 부인은 초기의 입장에서처럼 남성의 압제를 받는 모든 여성이 아니라 자본과 노동의 대립이라는 관점에서 부르주아 여성을 배제하는 계급의 방식을 의미하기에 이르렀다.

근우회 해소에 대한 두 사람의 입장이 일정한 점에서 차별성을 갖는다고 하더라도[35] 전반으로 이러한 계급주의의 입장은 다음 세대의 젊은 여성 사회주의자와 보조를 함께하는 것이었다. 1932년에 김은희가 발표한 〈무산 부인 운동론〉은 제3세대 사회주의 여성의 이러한 의견을 대변한다(김은희 1932a; 1932b). 김은희는 허정숙 등의 논의를 반박이라도 하듯이 노동자나 자본가, 지주나 소작인, 백정이나 양반집의 부인을 막론하고 여성이 다 같이 공통의 처지에 처해 있다고 보는 것은 크나큰 오해라고 단언한다. 무산 부인의 가난과 대조되는 부르주아 여성의 자유와 향락, 해방을 강조하면서 무산 계급의 부인은 이 세상에 남아 있는 최후의 유일한 노예(종)라고 보는 그녀의 의견은 '무산 부인' 개념의 계급 편향성을 전형으로 보이는 것이었다.

제3세대 근대 여성: 신여성의 세속화와 현대 여성

〈표 2〉에서 보았듯이 신여성이라는 표현은 1943년에 이르기까지 계속 통용되었다. 전반으로 보면 신여성이라는 용어는 일제 강점기 전 시기를 통하여 변화하면서 지속하는 과정을 밟았다. 1910년대에 등장하여 1940년대에 이르기까지 무려 40여 년에 걸쳐 지속되어 온 신여성의 의미는 사회에서 고정되거나 미리 결정된 내용이라기보다는 특정한 역사의 맥락에서 다양한 방식으로 해석되어 왔다고 할 수 있다.

비록 그것을 완전히 대체하지는 않았지만, 이 시기 이후 근대 여성을 일컫는 용어로서 새로이 출현한 개념으로는 '현대 여성'이 있다. 〈표 5〉를 보면 《동아일보》의 경우 이 말의 용례는 1920년부터 시작해서 1940년에 이르기까지 지속하고 있다.[36] 《동아일보》와 비교해 볼 때 《조선일보》나 《매일신보》 등의 다른 신문에서[37] 이 단어는 매우 드물게 나타난다.

비록 이러한 제한성을 가졌다고는 하더라도 적어도 《동아일보》에 한정해 보건대 1930년대 후반 이후 현대 여성이라는 용어가 유의미한 방

<표 5> 주요 신문에서 '현대 여성'의 검색 결과

연도	동아일보	조선일보	매일신보	중앙/조선중앙
1920	1			
1922	1			
1923	2	1		
1924	5			
1925	2		1	
1926	5	2	1	
1927	4			
1928	4			
1929	10	1	1	
1930	2			
1931	9			
1932	9		1	1
1933	10	3		2
1934	4			
1935	9	1		1
1936	4			5
1937	12	1	1	
1938	8	1	1	
1939	11	1		
1940	3		2	
1941			1	
계	115	11	9	9

출처: 〈표 2〉와 같음. 중앙/조선중앙일보는 국사편찬위원회의 한국사데이타베이스(http://db.history.go.kr/) 참조.

신여성,
개념과 역사

식으로 통용되고 있었다는 사실을 알 수 있다. 〈표 5〉를 보면 이 말은 1920년대가 34건, 1930년대가 78건으로, 후반의 시기가 절반 이상을 차지한다. 만약 1929년의 10건을 30년대로 셈하고 여기에 1940년을 합하면 후반부가 91건으로 전반 24건의 거의 4배에 이른다. '현대 여성' 개념의 등장은 하나의 시대정신을 표현하는 관념으로서 신여성이라는 말이 실제로는 폐기된 것을 의미한다. 시대정신으로서 신여성 개념이 1920년대라는 시대를 배경으로 만개했다고 한다면 이후 이 개념은 기의로서의 의미를 상실한 상태에서 단지 기표로서 통용되다가 일제 강점기 말에 종말을 맞았으며, 현대 여성은 그것의 최후를 보이는 일종의 증좌였다고 할 수 있다.

실제로 돌아가 보면 1930년대 이후 근대 교육 제도가 점차 보급되면서 이를 통해 배출되는 여성의 수는 절대 수치에서는 그렇지 않다고 하더라도 이전보다는 증대하는 추세를 보였다. 여성의 의식의 자각이라는 측면에서 식민지 사회를 보면 거기에는 일정한 편향이 있었다. 학교를 통한 근대의 신식 교육은 기본으로 "살림 잘하고 아이 잘 키우는" 이른바 양처현모 교육에 강조점을 두고 있었기 때문이다. 이른바 제도권 교육의 매우 협소한 여성관은 여성에 관한 보수주의의 견해를 주입했으며, 이에 대한 비판과 거부는 일부 남성 지식인은 말할 것도 없고, 여성 자신에게서도 흔히 찾아볼 수 있었다(김경일 2004: 319 이하).

1920년대 전·중반의 신여성이 출현한 시기가 호황기와 어느 정도 맞물려 있었다고 한다면 1920년대 후반 이후 식민지에 불어 닥친 가혹한 경제 공황의 여파는 어느 정도 자유주의 지향을 가지고 있던 중산층 여성에게서조차 현상 유지의 개인주의 사조를 강화하는 경향이 있었다. 이에 따라 자유주의는 극도로 취약한 자기 기반을 상실한 채로 보수주의의 굳건한 자장 안으로 휩쓸려 들어갔다. 1930년대 중반 이후 이상의 가정과 이상의 결혼 이념이 급속하게 세속화되어 감에 따라 이상 결혼의 기준은 이상이나 사랑이 아니라 부와 능력이 되었다(김경일 2012: 44 이하).

그러나 현실에 대한 안주가 세속의 행복을 보장하지는 않았으며, 유례없는 세계 공황의 여파로 인한 식민지의 궁핍은 가족의 존립 자체를 위협했다. 이에 따라 1930년대 이후 갈수록 강화되어 간 보수주의의 공세 앞에서 대다수 여성은 오늘날의 여성이 당면한 문제들과 같은 남성 지배 사회의 모순에서 끊임없는 갈등과 고뇌를 경험해야 했다. 만일 이들이 전통 가부장제에 도전했다고 한다면 그것은 이와 같이 소극과 수동의 방식을 통한 것이었으며, 이는 앞 시기의 신여성이 보인 주체의 방식과는 확실히 달랐다.

가부장제 질서에 대항하며 자신을 희생하고 비참한 종말을 맞은 급진주의 신여성과 달리 이들은 기성 사회에 대한 도전을 포기하는 대신 근대 교육이 자신들에게 부여한 특권을 개인의 차원에서 향유하고자 했다. 이러한 의미에서 보면 비록 왜곡된 형태로나마 이들에게는 식민지의 자유주의라는 이름을 부여할 수 있었다. 이들은 1920년대의 다소는 급하고 설익은, 그러나 근원의 차원에서 남성 지배에 도전한 급진주의 물결의 퇴조와 맞물려 등장했다. 1930년대 중반 이후 점차 그 기반을 넓혀 갔다고는 하더라도 전체 여성을 시야에 놓고 보면 이들은 매우

신여성,
개념과 역사

미미한 비중을 차지했으며,[38] 이러한 점에서 여전히 지속하는 주목 대상이 되었다.

그러나 1920년대의 급진주의자들이 사랑과 성에 관한 주장과 실행을 통해 자신을 표현하는 과정에서 주류 남성 지배 사회에 야기한 일정한 신선함과 비장함, 그리고 그에 따른 팽팽한 긴장감을 이 시기에는 찾아보기 어려웠다. 나혜석에게 전형으로 나타난 의상이나 '사치'를 통해 자신의 개성을 당당히 표현한다는 주체 의식은 이 시기에 들어와 단순한 모방과 과시를 위한 것이 되었다. 식민 지배의 공고화와 그에 대한 도전이 금방이라도 가시화되는 것처럼 보였던 불온하고 모순에 찬 1930년대의 시대 분위기에서 통속 소비 지향의 서구와 일본의 문물 공세가 신문과 잡지를 중심으로 한 대중 매체들을 통하여 본격으로 자리를 잡아 갔다.

1930년대 이후 식민지 체제의 안정화를 배경으로 퇴폐와 향락의 분위기가 도시를 중심으로 점차 확산되면서 신여성의 행태가 낭비와 사치와 허영의 상징으로 비판받은 것은 이러한 맥락에서였다. 식민지의 비참한 경제 현실에서 자유주의/민족주의자들이 설파한 실용과 검약의 '미덕'은 동시에 식민 지배 권력의 방침에 부응하는 것이었으며, "천박한 아메리카니즘의 활동사진이나 보러 다니고 자동차만 타고 달리고 진고개 가서 그림 그린 편지지나 사다 놓고 모양 잘 내고 키스 잘하는" 신여성은 이제 "경조부박輕佻浮薄한 시체 모던 걸"로 비난되었다(김경일 2004: 52). 이러한 점에서 시대정신으로서 신여성은 이제 그 의미를 상실했으며, 그 내용을 박탈당한 신여성의 허망한 기표만이 언론 매체의

1장
근대 여성과 신여성 – 개념과 실제

지면에서, 그리고 도시의 백화점과 카페, 극장과 가두 등을 공허하게
떠돌아다녔다.

신여성,
개념과 역사

新女性

2장

제 1 세대 근대 여성

제1세대 근대 여성을 대표하는 인물로는 하란사와 박에스더, 차미리사, 윤정원 등을 들 수 있다. 1870~80년대에 태어난 이들은 여성을 위한 고등교육기관이 없었던 한말의 상황에서 일본이나 미국에서 근대 교육을 받고,[1] 1890~1910년대에 한국으로 돌아와서 사회 활동을 시작했다. 일본으로 유학한 윤정원을 논외로 한다면 1870년대에 태어난 세 여성은 하층 사회의 가난한 집안에서 여성으로서 차별을 경험하면서 자랐다. 아울러 자신의 이름을 그대로 가지고 있었던 윤정원과 달리[2] 이들 모두는 이후의 관행과는 달리 남편의 성을 따랐으며,[3] 근대 서구 문명과 기독교의 영향을 배경으로 서양식 이름을 채택했다.[4]

윤정원을 제외한 나머지 세 여성 모두가 일본이 아닌 미국으로 유학을 간 사실도 흥미롭다. 이는 미션 스쿨 계통의 선교사들과의 연결망이 배경이 된 것이지만, 적어도 여성 교육에서는 일본보다 미국(서구)이 여성에게 보다 높은 동기화를 부여한 현실을 반영한다. 그렇다 하더라도 1910년대 이전 시기를 전체에서 조망해 보면 일본 유학이 오히려 더 많았던 것으로 나타난다.[5] 동일한 동아시아권에 위치한 지리의 편의도 있었지만, 1910년의 강제 병합 이후 식민 정책의 본격 시행은 이러한 추세를 일정 기간 존속시켰다.

1910년의 강제 병합을 계기로 조선총독부는 미국 유학을 봉쇄하는 정책을 선호했다. 이에 따라 미국 유학은 중국을 거쳐 중국 국적을 취득한 후 미국으로 가야 하는 복잡한 우회로를 거쳐야 했다. 보다 큰 어려움을 겪으며 미국으로 간 여성 대다수는 기독교 계통의 학교에서 공부했다. 1919년의 3·1운동이 그 변화를 가져왔다. 독립 만세 운동이 촉발한 일제 정책의 완화에 의해(김성은 2009: 185), 이후의 추세는 점차 역전되는 경향을 보였다.[6]

이들 제1세대 근대 여성의 자기의식은 여성의 교육과 지식의 획득을 전제로 한 상태에서 민족 독립에 기여해야 한다는 형태로 구현되었다. 그리고 그것은 궁극에서 근대 국민국가에 여성을 통합하고자 하는 남성 계몽주의자들의 근대 기획이라는 거대 서사로 포섭되었다. 그렇다고 하여 이러한 근대화 프로젝트에서 여성이 수동적인 역할만을 하지는 않았다. 근대성이 설정한 한계에도 불구하고 근대 교육과 지식에의 접근을 통한 여성의 자기의식은 근대를 넘어서서 그 이후를 전망할 수 있는 여성주의의 비전과 대안을 추구했다.

교육과 지식 및 민족 독립과 민족주의는 이러한 방식으로 밀접하게 연관되었는데, 이 장에서는 먼저 이 두 요소의 상호 관련을 검토한 다음, 이들의 여성주의 의식과 이념 및 실천의 내용을 분석해 보고자 한다. 이를 통하여 애국계몽기 여성과 1920년대 신여성이 여성주의의 일정한 요소를 공유하면서도, 어떠한 점에서 서로 다른지를 규명해 보고자 한다. 이러한 차이와 구별을 통해 신여성 개념을 보다 명확하게 이해할 수 있을 것이다.

민족 독립의 대의와 여성의 교육·지식

"미국(놈) 믿지 말고, 소련(놈)에 속지 말라. 일본(놈) 일어선다"는 노래가 잘 보이듯이 이 시기 한국은 거대 제국들의 틈바구니에서 민족 생존과 자존을 모색해야 하는 시련을 맞았다. 남성도 그러했지만 여성 역시 서구 제국주의 세력에 의한 이 지역의 침탈과 식민화라는 위협에 맞서야 했다. 적어도 근대 교육을 받은 지식인 여성의 경우 민족의 독립과 국가의 부강이라는 시대의 과제로부터 자유로울 수 없었던 것이다. 이효재는 시대의 후진성 속에서 이 시기의 여성은 서구 여성과 같이 개인의 해방을 외치는 자유주의 사회 운동이나 참정권을 요구하는 정치 운동을 슬로건으로 삼을 수 없었다고 지적한다. 계몽주의 시기의 여성은 국가를 부강하게 하여 독립된 권리를 되찾으려는 애국 운동을 통해 여성 교육의 기회를 요구하면서 구습을 타파하고 신문명을 따르는 계몽운동에 동참했다고 그녀는 주장한다. 이러한 점에서 한국 여성의 개화는 개인의식의 자각에 기초했다기보다는 국가 및 민족의식과 함께 시작되었다(이효재 1972: 69).

조만간 식민지로 전락할 운명을 맞은 주변부 약소국의 여성은 남성에 비해 보다 어렵고 복합된 현실을 당면해야 했다. 동아시아에 조성된 제국주의 열강의 각축 속에서 힘겹게 독립과 자존을 모색해야 하는 약소국에서 오랜 세월 전제의 남성 지배에 억눌려 온 한국 여성에게 던져진 시대의 무게는 그만큼 엄중하고 또 무거웠다. 민족 독립이라는 시대의 과제와 아울러 전통 가부장제와 근대의 여성 억압이라는 여성 고유의 과제에 이중으로 직면했기 때문이다. 개성에 대한 자각과 남녀평등의 실현, 여성 해방의 달성을 포함하는 여성 문제는 민족 문제에 못지않게 여성이 당면한 주요 과제였다. 이 시기 여성에게 근대란 바로 이러한 여러 중층과 복합의 문제를 효율적으로 공략할 수 있는 수단 내지는 유용한 장으로서의 의미를 가진 것이었다. 근대의 추구를 통한 부강한 근대 민족 국가의 수립이 의미를 가진 만큼이나,[7] 전통과 인습으로부터의 해방과 근대 여성으로의 자각이 절실한 과제로 제기된 것이다.

그렇다면 정치와 군사, 경제, 사회, 문화와 같은 다양한 근대의 양상에서 여성은 어떠한 차원에서 근대를 추구했는가? 전반으로 보면 이 시기 여성은 특히 지식과 교육의 차원에서 근대의 추구에 집중하는 경향을 보였다. "우리나라 최초의 근대 여성 권리 선언"으로 평가받는 〈여권통문〉은 "문명개화한 서구 여러 나라에 남녀동권이 있는 것은 학문과 교육 때문"이라고 인식하여 여성의 교육받을 권리를 주장하고, 그 일환으로 이 선언 직후인 1898년 9월 12일에 우리나라 최초의 여성 단체인 찬양회贊襄會를 조직하여 여학교의 설립과 운영을 목표로 내걸었다.[8] 갓 일곱 살 난 어린 여학생의 기고문에는 교육에 대한 이 시기 여성의 열정과 의미가 잘 드러난다. 이 글에서 그녀는 "이천만 동포가 학문과 지식이 업는 고로 사람이 문명치 못하고 나라가 부강치 못하여

皇城新聞

第一卷 第四號　每日刊行

別報

官報

〈여권통문〉 《황성신문》(1898년 9월 8일자)에 게재된 〈여권통문〉. 우리나라 최초의 여성 인권 선언문으로, 이를 발표한 여성 300여 명은 종속 여성의 지위를 통렬하게 비판하며 남녀평등을 실현하기 위한 여성의 자각과 계몽을 촉구했다.

외국 사람에게 수치"를 받는 현실을 개탄하면서 여성이 교육과 지식을 통하여 근대 문명을 습득할 것을 주장했다.[9] 이 사례가 선명하게 보이듯이 이 시기의 여성은 애국의 입장에서 남녀평등과 교육을 내세우고 이를 실천하고자 했다(이효재 1972: 104~5).

근대 초기 교육과 지식 분야에서 여성의 근대 추구는 한국의 경우에만 한정되지는 않았다. 이 시기 대부분의 유럽 국가에서 가장 앞선 페미니즘의 요구 사항의 하나가 교육과 지식이었던 사실에서 보듯이, 그것은 근대 이행기에 일반으로 찾아볼 수 있는 보편 현상이었다. 정치·사회·지위로부터 배제된 페미니스트들이 현실에 복수할 수 있는 유일한 길을 교육에서 찾았던 것은 서구에서와 마찬가지로 한국에서도 그러했던 것이다(김경일 2004: 273). 그럼에도 민족과 국가의 대의에 적극 호응하고 동조함으로써 여성이 이 거대한 물결에 수동으로 휩쓸렸다기보다는 이를 계기로 스스로의 의식을 고양하고 남녀평등을 주장할 수 있는 단초를 마련했다는 사실을 인식해야 한다. 민족 국가에 대한 헌신을 통해 여성은 자기의식과 여성 해방의 단초를 마련했으며, 국권 수호와 민족에 대한 대의를 통해 이 시기에 처음으로 남성에 대한 여성의 대자의식이 출현했다.[10]

여성 교육과 남성 지식인

여성의 근대 교육에 대한 주장은 여성에 의해서만 주도된 것은 아니었다. 여성을 국민국가로 포섭하기 위한 근대주의 프로젝트의 일환으로서 남성 중간층과 지식인들 역시 계속 강조해 왔다. 이러한 점에서 애국계몽기를 대표하는 언론 매체인《독립신문》은 문명개화를 통해 여성이 남성의 압제와 야만으로부터 벗어나 학문과 지식을 넓히고 부인의 권리를 찾을 것을 역설했다.[11] 비록 지식인 남성 모두가 지지한 것은 아니라고 하더라도,[12] 여성에 대한 교육 기회의 부여와 확장은 점차 시대의 대세가 되어 갔다.

한국 최초의 근대 소설 형식을 대표하는 주요 작품에서 여성의 신학문과 해외 유학이라는 주제를 공통으로 형상화한 사실은 이러한 맥락에서 주목된다. 애국계몽기를 대표하는 한국의 신소설은 이 시기 후반인 1907년부터 강제 병합 초기인 1912년에 걸쳐 출간되었다. 이인직李人稙의《혈루血淚의 누血》(1907), 이해조李海朝의《자유종自由鐘》(1910), 최찬식崔瓚植의《추월색秋月色》(1912) 등을 대표 작품으로 꼽을 수 있을 것이다. 여성을 주요 등장인물로 설정한[13] 이들 작품에서 흥미롭게도 주인공 여성들은 자신이 당면한 과제를 해결하기 위해 모두 근대 지식과 교육을 추구한다.

청일전쟁의 싸움터가 되어 버린 평양성에서 난리통에 잃어버린 가족을 찾느라 정처 없이 헤매는 부인의 참경에서 시작하는《혈의 누》는 그녀의 어린 딸인 김옥련이 우여곡절 끝에 일본을 거쳐 미국으로 건너가 고등교육을 마치고[14] 마찬가지로 미국에서 공부하던 아버지 김관일을 연극처럼 만나는 기나긴 여정의 오디세이를 그리고 있다. 주인공 옥련의 아버지는 전쟁으로 인한 가족의 이산과 민족의 불행을 "우리가 몰라서 가슴이 아프고 피눈물 나는 일을 당"한 것으로 진단한다. 그리고 그에 대한 대책으로 "신선한 공부를 하여 가지고 귀국하여 문명국 사람과 같이 되"는 것을 제시한다(전광용 1986: 85). 일본에서 우연히 마주친 구완서와 함께 미국으로 유학 온 그의 딸도 이러한 문제의식을 가지고 있다는 것은 근대 교육을 통한 문명개화의 달성이 이 시기의 공통주제임을 환기시키는 것이다.

> 옥련이는 공부를 힘써 하여 귀국한 뒤에 우리나라 부인의 지식을 널려서(넓혀서—필자) 남자에게 압제받지 말고 남기의 동등 권리를 찾게 하며 또 부인도 나라에 유익한 백성이 되고 사회상에 명예 있는 사람이 되도록 교육할 마음이라(이인직 1978(1907): 86).

이처럼 옥련은 미국에서 신교육을 받고 고국으로 돌아와 여성에게 지식과 교육을 보급하고자 한다. 이를 통하여 남성의 전제 억압으로부터 벗어나 남녀평등을 달성함으로써 국가와 사회에 공헌한다는 포부를 펼치는 것이다.[15] 이러한 점에서 한 논평자는 이 소설의 대의명분은 근대 전환기의 중요 과제인 '개화'로서, 개화의 구체 이유는 나와 있지 않지만 옥련이가 미국으로 신교육을 받으러 가는 목적에 개화의 필요성과 당위성이 제시되고 있다고 지적한다. 이 소설에서 중요한 시대 과제는 문명개화이며, 이는 작가 이인직의 현실 인식에서 비롯된 것으로 개회의 길은 신학문을 배움으로써 실현시킬 수 있다고 생각했다는 것이다(설성경 2005: 152). 이인직이 대부분의 작품에서 근대화의 실천자를

신여성,
개념과 역사

긍정의 인물로 설정한다는 점에 주목하여 그는 옥련을 개화를 적극 실천하는 유형으로 제시하고자 한다.[16]

이해조의 《자유종》은 토론 형식의 소설로 신소설 중에서 정치성이 가장 강한 작품으로 평가된다(전광용 1986: 194). 등장인물이 모두 여성인 이 소설은 1908년 1월 대보름 밤에 매경 부인의 생일잔치에 초대받은 부인들이 개화·계몽에 관한 여러 문제를 토론하기 시작하여 결국에는 국가의 자주독립을 논하는 꿈 이야기를 하다가 닭이 우는 새벽녘에 해산하는 장면으로 끝나고 있다. 이 소설 역시 개화·계몽에서 학문과 지식의 중요성을 강조하고 있다. 이 소설에서 일종의 사회자 역할을 하는 설헌 부인은 다음과 같이 말한다.

우리 대한의 정계가 부패함도 학문이 없는 연고요 민족의 부패함도 학문 없는 연고요 우리 여자도 학문 없는 연고로 기천 년 금수 대우를 받았으니 우리나라에도 제일 급한 것이 학문이오. 우리 여자 사회도 제일 급한 것이 학문인즉 …… 우리 일천만 여자들은 학문이 무엇인지 도무지 모르고 유의유식으로 남자만 의뢰하여 먹고 입으려 하니 국세가 어찌 빈약치 아니하겠소. 옛말에 백지장도 맞들어야 가볍다 하였으니 우리 일천만 여자도 일천만 남자의 사업을 백지장과 같이 거들었으면 백 년에 할 일을 오십 년에 할 것이오, 십 년에 할 일은 다섯 해면 할 것이니 그 이익이 어떠하뇨. 나라의 독립도 거기 있고 인민의 자유도 거기 있소(이해조 1978(1910): 4).

"우리나라와 여자 사회에 제일 급한 것이 학문"이라는 언급에서 보듯이 이 소설은 민족의 침체와 부패의 원인을 학문이 없는 것에서 진단하고 나라의 독립과 인민의 자유를 위하여 학문의 중요성을 강조하고 있다. 여성에 대한 자아의 각성과 남자와 같은 권리의 향유를 갈망하는 욕구가 여성의 입을 통해 부르짖어졌고, 머지않아 그것이 실현될 것이라는 희망과 기대를 표출한 작품이라는 평가에서 보듯이(전광용 1986: 210), 이러한 욕구의 실현을 위한 중심에는 학문이 있었던 것이다.

주목할 것은 여기서의 학문은 근대의 신학문으로 전통 학문은 오히려 비판 대상이 되었다는 사실이다. 설헌 부인은 "《사략》·《통감》으로 제 일등 교과서를 삼으니 기국 정신은 간데없고 중국혼만 실러서 언필칭 《좌전》이라 《강목》이라 하여 남의 나라 기천 년 흥망성쇠만 의론하고 내 나라 빈부 강약은 꿈도 아니 꾸다가 오늘 이 지경을 하였"다고 지적하면서, "우리 여자의 말이 쓸데없을 듯하나 자국의 정신으로 하는 말이니 오히려 만국공사의 헛담판보다 낫"다고 말을 맺고 있다(이해조 1978(1910): 6~7).

중국을 폄하하고 일본을 긍정으로 보는 계몽 지식인 일반의 정서는 신소설에서 흔히 찾아볼 수 있는데, 이해조 역시 이인직과 마찬가지로 개화의 모범을 일본에서 찾고 있다. "내 나라 지지地誌와 역사를 모르고서 〈제갈량전〉과 〈비사맥전〉을 천번 만번이나 읽은들 현금 비참한 지경을 면"할 수 없다고 하면서, "자국 인물이 어떠하고 자국 지지가 어떠하다 하여 자국 정신이 굳은 후에 비로소 만국 역사와 만국 지지를 가르"쳐서 남녀를 불론하고 "자국의 보통 지식 없는 자가 없"어 "오늘날 저러한 큰 세력을 얻어 나라의 영광을 내"고 있는 일본을 본받을 것을 주장하는(이해조 1978(1910): 9) 금운 부인의 말이 좋은 예가 될 것이다.

이해조는 이 소설을 통하여 문명개화와 자주독립의 시대정신 속에서 선각자로서의 여성이 신문명과 신학문을 통해 '자유의 종'을 울리기를 희구하는 염원을 표현하고자 하였다. 개화·계몽에서 학문이 차지하는 중요성을 강조하면서도 한적이나 고전류의 전통 학문보다는 일본이나 서구의 신학문으로부터 배우고 그것을 받아들여야 한다고 그는 강조한다. 이러한 맥락에서 설헌 부인이나 금운 부인이 입을 모아 강조하는 '자국의 정신'은 중국에 대한 사대주의의 지배로부터 벗어나 개명한 일본의 문명을 받아들이는 것을 의미했다.

1912년 회동서관匯東書館에서 초판이 간행된 《추월색》은 최찬식의 대표작으로 대중에 인기가 높았던 작품이다(전광용 1986: 259). 이인직의 《혈의 누》와 비슷하게 이 작품은 일본의 도쿄를 주요 무대로 하면서도 영국 런던이나 만주 등지의 세계 각국이 배경으로 설정된다. 이인직이나 이해조의 작품에서처럼 《추월색》에 등장하는 여주인공인 이정임은 부모가 강요하는 혼인을 피해[17] 일본으로 간다. 도쿄에서 부모에게 보낸 편지에서 그녀는 자신의 각오를 다음과 같이 밝히고 있다.

이곳에 와서 처음으로 문명국의 성황을 관찰하오매 시가의 화려함은 좁은 안목에 모두 장관이옵고 풍속의 우미優美함은 어두운 지식에 배울 것이 많사와 날마다 풍속 시찰하기에 착심하고 있사오니 본국 여자는 모두 집안에 칩복하여 능히 사람된 직책을 이행치 못하고 그 영향이 국가에까지 미치게 함이 마음에 극히 한심하옵기 속히 학교에 입학하여 신학문을 많이 공부하여 가지고 귀국하와 일반 여자계를 개량코자 하옵니다(최찬식 1978(1912): 76~7).

이처럼 '우미한 문명국'의 모범인 일본에서 신학문을 익혀서 여자계를 개량하겠다는 일념으로 일본에 건너간 이정임은 일본여자대학교에 입학하여 해마다 최우등으로 진급해 학업을 마친다. 그녀는 같은 유학생으로 도쿄에서 대학 법과를 마친 대구 부호의 아들인 강한영의 집요한 유혹에 직면하여 "집에 돌아가 늙은 부모를 봉양하고 여학교나 설립히어 청년 여자들이니 가르치며 오는 세일을 보내리라"(최찬식 1978(1912): 49)고 좌절하기도 하지만 그녀의 어릴 때 정혼자인 김영창의 때맞춘 도움으로 구조된다. 영국 자선가와의 우연한 만남으로 영국에서 문과 대학을 마치고 청년 문학가가 된 김영창과 만난 정임은 일본 요코하마 영사로 부임한 영국 자선가의 결혼 준비금으로 금의환향하여 신식 결혼식을 성대하게 치른다.

이 소설에서 흥미로운 점은 개방 체제의 동아시아에서 이 작품의 무대가 되는 세계의 다양한 지역과 국가가 표상하는 의미 구조이다. 한국은 학정과 민요民擾가 지배하는 혼란의 땅으로 개화·계몽의 대상인 것과 달리 일본은 화려함과 우미함이 존재하는 문명의 나라로서 묘사되는 것은 앞의 두 작품과 마찬가지이다. 여주인공 정임이 신교육의 혜택을 받은 지역이 일본인데, 남주인공 영창은 이 시기 일본과 영일동맹을 통하여 외교 면에서 밀월 관계를 유지한 영국인의 호의로 영국에서 공부한다. 그런가 하면 이 작품의 또 다른 배경으로 등장하는 만주는 영창의 아버지가 수난을 당하고 마적이 횡행하는 야만의 땅으로 제시된다.

　남성 작가의 이들 소설에서 여성은 근대 지식과 학문의 기회를 찾아 미국이나 영국, 일본 등지의 문명국으로 떠난다. 이 여성의 미지로의 여행에 대한 남성 계몽주의자들의 태도는 이중의 모순이 있었다. 한편으로 그것은 이들이 설정한 근대 기획의 범위 안에서 적극 장려되었지만, 다른 한편으로 이들은 그러한 근대의 무기를 기반으로 한 여성의 반란과 배역背逆을 경계하고 두려워했다. 이인직의 사례에는 그러한 불안과 경계가 잠재해 있다. 다음의 제2세대 신여성의 등장과 이들에 의한 여성 해방의 이론과 실천은 이러한 두려움이 실제화한 것이었다.

애국계몽기 여성의 자기인식[18]

하란사

　하란사河蘭史(1872~1919)는 1872년 서북 평안도 변방 지방의 가난한 집안의 딸로 태어났다. 1894~95년 이화학당에서 공부하다가 1896년 일본을 거쳐 1897년 미국으로 건너가 워싱턴의 하워드대학과 오하이오의 웨슬리안여자대학에서 공부하여 1906년에 문학사Bachelor of Literature 학위를 받고 귀국했다. 이후 여성 교육과 독립운동에서 활발한 활동을 벌이다가 1919년 중국 베이징에서 객사했다. 비록 48세의 길지 않은 인생을 살고 갔지만, 여성에 대한 전통 인습과 차별이 존재하고 가난과 궁핍이 지배하는 환경에서 그녀는 여성의 계몽과 민족의 독립을 위한 선구자로서의 삶을 개척했다.《신한민보》1919년 4월 24일자는 "우리나라 여자 사회에 제일 선진 명사"로 수십 년 동안 "여자 교육에 정성을 다하"고 "민족적 활동에 혈성을 바"쳤다고 그녀의 죽음을 애도했다. 최은희는 그녀를 "당대의 여걸이요 독립운동가"라고 평가했으며(최은희 2003: 153), 이효재는 그녀가 "애국열로 충만한 프릭 생활과 사회 활동을 하였다"고 적었다 (이효재 1972: 76).

이처럼 민족과 독립을 위해 일관된 삶을 살았던 하란사의 생애에서 여성 문제에 대한 인식을 찾는 것은 쉽지 않다. 단편으로나마 영어로 진행된 윤치호와의 논쟁에서 이 주제에 대한 그녀의 생각을 찾아볼 수 있을 따름이다. 〈실업 교육의 주장A Plea for Industrial Training〉이라는 기고문에서 윤치호는 한국의 기독교 학교에서 여성 교육이 보다 나은better 아내와 며느리 및 주부를 키워 내는 데 실패하고 있다고 진단했다. 그 사례로 그는 요리와 바느질과 빨래를 하지 못한다든가 시어머니에게 불손하다거나 힘든 일을 하려고 하지 않는 경향을 지적했다.[19] 고등교육에서는 예외를 인정하면서도 그는 현명한 아내와 사려 깊은 며느리 및 좋은 주부an intelligent wife, a sweet daughter-in-law, a good housekeeper를 길러 내는 것이 보통의 여성에 대한 교육 목적이라고 주장했다(Yun 1911: 187~8).

기독교 학교 여성이 요리와 빨래와 같은 가사의 기본 일에 무지하다는 윤치호의 비판에 대하여 하란사는 신랄한 어조로 이를 반박했다. 여학교의 교과목에 굳이 그것이 없다 하더라도 여성은 학교 생활을 통하여 그것을 실제로 익히고 있다고 그녀는 말한다. 설령 그러한 불만을 인정한다 하더라도 유럽이나 미국의 보통 고등학교에서 요리나 재봉을 가르치지는 않는다고 하면서, 그녀는 이들 학교에서 교육의 목표는 현명한 어머니, 충실한 아내 및 개명한 주부wise mothers, dutiful wives and enlightened housekeepers로서 새로운 유형의 여성a new type of women을 길러 내는 데 있는 것이지 요리사나 간호사, 혹은 재봉사를 만드는 것은 아니라고 지적한다. 서구 교육과 개화의 영향에도 불구하고 윤치호의 여성 교육에 대한 무지와 맹목의 편견과 아울러 여성에 대한 동양 전형의 사고방식을 그녀는 신랄하게 비판했다(Hahr 1911: 352~3).

이러한 비판은 충분한 근거가 있지만 그럼에도 그것이 반드시 타당하다고만은 할 수 없었다. 서구의 여자 고등학교에서 실업 교육이 아닌 인문 교육에 중점을 둔 새로운 여성 교육의 필요에 대해서는 윤치호도 예외를 두어 인정하고 있다.[20] 나아가서 오늘날의 이른바 현모양처 이데올로기에서 크게 벗어나지 않는다는 점에서 윤치호가 지적하는 "현명한 아내와 좋은 주부"와 하란사가 말하는 "충실한 아내와 개명한 주부"도 표현의 차이는 있지만 기본에서는 동일 내용을 갖는다고 볼 수 있다.

차이가 있다면 윤치호가 "사려 깊은 며느리"를 언급한 것과 달리 하란사는 "현명한 어머니"를 들고 있어 전자가 대가족의 가부장제를 염두에 두고 있다고 한다면 후자는 근대의 현모양처를 준거로 하고 있다는 사실을 알 수 있다. 이러한 점에서 보면 두 사람이 설정한 여성상은 전통과 근대의 차이만큼이나 극명하게 갈린다고 말할 수도 있을 것이다. 하란사가 이상으로 설정한 현모양처상은 여성의 인격과 개체의 독립을 강조하는 자유주의 입장에 속하는 것이다.[21] 이러한 점에서 하란사는 현모양처 이데올로기를 비판하는 입장에 섰던 다음 세대의 급진주의 신여성과 달랐다고 할 수 있다. 하란사가 언급한 "새로운 유형의 여성"은 1920년대의 신여성이 결코 될 수는 없었던 것이다.

박에스더

박에스더Esther Kim Pak(1877~1910)는 1877년 서울의 정동에서 김홍택金弘澤의 셋째 딸로 태어났다. 1886년 이화학당에 입학하여 배우고 1894년 미국에 건너가 뉴욕 리버티 공립학교와 볼티모어 여자의과대학을 졸업하고 1900년에 귀국하여 한국 최초의 여의사가 되었다. 어린 시절부터 배움에 대한 열망이 강했던 박에스더는 강인한 의지로 의사가 되고자 한 자신의 꿈을 이룬 것이다. 의사가 되고 난 이후에도 그녀는 도움의 손길을 받지 못한 가난한 하층 여성과 어린이, 장애인 사이에 들어가 자신의 의술을 실천했다. 그녀는 전통과 인습에 사로잡혀 있던 하층과 농촌 여성을 계몽하고 위생 사상을 전파하면서 아울러 의료 선교사로서 기독교의 메시지를 전했다. 애국계몽 운동기 전문직 직업여성의 선구자로서 박에스더는 자신의 몸을 돌보지 않는 헌신과 봉사를 통하여 한국 의료, 여성, 기독교사에 의미 있는 발자취를 남기고 1910년 과로로 34년의 짧은 생애를 마쳤다. 사회봉사를 통한 멸사봉공

의 자세로 한국 의료, 여성, 기독교사에 의미 있는 발자취를 남긴 것이
다(최은희 2003: 143~4; 이방원 2007: 211). 이효재는 "개화기에 혜성과
같은 존재"로서 "그의 일생은 짧았으나 한국 여성사에 비약적인 새로
운 여성상을 남"긴 것으로 평가했다(이효재 1972: 72~3).

의사라는 전문 직업인으로서 격동의 시기를 보낸 박에스더에게는 하
란사에게서 찾아볼 수 있는 민족의 독립과 애국주의에 대한 관심이 전
면에 등장하지 않고 다소 뒤로 물러나 있으며, 여성주의의 문제의식 또
한 쉽게 드러나지 않는다. 그럼에도 이 여성의 삶에서 민족과 여성이라
는 두 주제가 주요한 모티브로 작용한 것은 분명하다. 빈곤과 무지와
질병이 지배하던 사회 상황의 최대의 피해자로서 여성과 아이에 대한
관심은 곧 애국계몽이라는 시대 과제로 연결되었다. 높은 유아사망률
과 남아 선호 사상, 남녀 간의 내외 구별, 위생의 결여와 맹목의 미신
습속 등이 지배하는 현실에서(이방원 2007: 206~9; 정민재 2009: 47~52)
여성과 아이에 대한 돌봄과 계몽은 민족 독립을 위한 선결 조건의 하나
였기 때문이다. 따지고 보면 박에스더가 한국인 여성 의사로서 활동한
사실은 성과 인종의 두 변수에 저촉되지 않는 불가피한 시대의 선택을
반영했다.[22]

이처럼 박에스더에게 여성주의는 민족 독립을 위한 방편으로서의 성
격이 더 강했다. 따라서 여성주의와 관련한 사사私事 차원의 문제 제기
는 그녀에게서 찾아보기 어렵다. 배우자 선택에서도 그녀는 소극의 태
도로 임했다. 유학 이전의 후견인이자 귀국 이후에는 동료로서 생애를
함께하다시피 한 로제타 홀Rosetta Sherwood Hall로 대표되는 선교사들

이 그녀의 결혼을 주선했다. 오늘날 전문직 여성의 결혼에 대한 태도와 비슷하게 애초에 그녀는 미국 유학을 가서 의학을 공부하겠다는 자신의 꿈에 지장을 초래할 수 있다는 점에서 가능하면 결혼을 하지 않으려 했다(이방원 2007: 198). 결혼의 동기는 유학을 가기 위해 배우자가 있어야 하다는 전통의 관습에 따른 것으로, 배우자 선택의 기준에는 다른 무엇보다도 '하나님의 뜻'이 가장 크게 작용했다.[23] 이러한 점에서 박에스더의 배우자 선택 과정에서 사랑이나 애정의 요소를 찾아보기는 힘

박에스더 부부와 로제타 홀 가족 박에스더의 미국 유학 당시 사진(1895년 9월). 그녀는 미국으로 떠나기 전인 1893년 5월 24일 아홉 살 연상인 박여선과 결혼했다. 결혼 동기는 유학을 가기 위해 배우자가 있어야 한다는 전통 관습을 따른 것일 뿐이었다.

들다.[24]

차미리사

차미리사車美理士(1879~1955)는 1879년 서울 아현동에서 6남매 중 막
내로 태어났다. '섭섭이'라는 아명에서 알 수 있듯이 그녀는 가부장의
유습이 강하게 지배하던 당시의 사회에서 아들을 바라던 부모의 기대
를 저버린 딸로서 차별을 감내하며 자랐다. 17세에 결혼하여 3년이 채
되지 않는 19세에 남편을 잃은 그녀는 상동교회에서 스크랜턴William
B. Scranton으로부터 세례를 받고 사회 활동을 하다가 당시로서는 늦은
나이인 23세에 해외 유학을 결심했다.[25] 그리하여 1901년 중국 상하이
로 가서 공부하다가 1905년 미국에 가서 8년 정도 체류하면서 공부했
다. 미국에서 교육 운동과 사회 운동, 독립운동, 언론 운동 등을 하다가
귀국한 그녀는 돌아와서도 "귀밑머리 계집애, 쪽진 여사, 소박떼기, 혼
인 준비하는 여자들"과 같이 무식하고 가난한 식민지의 구여성을 위한
교육에 헌신했다(최은희 2003: 140~2; 한상권 2008: 91·99·155).

앞에서 언급한 다른 여성과 마찬가지로 차미리사 역시 민족에 헌신
하는 삶을 살았다. 미국에서의 활동도 그러했지만[26] 귀국 이후 그녀가
배화학당에서 9년 동안 교사로서 가르치다가 1920년에 이 학교를 떠나
조선여자교육회를 창설하고 부인야학강습소를 개설한 것은 조선식의
여성 교육에 대한 그녀의 의지를 보이는 것이었다. 식민지 시기 내내
쟁점이 된 서양 선교사들의 서구식 교육에 대한 비판에서 보듯이(김경
일 2004b: 322~5), 배화를 떠나 서양 선교사들과 별개로 활동을 시작한

차미리사 여성 교육 운동가이자 독립운동가인 차미리사의 스캐리트 신학교 재학 시절(1910~1912)의 모습. 그녀는 여성 교육의 목표와 지향을 남녀의 동등한 권리와 기회의 균등에 두었다.

신여성,
개념과 역사

것은 조선인 본위의 민족 교육에 대한 그녀의 신념에 따른 것이었다.

민족주의 계열의 여성과 비슷하게 차미리사는 여성 교육의 목표와 지향을 남녀의 동등한 권리와 기회의 균등에 두었다. 조선여자교육회의 활동이 학교 교육만으로는 충분하지 않다는 점에서 여성이 좁은 울타리를 벗어나 가정 바깥의 일, 세계 정세에 대해서도 알기를 희망한다고 언급하면서 그녀는 조선 여성이 미국 여성과 같이 사회에서 평등한 기회를 가져야 한다고 주장했다. 그러나 여기에는 조건이 있었다. 우리 고유의 겸손과 순결을 지키는 교육이어야 한다는 것이다.[27] '고유의 겸손과 순결'에 대한 강조는 연초나 정미 노동과는 달리 재봉이 "본래의 적합한 여성의 직업"이라는 생각(김미리사 1922: 30)과 맥락을 함께한다. 여성의 교육과 사회 활동에 대한 평등한 기회의 부여라는 점에서는 자유주의의 지향을 보이면서도 여성다움을 강조하는 대목에서는 보수주의의 혐의가 보인다고 할 수 있다.

이 글에서 논의하는 다른 세 여성 모두가 죽음이나 망명으로 신여성이 본격 등장한 1920년대의 공간에 부재한 것과 달리 차미리사는 이들과 일정한 시기를 공유했다. 이러한 점에서 사사로서의 성과 사랑, 그리고 여성 해방과 관련한 1920년대 신여성의 주장에 그녀는 나름대로 반응해야 했다. "우리는 해방이니 동등이니 자유니 하는 언사를 쓸데없이 부르짖지 않"는다고 그녀는 말한다. 해방과 자유를 쓸데없이 부르짖지 않는다는 표현에는 1920년대 신여성에 대한 불편한 심기와 아울러 그에 대한 비판이 다분히 배어 있다. 여자 교육의 목적은 남성이 주는 해방과 자유를 피동으로 받는 것이 아니라 여성의 "인격을 완성하여

자수自手로 해방과 자유를 차지"할 수 있는 실력을 기르는 데 있다고 그 녀는 생각했다. 그것은 궁극에서는 아내와 "모친된 책임의 중대함"에 대한 자각, 즉 현모양처로서 여성의 역할에 대한 자각으로 연결된다.[28] 여자 교육의 목적으로 그녀는 또 다른 동기를 들고 있다. "요사이 걸핏 하면 이혼이니 무엇이니 하여 가정에 풍파가 끊일 날이 없는 것은 모두 여자 교육을 진심으로 요구하는 현상"이라는 것이다. 1920년대 신여성 이 주장한 자유이혼에 대한 불편한 심기를 내비치고 있다.[29]

이처럼 그녀는 자유연애나 자유결혼, 혹은 이혼의 자유보다는 여성 이 인격 기각과 경제 독립, 그리고 현모양처 역할을 보다 중시했다. 이

조선여자교육회 1920년대 조선여자교육협회(조선여자교육회의 정식 명칭) 학생들. 조선식 여성 교육에 강력한 의지를 보여 온 차미리사는 1920년 2월 19일 조선여자교육회를 창설해 조직과 체계에 따른 교육 사업을 추진했다.

신여성,
개념과 역사

점에서 그녀는 여성 해방의 주요 의의를 전자에 설정한 1920년대의 신여성을 비판하는 입장이었다. 그녀는 여성의 자기의식이나 경제 독립과 같은 주제들에 대해서는 자유주의의 태도를 유지했지만, 성과 사랑과 같은 쟁점에 대해서는 보수주의로 기우는 경향이 있었다. 전통의 여성상을 "고상과 순결"로 표상하면서, 여성의 정조와 순결을 그녀는 강조한다. 예를 들면 그녀는 "정조는 여성의 면류관"이라 하여 전통 정조관을 옹호했다.[30] 조선 여성의 정조관은 "세계에 참 비할 곳이 없"는 것으로, "자기의 정조라 하면 재산보다도 생명보다도 더 귀중하게 여"겼다는 점에서 "우리는 이 자랑거리를 영구히 보존하여 남에게 수치가되지 않도록 해야" 한다는 것이다.[31]

윤정원

마지막으로 윤정원尹貞媛(1883~?)은 서울 창신동에서 아버지 운정雲庭 윤효정尹孝定과 창원 황씨 사이에서 1883년에 태어났다. 부유한 관료의 집안에서 태어난 그녀는 1898년에서 1907년의 10년에 걸쳐 일본에서 근대 교육을 받은 최초의 여자 일본 유학생이었다. 1909년에는 국가가 설립한 공식 여성 교육 기관인 한성고등여학교의 최초의 여성 교사로서 부임했다. 여성으로서의 자각과 민족 자립의 달성을 위해 그녀는 여성 교육의 중요성을 되풀이하여 역설하고, 또 이를 실천에 옮기고자 했다. 1910년 강제 병합 이후 중국으로 망명한 그녀는 베이징에서 안창호 등과 연결하여 임시정부의 활동을 지원하고 민족유일당 운동에 참가하는 등 독립운동에 헌신했다.

시대의 제약을 반영하는 것이지만 윤정원의 여성관은 근대와 전통이 혼효된 과도기 성격이 있었다. 남성과 여성의 차이를 구분하면서 그녀는 남성은 "전심전력으로 발명 연구하는 자요 여자는 즉각 실행하는 자"라고 말한다. 즉 "몸으로 실행하는 자는 다만 여자뿐"으로, 이러한 점에서 성인군자나 학자, 철학자, 예술가, 도덕가, 종교인 등은 남성의 영역인 반면에 "자선, 교육, 간병, 전도, 위생, 면려 등 사업"은 여자의 본분이라고 주장한다. 자신의 "본분을 깨닫고 지키는 자"가 여자로서, 여자는 "무리하게 힘쓰지 아니하더라도 천생으로 이러한 아름다운 성질을 가진"다는 것이다(윤정원 1906b: 46~7). 《소학小學》이나 《예기禮記》의 〈내칙內則〉을 주교재로 하는 어린 시절의 전통 교육의 영향(홍필주 1907: 59)을 여기에서 찾아볼 수 있다.

그러나 이와 동시에 윤정원의 여성관은 근대주의로부터도 영향을 받았다. "여자라 하는 것은 국민의 어머니요, 사회의 꽃이요, 인류의 태양"이라고 그녀는 말한다. 여성을 '태양'에 비유한 것은 서구 페미니즘의 시작에서는 말할 것도 없고 일본이나 조선에서도 마찬가지였다. 1911년 9월 일본에서 발간된 최초의 여성잡지인 《세이토靑踏》의 창간사에서 히라스카 라이초우平塚雷鳥는 "원시元始, 여성은 실로 태양이었다, 진정한 인간이었다"고 선언했다.[32] 식민지 조선에서도 《신여성》 1924년 8월호에 발표한 〈신여자송〉에서 요한은 신여성을 "태양이 낳은 딸들"로 묘사한 바 있다(김경일 2004b: 46~7). 이처럼 근대 페미니즘의 시작에서 여성은 '태양'이라는 비유를 통하여 자신의 존재와 개성을 표현하고자 했다는 점에서 윤정원은 근대 페미니즘과 대열을 함께했다고 할 수 있다. 그러나 곧이어 등장하는 신여성과 비교해 볼 때 둘 사이에는 중요한 차이가 있었다. "한 가정에서 중심이 되는 주부는 항상 태양과 같이 밝은 얼굴로 가정의 평화와 안녕을 보전" 해야 한다는 언급에서 보듯이(윤정원 1906a: 39), 그녀가 말하는 인류의 태양은 가정의 영역을 준거로 한다. 여기에서도 전통과 근대가 교차하는 과도기의 양상을 볼 수 있다.

| 윤정원 |

나아가서 윤정원은 국민 도덕을 남자의 도덕과 여자의 도덕으로 구분한다. 여자의 도덕이라고 해서 "남자에게는 쓸데없으나 여자에게만 필요되는 특별한" 것은 아니라는 원론의 표명에도 불구하고 그녀는 여자에게 "불가불 깊은 소양이 있어야 할" 미덕으로서 '공겸恭謙의 정신'을 강조한다. "공겸과 절조는 여자의 전문 도덕 같으나 이는 결단코 그런 것이 아니라 다만 특별히 이 두 가지가 남자보담 여자에게는 중대"하다는 그녀의 언급은 (윤정원 1906c: 36~8) 국민 도덕에서 원칙으로는 남녀의 평등을 말하면서도, 여성만에 고유한 가치를 부여한다는 점에서 여자의 본분에 대한 앞의 주장과 맥락을 같이하는 것이다.

이미 언급했듯이 이러한 여성다움을 전제로 하여 윤정원은 여성에 고유한 일의 영역으로 자선이나 교육, 간병, 전도 등을 들었다. 실제로 제1세대 근대 여성은 자신의 역할을 이러한 영역에 한정했으며, 윤정원 자신은 특히 교육의 의미를 강조했다. 일가를 화목하게 하고 사회를 찬란하게 하고 국가를 창성하게 하는 데에서 여성이 절반 이상의 힘을 가지고 있다고 그녀는 주장한다. 하란사와 비슷하게 "빨래와 다듬이를 천명의 직분으로 생각"하는 현실을 개탄하면서 윤정원은 여성이 이러한 중대한 책임을 자각하기 위한 방도는 "교육 두 자밖에 없"다고 단언한다.[33] 그녀에게 여학女學은 여성의 본분을 "제일 적당 착실하게 깨닫고 지키는" 길을 "제일 바르게 밝게 하는" 것이었으며, "이 길을 따라 가르치는 것"이 바로 여자 교육이었다(윤정원 1906b: 47). 이러한 점에서 여성 교육에 대한 그녀의 생각에는 자유주의 근대 여성관의 지평 너머를 조망하는 비전이 들어설 자리가 아직 마련되어 있지 않았다.

모성에 대한 윤정원의 주장 역시 이러한 한계를 일정한 방식으로 드러낸다. "특별히 모친된 자는 실로 그 자녀를 양육하기 위하여 일평생을 저버린다"고 하면서, 그녀는 "자기 일신의 천고백난을 불고하고 오로지 그 자녀를 위하여 생활"하는 "모친의 혈심지성"을 지적한다(윤정원 1907: 62). 모성에 대한 강조는 서구나 일본의 페미니즘 논쟁에서도 중요한 논점 중의 하나가 되어 왔지만, 여기에서는 이 시기 여성 교육에 대한 강조와 함께 남성 주류 사회에서도 그것이 강조되어 왔다는 사실을 지적하고자 한다. 유길준의 《서유견문》(1889)을 비롯하여 《독립신문》과 아울러 특히 1905년 이후 이른바 애국계몽기에 간행된 다수의 언론 매체에서 모성으로서의 여성을 강조하는 논의는 쉽게 찾아볼 수 있다(김경일 2004b: 39~40).

남성 지배의 주류 사회에서 모성에 대한 강조는 여성을 독립된 개체로 인정하고 여성의 자의식을 존중하는 것과는 인연이 없었다. 그것은 현모양처라는 가부장제의 이데올로기 안에서 민족과 국가로 표상되는 실체로 수렴되는 경향이 있었다. 윤정원의 생애와 사상이 민족주의·애국주의의 동기에 의해 지배되어 왔던 것은 이러한 맥락에서 이해된다. 그녀는 자신의 시대를 "잠시 방심하면 가家와 기지基址를 더불어 보존하기가 어"려운 엄중한 조건에 놓여 있는 것으로 인식했다. 따라서 이러한 "국가 전체의 시급지환"을 구하기 위해서는 "사의사정私意私情을 저버리고서라도" 조국과 동포를 위해 헌신하는 정신을 가져야 한다고 주장했다(윤정원 1907: 65). 유학생 시절이나 교수 시절, 그리고 강제 병합 이후 중국의 망명 생활에서도 그녀는 이러한 생각을 계속하여 실현하고자 했다.

그녀가 말하는 국가와 민족이라는 거대 서사를 위해 기꺼이 희생되어야 하는 '사의사정' 안에는 여성으로서의 의식과 자기 주장도 포함될 수 있을 것이다. 교육과 모성에 대한 강조와 아울러 국가와 민족의 대의에 대한 헌신이라는 점에서 그녀는 이 시기 남성 지배 엘리트들과 생각을 공유했으며, 적어도 이 점에서는 여성으로서의 자기의식이나 개체에 대한 자각을 찾아보기는 힘들었다.

근대의 시작과 여성의 길: 여성주의와 민족주의의 사이에서

애국계몽기 여성은 전통 사회가 해체되고 서세동점의 제국주의 질서가 지배하던 격동의 동아시아에서 전통과 근대의 모순이 복합된 주변 환경에서 자라난 주변인이었다. 이들은 윤정원을 예외로 한다면 차별받는 서북 지방에서 가난한 집안의 딸로 태어났거나 미국 선교사에 고용된 하층 집안 출신이거나 혹은 아들을 바라는 부모의 기대를 저버린 딸로서 이른 나이에 홀로 과부로 남겨졌다. 문벌과 재산이라는 길을 통하여 일본으로 유학한 윤정원과는 달리 성과 지역, 사회의 지위와 계급 등에서 열악한 지위에 있었던 나머지 세 여성은 기독교와 선교사를 매개로 한 미국으로의 유학이라는 당시로서는 아무도 가 보지 않은 미지의 길을 선택했다. 낯선 외국에서의 외로움과 고국에 대한 향수, 경제적 궁핍과 심리적 상실감, 그리고 인종차별과 같은 어려움에 맞서 이들이 익히고자 했던 근대의 지식과 문명은 민족의 자주독립, 그리고 여성의 개성과 평등의 실현을 위한 비전으로 수렴되었다.

민족과 국가는 이 시기 전체를 지배했던 중심 주제였다. 근대 초기 민족주의와 페미니즘의 양립이나 신소설에서 보듯이 국가와 민족이 존립의 기로에 서 있던 위기의 순간에 이들 여성이 다른 어떤 것에 앞서는 지고의 가치이자 이념으로서 그에 대한 헌신과 봉사를 추구한 것은 당연할지도 모르겠다. 민족과 국가에 대한 헌신을 통하여 자기의식과 여성 해방의 단초를 마련했다고는 하더라도 민족 존립의 위기라는 시대의 무게는 이들에게 민족과 국가라는 틀을 넘어 전망하고 사고할 수 있는 여지를 거의 남겨 두지 않은 것은 유감스럽게도 사실이었다. 민족의 보존과 국가의 회복이라는 과제 앞에서 그것을 지양하는 비전이나 대안의 가능성을 찾아보기 힘들기 때문이다.

이러한 점에서 애국주의와 민족주의는 이들 여성의 생애에서 중심 주제가 되었으며, 궁극에서 그것은 남성 근대주의자에 의한 근대 국가 프로젝트의 일부로 수렴되는 것이었다. 민족과 국가로의 경사는 시대 상황의 제약과 함께 이들의 여성관이 형성되는 데 일정한 영향을 미쳤다. 해외 유학의 길을 통하여 이들은 근대 사조 및 문물과 함께 근대 여성주의를 받아들였다. 그리고 그것의 발현은 잔존하는 전통의 영향을 배경으로 다분히 선택과 혼성의 양상을 띠었다. 여성의 인격과 개체의 독립에 대한 강조, 여성 교육의 확장과 기회 균등, 여성의 사회 활동이나 직업의 자유 등의 쟁점에서 이들은 근대 자유주의자로서의 면모를 보였지만 현모양처나 정조에 대한 의견에서 보듯이 성과 사랑의 주제에 대해서는 보수주의자로서 반응했다.

그리고 이 점에서 이들 여성은 한 세대 후의 신여성과 구분되었다. 남녀평등과 여성 해방에 대한 근원에서의 해석과 비전이 출현하기 위해서는 한 세대라는 시간의 흐름이 더 필요했던 것이다. 그럼에도 전반으로 보아 이들 여성은 근대 여성주의와 여성 해방에 의미 있는 기여를 했다. 여성 해방과 남녀평등의 척도를 가정한다면 이들은 그에 이르는 문턱에서 그것을 넘어서는 초석을 놓았다. 선언이나 주장의 형태가 아닌 현실의 삶의 궤적과 실천을 통하여 이들 여성은 그것을 실현하고자 했으며, 이에 따라 과도기 현실의 밑바닥에서 고통받는 여성에 헌신하는 삶을 살았다.

新女性

3장

제2세대 근대 여성과 급진주의

신여성의 등장과 대안의 근대성

한국 여성사에서 1920년대에 등장한 신여성을 대표하는 인물로는 나혜석과 김원주, 김명순 등이 흔히 거론된다. 공교롭게도 이들 모두는 1896년에 태어났으며 일본 유학의 경험을 공유했다.[1] 이들 여성은 봉건 가족 제도와 결혼 제도에 대한 신랄한 비판과 도전을 통하여 사회 전반에 걸친 개조와 개혁을 달성함으로써 여성의 개성과 평등에 기반을 둔 신이상과 신문명의 사회를 건설할 것을 역설했다.

신여성의 실체와 개념에 대한 다양한 제안과 정의에도 불구하고 계몽주의 시대에 출현한 제1세대 근대 여성을 신여성으로 일컫지는 않는다. 1920년대에 들어서야 신여성이 출현했다고 보는 중요한 이유는 여성 자신의 개성과 인격에 대한 자각과 아울러 남녀평등과 자유연애, 여성 해방과 같은 일련의 쟁점을 제기했기 때문이다. 계몽주의 시대의 여성이 자기의식과 여성 해방의 단초를 마련했다고 하더라도, 이들이 국가의 자주독립과 국권 회복이라는 동기가 강했던 것과는 달리 1920년대 여성은 여성 문제를 공공의 논점으로 제기했다는 점에서 신여성으로 불리게 되었다.

시대사조의 구현과 주장이라는 점에서 이들의 출현은 시대정신의 표현으로서 일종의 집단 현상으로 이해될 수 있었다. "사회는 그전에도 있었고 여성도 그전에도 있었으나 사회와 여성이 이처럼 한 몸덩이가 되고 한 정신이 된 시대는 그전에는 없었"다는 신여성에 대한 평가는 이러한 맥락에서 나온 것이다. "전통을 깨치고 새 부르짖음을 짓고 새 사회를 세우기 위하여 분투하면서 박해와 희생을 당하고 또 고민"하면서 "그렇게 열렬히 지유를 짖고, 평등을 부르짖고 새 사회와 새 시대를 동경하고 이상을 세우려 했고 또 무법한 남자의 손에 잡히지 않으려고 싸웠"다는 것이다(김광섭 1940: 18).

신여성은 단순히 근대 교육을 받고 기능과 도구로서 체제에 적응하는 차원에서 남성 중심의 가부장 사회에 도전하면서 여성 스스로의 해방과 평등의 쟁점을 공론화하고자 했다. 단순히 근대 교육을 받았다는 데 그치지 않고 "전통 사고 제도나 인습에서 벗어난 사고를 가지고 사회적 행동을 하는 여성"(오숙희 1988: 129)이라는 신여성의 정의는 이러한 맥락에서 나온 것이다. 이와 비슷하게 이 시기 신여성의 등장은 선구의 몇몇 개인의 출현을 의미하는 것이 아니라 하나의 시대 현상이자 새로운 사회 세력의 등장으로 해석되어야 한다고 지적된다.[2] 마찬가지로 신여성은 자유연애와 자유결혼, 정조 이데올로기의 박멸을 부르짖으면서 유교 가부장제에 도전한 일군의 여성 집단으로 이해되고 있다.[3]

여성주의나 여성성의 이념 및 실천과 관련하여 이들은 자유연애나 남녀평등, 그리고 여성으로서의 자기 정체성과 같은 사私 주제를 민족이나 계급과 같은 공공의 쟁점보다 우선시했다. 이 시기 계몽주의자들이 근대성을 민족과 국가에 고정화시킨 상태에서 근대 프로젝트의 일환으로 새로운 국민국가의 통합 대상으로 여성을 설정했다고 한다면(양문규 2007: 249), 이들은 여성성과 친밀성의 주제를 시야에 넣은 바로서의 새로운 근대성의 차원을 제시했다. 이러한 대안의 근대성은 이 시기 국가와 민족에 사로잡혀 있던 자유주의나 혹은 그에 반대하여 대항권력을 주장한 사회주의가 추구한 근대성과는 대조를 이룬다. 자유주의나 사회주의와 일부 요소를 공유했다고는 하더라도, 이들은 이들과는 다른 주장들을 제기하고 또 그것을 실천하고자 했다.

이러한 맥락에서 이들은 자유주의와 구별되는 바로서의 급진주의로 일컬을 수 있다. 크게 보면 이들 역시 자유주의의 범주에 속한다고는 하더라도, 그 하위 유형으로 급진주의를 특정화하여 구분하고자 하는 이유가 여기에 있다. 신여성에서 접두어인 '신'은 근대와 근대성의 기표를 의미한다. 근대 표상들의 선취와 전유를 통하여 이들 여성은 근대의 역사에서 신여성으로 이름을 남겼다. 근대의 선취와 전유에 이르는 경로는 다양했다. 이들에게 근대는 서구나 일본으로의 유학이나 여행 경험과 아울러 일본 및 서구의 여성주의와 여성 해방 사상의 수용, 혹은 서구 기독교라는 통로를 통하여 표상되는 어떤 것이었다.

나혜석은 1913년 4월 일본 도쿄의 여자미술학교에 입학하여 1915년에 일시 귀국했다가 1916년에 다시 복학하여 1918년 4월에 귀국했다. 만 4년 정도의 일본 유학 경험에 더하여 그녀는 결혼과 더불어 1921년

9월부터 남편을 따라 만주의 안동현 부영사 관사에서 1927년 봄까지 거주했으며, 같은 해 6월에는 하얼빈을 거쳐 시베리아 횡단 열차로 소련의 모스크바와 유럽의 파리·제네바·벨기에·네덜란드·독일·이탈리아·영국 그리고 미국 등지를 여행하고 1929년 3월 부산에 도착했다. 이혼한 이후인 1931년 가을 일본에 가서 체류하다가 이듬해 4월 귀국했다. 나혜석은 이 시기의 다른 어느 여성보다도 일본과 유럽, 미국 등지에서 근대 문물과 사조를 체험하는 드문 기회를 누렸다. 나혜석의 근대 체험은 실제의 차원에서만 이루어지지 않았다. 이혼 후 방황을 거듭하던 삶이 어렵기에 "자유의 파티"를 상상한 사실에서 보듯이(나혜석 2000(1932)), 서구에 대한 그녀의 강렬한 동경과 지향은 투사와 상상의 차원에서도 진행되었다(김경일 2004b: 106~7).

김원주는 1919년 3·1운동 이후 일본에 건너가 도쿄 에이와英和학교에 입학했으나 이듬해 4월에 귀국했다. 이후에도 이따금씩 일본에 다녀온 적이 있으나 나혜석과 비교하여 보다 늦은 시기에 일본으로 건너갔으며 체류 기간 또한 길지 않았다. 김명순은 1913년 9월 일본으로 가서 침례교회Baptist여자학교 등에서 공부하고 1916년 봄에 귀국했다. 1918년에 두 번째로 일본 유학을 떠난 김명순은 4년 정도의 유학 생활을 마치고 1921년 무렵에 귀국했다. 1930년에 그녀는 세

| 김명순 |

번째로 일본으로 갔다. 프랑스나 독일 유학을 가기 위해 '아테네 프란스'라는 학원에서 공부하기도 하고 상지대학의 독문과나 법정대학의 불·영·독문과 등에서 청강을 했다(서정자 외 편 2010: 835). 1930년대 전반의 나혜석과 비슷하게 그녀 역시 시련의 시기에 서구로 표상되는 근대에 대한 갈망을 통해 신여성으로서 자신의 정체성을 되찾고자 했다. 1939년 이후 김명순은 다시 일본으로 건너갔으며, 비참한 생활을 하다가 다시는 고국으로 돌아오지 못하고 1950년대에 그곳에서 최후를 마쳤다.

이들 여성이 서구의 여성주의와 여성 해방 사상을 받아들인 것은 일본 유학이 주요한 계기가 되었다. 서구 여성주의 사조의 영향은 특히 이들 여성의 생애 초기에 집중되어 있다. 1914년 '이상의 부인'을 논의하면서 나혜석은 그 사례로서 톨스토이의 소설 《부활》의 여주인공인 카츄사나 입센의 소설 《인형의 집》의 여주인공인 노라와 아울러 일본의 '새로운 여자'들을 대표하는 히라스카 라이초우와 요사노 아키코與謝野晶子를 언급했다(나혜석 2000(1914): 183). 나아가서 《매일신보》 1921년 4월 3일자에 나혜석은 자신이 직접 가사를 붙인 〈인형의 가家〉를 특별 게재했다(이구열 1974: 55). 김원주는 1920년 3월 자신이 주간을 맡은 《신여자》를 창간하면서 나혜석, 박인덕 등과 함께 '청탑회青鞜會'라는 모임을 결성하여 일주일에 한 차례씩 만나 새로운 사상과 문학을 함께 토론했다고 회고한다(김일엽 1974(1971~2): 298). '청탑회'라는 명칭은 1911년 일본에서 히라스카 라이초우 등의 '새로운 여자'들이 발간한 《세이토青踏》의 한자 발음과 동일하다. 김명순의 경우 비슷한 사례는 발견되지 않지만 윤심덕 역시 도쿄음악학교 졸업발표회를 위한 연극 〈인형의 집〉에 여주인공 노라 역으로 출연한 적이 있다.[4] 비록 일정한 시간의 차이는 있다 하더라도 글로벌 현상으로서의 신여성이나 모던 걸의 출현을 배경으로(The Modern Girl Around the World Research Group 2008) 식민지 조선에서 신여성의 등장은 서구와 일본에서 근대 여성주의 사조를 주요 매개로 했다.

마지막으로 만일 근대 문물의 중심에 기독교가 자리 잡고 있다고 한다면 이들 여성 모두에게서 기독교의 영향을 찾아볼 수 있는 사실 역시 흥미로운 일이다. 일정한 제한이 있있다고는 하너라노 이늘 여성은 기독교의 영향 아래에서 자의식을 형성했다. 1918년에 발표한 자전 소설 《경희瓊姬》에서 나혜석은 "이철원 김부인의 딸보다 먼저 하나님의 딸"로서 자신을 인정하고 축복을 구하는 기도를 하고 있다.[5] 도쿄의 3·1운동 시위와 관련한 검찰의 심문 조서에서 나혜석은 소학교 때부터 기독교를 믿었고, 1917년 12월 도쿄의 조선 교회에서 조선인 목사에게 세례를 받았다고 진술하고 있다(이상경 편 2000: 682). 이 사건으로 인한 6개월 동안의 감옥 생활을 회상하면서 그녀는 몇 년 후 "지금 생각건대 하느님께서는 꼭 나 하나만은 살려보시려고 퍽 고생을 하신 것 같다"고 언급했다.[6]

김명순은 자신의 반생을 기록한 시에서 "성당은 나의 천국"이자 "선생님들은 천사" 같다고 서술했다(김탄실 2010(1938): 232). 자신의 "유일한 희망은 일요일마다의 성당"이라는 언급에서 보듯이(김탄실 2010 (1936): 682~4; 김명순 2010(1936): 695) 그녀의 천주교 신앙은 1936년 이후에도 지속되었다. 김원주 역시 1930년대 한 잡지사와의 대담에서 자신이 학교 다닐 때 기독교를 믿었다고 술회했다(B기자 1935: 14; 김일엽 1974(하): 224). 윤심덕의 경우에도 그녀의 어머니 김씨가 평양 남산현 교회의 전도사였다는 점을 고려해 볼 때 성장 과정에서 기독교의 영향을 짐작할 수 있으며, 도쿄 유학 시절에도 "기독교 신자로서 퀴바디스를 보고 신앙심을 더욱 굳게 가졌"다고 한다(유민영 1987: 28·51~2).

이 시기의 신여성 모두가 자신의 사상과 주장의 형성 과정에서 기독교의 영향을 받았다는 사실은 자못 흥미롭다. 그러나 이에 못지않게 주목할 것은 이러한 기독교의 영향이 이들 여성의 일생에서 계속하여 작용하지는 않았다는 사실이다. 자살로 생을 마감한 윤심덕이나 사회 활동의 기반을 기독교에 둔 박인덕의 경우를 논외로 한다면, 김원주는 1928년 불교에 귀의했으며, 나혜석 역시 1930년 이혼한 이후의 어려운 시기에 불교에 경도되었다(羅英均 2003: 144). 시련의 시기에 다시 믿음에의 의지로 되돌아갔다고 하더라도 생애의 전성기에 서서 김명순은 "너는 네 어릴 때에 받은 믿음에서 머리를 돌리고, 사후 천당이란 문구를 비웃는 지 오래다"라고 적었다(김명순 2010(1925): 650).

서구건 일본이건 간에 근대 국가에서 근대 교육의 경험과 근대의 문물과 사상의 세례에도 불구하고 이들에게서 보이는 전통으로의 회귀는 주목할 만하다. 여성으로서의 자의식과 남녀평등, 그리고 자유연애와 같은 서구의 근대 사상에 깊이 공감하고 그에 따른 여성성을 자각한 삶에도 불구하고, 고난과 시험의 시기에 이들은 동경과 과시의 대상으로서의 근대·서구를 뒤로하고 스스로의 의지에 따라 전통으로 귀속하는

'퇴행'과 은둔의 양상을 보였다. 이들의 자의식에는 전통과 근대, 조선과 서구가 동시 병존하면서 갈등하는 이중성과 모순이 있었던 것이다. 이러한 점에서도 제1세대 근대 여성과 비슷하게 여성주의에 관한 이들의 의식과 주장에서 복합과 모순의 양상을 찾아볼 수 있다.

신여성의 주장과 이념

1920년대는 해방과 개조의 시대였다. 제1차 세계대전의 종결과 세계 차원에서 이상주의의 대두, 다이쇼데모크라시의 일본을 배경으로 1919년 3·1운동이 전개된 식민지 사회에서도 이는 예외가 아니었다. 해방과 개조의 목소리에 특히 호응한 것은 제국주의와 자본주의, 그리고 가부장 제도의 중첩 지배를 받아 온 피압박 민족, 그중에서도 노동자와 여성이었다. 여성 잡지로 출범한 《신여자》의 편집 책임을 맡은 김원주는 〈창간사〉에서 개조와 해방이 "수천 년 동안 암암暗暗한 방중에 갇혀 있던 우리 여자의 부르짖음"이라고 하면서 사회 개조를 위해서는 가정 개조가 필요하고 이를 위해서는 가정의 주인인 여성을 해방해야 한다고 주장했다(김일엽 1974(1920a): 162~3).

이 시대의 여성은 세계 차원에서 시대정신으로 고양된 자아와 개성, 자유, 그리고 이상의 실현이라는 근대의 기획에 기꺼이 동참했다. 김원주는 만일 자신이 남자라면 "여자의 개성을 발휘케 하는 이해자가 되겠다"는 의지를 밝히고 있으며(김일엽 1974(1922): 244), 나혜석은 1934년에 발표한 〈이혼고백장〉에서 인권의 주장과 개성의 발휘를 말하면서, 근대인의 최고의 이상은 자신의 개성을 발휘하는 것이라고 지적했다.[7] 자유에 대한 헌신은 이 시기에 이들이 표방한 자유연애나 자유결혼을 통해서 명백하게 드러난다. 나아가서 이들은 근대의 개성과 자유에 대한 추구를 시대정신으로서 '이상'의 이미지에 투영하고자 했다. 이상의 부인이나 이상의 결혼에 대한 나혜석의 생각(김경일 2012a: 21~4)은 이러한 맥락에서 나온 것이었다.

〈김일엽 선생의 가정생활〉 나혜석이 《신여자》(1920년 6월호)에 게재한 목판화. 가정 살림과 여성 잡지로 출범한 《신여자》의 편집 책임을 병행하는 김원주(김일엽)의 바쁜 생활을 표현하고 있다.

자아와 개성, 자유, 그리고 이상에 대한 신여성의 추구는 그 실현을 가로막는 구체제의 기존 질서와 조만간 맞닥뜨리게 되었다. 어머니 세대와는 달리 이들은 남성 지배의 가부장제를 정면으로 비판하면서 그에 도전했다. 가부장제에 대한 비판과 부정은 남성 근대주의자들의 근대 기획에서는 찾아볼 수 없는 대안 근대성의 비전과 지향을 가진 것이었다. 이러한 점에서 그것은 신여성의 개념을 판별하는 고유한 특성의 하나로 언급할 수 있다. 1920년 4월의 《신여자》 제2호에 수록된 〈우리 신여자의 요구와 주장〉이라는 글에서 김원주는 "여자를 사람으로 대우치 아니하고 마치 희롱 등물같이 유린"하는 "인도에 빗어나는 남성 본위"의 현실을 통렬하게 비판했다. "모든 사회의 제도·습관은 남성을 상위에 두고 철두철미로 남성의 이해를 표준하여 제정했고, 또 삼종三從이라는 악관惡慣 아래에 노골로 남성 본위의 이상·요구를 준봉케 하려고 여성에게 강제하여 우리 여자를 종생 남자의 부양물로 생활케 하는 동시에 남자의 사역, 또는 완롱에 남자는 편의한 수단을 써서 왔다"는 것이다. 이러한 점에서 그녀는 "일체의 구사상에서 벗어나는 것이 신여자의 임무요 사명이요 또 존재의 이유"라고 주장했다(김일엽 1974(1920c): 165~6).

이러한 비판의식은 김명순에게서도 찾아볼 수 있다. 1934년에 발표한 〈석공의 노래〉라는 시에서 그녀는 '칠악 징계七惡 懲戒'와 종순의 '부도婦道'로 억압받아 온 조선 여자의 설움을 노래했으며, 그 기저에는 어린 시절 오빠와 자신을 차별한 어머니에 대한 기억(김명순 2010 (1934): 689, 691~2)이 자리 잡고 있는지도 모른다. 1914년에 나혜석 역시 여성에 의한 '최초의 근대 인권론'으로 평가받는 〈이상적 부인〉에서 도덕과 습관에 의해 세속의 본분만을 지키는 여성을 비판하면서, 온양유순溫良柔順이나 양처현모는 결코 여성의 이상이 될 수 없다고 주장했다(나혜석 2000(1914): 183~5). 삼종지도와 남존여비 사상에 대한 그녀의 통렬한 비판은 이후에도 이어지고 있다(나혜석 2000(1917): 193~4). "모든 헌것은 거꾸러지고 온갖 새것을 세울 때가 왔다"는 묵시론의 언급에서 보듯이(김일엽 1974 (1920a): 163), 남성 지배의 기성 질서와 전통에 대한 이들의 비판은 기저로부터의 체제에 대한 부정을 지향했다.

구체제에 대한 비판의식에서 이들은 여성에 대한 근대 교육 자체에 의문을 제기했다. 계몽주의 시대의 제1세대 여성이 여성의 근대 교육을 열렬히 지지한 것과 달리 이들은 당대 여자 교육의 목표와 방향을 문제시했다. 이러한 점에서 근대 여자 교육에 대한 이들의 문제 제기와 비판은 신여성을 판별하는 또 다른 특성을 이루는 것이었다. 계몽주의 시기의 여권 사상에는 고유한 모순이 있었다. 이들은 시대사조로서 자아의 각성이나 개성의 실현을 여성에게 적용하면서도 그것을 여성의 고유한 역할로 상정한 바로서의 현모양처와 결부시키고자 했다. 《학지광》이나 《청춘》과 같은 남성 매체는 말할 것도 없고, 《학지광》의 자매지인 《여자계》에서도 이러한 시도는 쉽게 찾아볼 수 있다(양문규 2007: 247~8).

주목할 점은 이러한 주장의 선두에 남성은 물론이지만 여성 자신도 함께 서 있었다는 사실이다. 《동아일보》 1920년 4월 3일자에 기고한 이일정의 〈남녀의 동권은 인권의 대−당파열 타파의 필요〉라는 논설이 적절한 예가 될 것이다. 이 글에서 이일정은 "금일의 부인계가 세계 사조에 따라 현저히 자유 광명의 길을 개척하여 진일보 해방의 개가를 연주케 됨은 진실로 우리 여자의 일대 승리"라고 평가한다. 그럼에도 불구하고 그녀는 그에 따른 "방종의 폐"에 우려를 표명하면서 "여자의 본분은 현모양처"라고 단언한다. 여자는 "여자의 여자다운 본질적 내면성"의 덕목으로서 "정숙과 순결, 현량賢良, 화순和順, 온용溫容" 등의 미점에 대한 "심절深切한 자각"이 있어야 한다는 것이다(이일정 1920).

　3일 후에 김원주는 같은 신문에 〈여자 교육의 필요〉라는 글을 기고했다. 이일정의 이름을 직접 거론하지는 않았지만, 그녀는 "신교자인 세씨가 여자 교육의 필요를 열광적으로 절규하는 일방에 오히려 여자 교육을 반대하는 이와 여자 교육이 무엇인지도 인식하지 못하는 사람도 있"다고 지적하면서 이일정의 의견을 비판했다. 삼종지설과 칠거지악을 비판하는 여자 교육의 필요를 제창한 것이다(김일엽 1974(1920b)). 이어서 《신여자》에 발표한 〈먼저 현상을 타파하라〉는 글에서 김원주는 자신의 이러한 비판이 "무수한 비난과 다대한 박해를 완고한 도학선생으로부터 받을 것"이라고 지적하면서 그렇다고 하여 이에 굴복하여 "비열한 노예성"으로 여성 운동을 시작하는 것은 여성의 철저한 자각을 방해하고 남자의 전제를 영속하는 결과를 가져올 것이라고 경고하고 있다(김일엽 1974(1920g): 179).

　현모양처 교육에 대한 나혜석의 비판은 김원주보다 앞선 글에서 찾아볼 수 있다. 1914년에 나혜석은 〈이상적 부인〉에서 양처현모주의는 "현재 교육가의 상매적商賣的 일호책一好策"에 지나지 않는다고 비판하면서 여성의 개성과 신이상新理想을 주장했다. "습관에 의하여 도덕상 부인, 즉 자기의 세속적 본분만 완수함을 이상"으로 삼는 현모양처주의는 "여자에 한하여 부속물된 교육주의"이다. "부인의 온양유순"만을 이상으로 삼는 "부덕의 장려"는 "여자를 노예 만들기 위"함이라는 것이다(나혜석 2000(1914): 184; 김경일 2004b: 48). 앞에서 이일정이 현모양처의 본분을 다하는 것이 결코 "불명예한 천역賤役이요 노예적 봉사"가 아니라고 강조한 대목은(이일정 1920) 나혜석의 이러한 주장을 다분히 의식한 결과인지도 모른다.[8]

앞선 1세대 여성에게 여성 교육과 민족 독립이 서로 밀접하게 연관된 두 가지 중심 주제였다고 한다면, 또 다른 한 축을 이루는 민족과 민족주의와 관련해서도 양자 사이에는 차이가 있었다. 1세대 여성이 남성 계몽주의자에 의한 근대 프로젝트에 기꺼이 동참하는 것을 통하여 민족의 독립과 의식의 각성을 표방했다고 한다면, 일제 강점기를 살았던 이들 역시 그러한 민족의 정조情調로부터 완전히 자유로울 수는 없었다. 김명순은 일찍이 "사랑이 민족의 설움을 안 볼 리가 있겠는가"라고 노래했으며(김명순 2010(1924): 635), 김원주는 〈우리 신여자의 요구와 주장〉에서 "조선 민족을 위하시거든, 여자 사회의 건전한 발달을 바라시거든"(김일엽 1974(1920c): 166) 자신들이 주장하는 여성 운동을 지지해 달라고 민족의 정서에 호소하고 있다. 나혜석 역시 1935년에 발표한 〈신생활에 들면서〉라는 글에서 "한 사람이 이만큼 되기에는 조선의 은혜를 많이 입었다. 나는 반드시 보은할 사명이 있어야 할 것이다. 무엇을 하든지 조선을 위하여 보조치 못하고 어디로 간다는 것은 너무 이

기적이 아닌가"라고 언급하고 있다(나혜석 2000(1935a): 438).

신여성에게서 보이는 민족에 대한 공동의 정조에도 불구하고 이들의 주된 관심은 결코 민족에 있지 않았다. 민족 운동이나 민족주의에 대하여 이들은 복합과 모순의 태도를 보였으며, 실제로 이들은 민족과 관련한 정치 성향이나 이념 지향에 대해서는 거의 관심이 없거나 무심한 자세로 일관했다.[9] 자아와 개성, 자유와 이상이라는 시대정신을 배경으로 이들은 성과 친밀성의 영역에 초점을 맞춘 개인 차원에서의 쟁점에 몰두했으며, 민족이나 계급과 같은 거대 서사와 일정한 거리를 유지했다. 이러한 점에서 민족에 대한 이들의 입장은 신여성 개념의 또 다른 판별 특성으로 거론할 수 있을 것이다.

그렇다면 이들 신여성은 전통의 지배 질서에 맞서 사의 영역에서 어떠한 대안의 주제를 추구했는가? 이와 관련해서는 무엇보다도 먼저 남녀평등에 관한 비전을 들어야 할 것이다. 1920년 3월 《신여자》 제3호의 〈여자의 자각〉이라는 글에서 김원주는 인구의 반수를 차지하는 여자가 남자의 노예로 구사되는 현실을 개탄하면서 "남자의 기반을 벗어나서 참 의미의 사람 노릇을 하여야 한다"고 주장했다(김일엽 1974(1920f): 176). 이와 아울러 그녀는 같은 호의 머리글에서 남성과 여성의 차별관을 철폐하기 위하여 "여자의 자각과 남자의 타협"에 기초한 양성의 이해를 촉구했다(김일엽 1974(1920e): 172~3). 그런가 하면 김명순은 자전 소설 〈탄실이와 주영이〉에서 여성으로서 남성에게서 받은 차별과 멸시에 대한 분노와 반항을 절절하게 묘사했다(김경일 2004b: 93~6). 나혜석 역시 남자는 "절대 방종이었고 절대 이기利己"였던 반면에 여자는 남성에 대하여 "절대 희생할 아무 남은 것이 없다"고 하면서, 여성의 사회 불평등은 남성으로 말미암은 것이라고 주장했다.[10]

1세대 여성이 남성의 지위와 동등한 차원에서 여성의 권리 향상을 촉구하는 데 치중한 반면에 이 시기의 신여성은 남성 지배에 대한 분노와 비판을 수반한 상태에서 남녀평등의 쟁취를 주장했다는 점에서 양자는 구별되었다. 즉 전자가 남성이 누리던 권리의 영역을 그대로 인정한 상태에서 여성의 지위를 그와 동등하게 끌어올릴 것을 주장했다면 이들은 여성의 열악한 지위가 남성의 지배와 연관되어 있다는 점에 주목했다. 이에 따라 가부장에 의한 남성의 권력에 기꺼이 도전하고 그에 대한 비판을 시도했다.

그렇다고 하여 이들이 남성과 여성의 관계를 대립과 투쟁의 시각에서만 설정한 것은 결코 아니었다. 김원주는 남녀평등의 달성에서 남성의 이해와 타협이라는 화해의 방안을 제시했으며, 나혜석 역시 남녀가 상호 공존하는 "평화의 길은 오직 강한 자가 약한 자를 보호하고, 우승한 자가 열패한 자를 도우며, 부자가 가난한 자를 기르는 데 있나니, 우리의 가정이 화평하려면, 행복하려면, 강자요 우승자요 부자인 남자가 약자요 열패자요 가난한 자인 여자를 애호하는 데 있"다고 언급한다(나혜석 2000(1926): 277~8). 나아가서 남녀평등에 대한 이들 신여성의 주장이 일관된 방식으로 구현되지는 않았다는 사실도[11] 이 시기 신여성의 모호성이나 사상의 복합성과 관련하여 지적되어야 할 것이다.

두 번째 대안의 특성으로는 여성의 직업과 사회 활동에 대한 주장을 들 수 있다. 1세대 여성이 그러했듯이 이 시기의 신여성은 여성의 경제,

사회 활동을 공통으로 지지했다. 1932년 신동아사가 주최한 여기자 좌담회에서 김원주는 여자는 가정이 천직이고 남자는 사회가 천직이라는 허영숙[12]의 발언에 대하여 "여자라고 가정에만 매어 있는 것은 반대"한다는 의사를 밝히고 있다. 자녀 생산은 부득이 여자가 책임을 지겠지만, 그 양육은 전문가에게 맡기고 여자도 사회로 나와서 활동할 필요가 있다는 것이다. "가정이라는 것은 범위가 너무 좁아서 그 안에서 꾸물거리면 언제나 여자의 지위는 향상될 가망이 없다"는 것이 그녀의 생각이었다. 비슷한 맥락에서 남성에게 불쾌한 점에 대하여 말해 달라는 시회지의 길문에 그녀는 "님자는 무싱출입하면시 어자는 찜에 구겨 박아 두는 것 모두 그들의 횡포"라고 지적한다(김일엽 1974(하): 215, 219).

김원주의 주장에서 보듯이 이들 신여성은 여성의 경제·사회 활동을 옹호했지만, 정작 자신들의 현실에서는 그것을 실현하지는 못했다는 사실을 염두에 둘 필요가 있다. 작가나 기자, 출판편집인, 화가 등의 직업을 가지고 사회 활동을 했음에도 불구하고 궁극으로 이들의 사회 활동은 거듭된 좌절과 방황으로 점철되었다. 이혼 후의 나혜석이 심각한 생활 문제에 부딪힌 주요한 이유는 이 시기 여성의 취업과 사회 활동의 기회가 제약된 일반 상황을 반영한 것이기도 했지만, 이에 못지않게 중요한 것은 이들에 대한 기성 사회의 외면과 비난 및 배척이었다. 이 점에서 이들 신여성은 1세대 여성이나 혹은 같은 시대를 살았던 자유주의 계열의 여성과도 달랐다. 1세대 여성의 경우는 민족주의와 페미니즘의 양립이 가능했던 계몽주의 시대를 살았으며, 같은 시기 자유주의 여성은 박인덕의 경우가 전형으로 보이듯이[13] 남성 지배를 결코 침범

하지 않는 영역에서 여성 운동을 전개했기 때문이다.

이와 관련하여 이들은 여성 운동에 대하여 각기 상이한 태도를 보였다. 이 문제에 대하여 가장 앞선 태도는 나혜석에게서 찾아볼 수 있다. '실행가와 학자 중에서 어느 것이 되고 싶은가'라는 잡지의 설문 조사에서 그녀는 "장차 좋은 시기 있으면 여성 운동에 나서려" 한다고 대답했다(나혜석 외 1930: 627). 또한 프랑스의 탁아 문제를 언급하면서 조선에서도 탁아 문제는 "근우회의 한 일거리가 단단히 될까 한다"고 언급한 사실에서 보듯이(나혜석 1930: 299), 그녀는 근우회와 같은 여성 단체에도 일정한 관심을 가지고 있었다. 이와는 달리 김원주는 여성 운동에 회의 내지는 부정하는 태도를 보였다. 불교에 귀의한 이후이기는 하지만, 잡지사 기자와의 회견에서 그녀는 "여성 운동 같은 것은 일시적·순간적 구급책에 불과"하며 "영원한 무궁한 진리가 못 된"다고 서술하고 있다(B기자 1935; 김일엽 1974(하): 226). 그럼에도 불구하고 나혜석을 포함하여 이들 여성 모두는 사회 활동이나 사회 운동에 진출하는 데 좌절을 경험했으며, 이러한 점에서 이들은 공공 영역에서 일정한 역할을 찾을 수 있었던 서구와 일본의 신여성과 달랐다고 할 수 있다.

근대의 성과 사랑의 자유

직업과 사회 활동, 사회 운동의 영역에서 이 시기의 신여성이 경험한 좌절과 실패의 주요 이유는 여성의 성과 사랑에 대한 이들의 생각과 실천이 기성 사회와는 화해하기 어려웠기 때문이다. 세계 차원에서 신여성 현상이 공유하고 있던 이러한 주장은 앞 세대의 여성과 이들을 구분하는 중요한 차이라고 말할 수 있었다. 이 시기 신여성의 성과 사랑에 대한 자기주장은 신여성 개념에 내재하는 고유한 판별 특성들 중에서 가장 중심을 이루는 사상이라고 할 수 있다. 이들 여성을 급진주의로 일컬은 것도 바로 이 점에 근거를 둔 것이다.

1920년대 초에 김원주가 신정조관을 주장한 사실은 널리 알려져 왔다. "사람은 태어날 때부터 자유다. 자유연애, 자유결혼, 자유이혼은 신성한 짓이며 이를 금지하는 짓은 후진의 폐습이 아닐 수 없다"고 그녀는 주장한다(김일엽 1974(1971~2): 298). 생래의 인간 자유에 근거하여 김원주는 "연애는 가장 자유로워야 한다"고 선언한다(1974(1921a): 183). 연애는 말할 것도 없고 결혼이 당사자의 의사보다는 부모의 뜻에 의해 결정되는 전통이 지배하는 사회 체제에 정면으로 도전한 것이다. 그녀는 "사랑을 떠나서는 정조가 있을 수 없"다는 사실을 강조한다. 전통 도덕이 정조를 물질시해 왔다고 본 그녀에게 정조란 "결코 도덕도 아니오, 단지 사랑을 백열화시키는 연애 의식과 같이 고정한 것이 아니라 유동하는 관념으로 항상 새로"운 것이었다(김일엽 1974(1927): 158).

김원주의 신정조관이 실제 의미하는 것은 근대 교육을 받은 신여성이 연애와 사랑의 감정에 기초를 두는 한에서는 상대 남성이 기혼이건 미혼이건 아무런 문제가 되지 않는다는 것이다. 즉 연애가 "남자와 여자 사이에 교환되는 것이라 하면 민적상 아내로 있는 그것이 두 사람 사이의 연애 문제에 큰 장애가 되지 않"는다는 것이다(김일엽 1974

(1921a): 184). 지식인 남성의 대부분이 조혼을 해서 이미 아내가 있는 현실에서 이들 남성의 아내인 이른바 구여성을 포함하는 구체제가 이러한 주장에 내포된 위험을 깨닫는 데는 오랜 시간이 걸리지 않았다. 1920년대 중반에는 자유결혼을 둘러싸고 커다란 논쟁이 전개되었으며, 1930년대에 들어와 이른바 '제2부인' 문제는 사회의 열띤 토론 대상이 되었다(김경일 2012a: 26~32·336 이하).

1930년대 이후 구여성에 대한 재평가와 더불어 신여성에 대한 일부 지식인 남성들의 열띤 환호가 비난과 조소로 바뀌어 갔음에도 불구하고 김원주가 본 남성 지배의 현실은 바뀌지 않았다. 1932년 승려의 신분으로 참석한 좌담회에서 그녀는 남자는 정조를 지키지 않으면서 여자에게만 정조를 강요하는 현실을 비판하고 있다(김일엽 1974(하): 219). 그렇다고 하여 그녀가 사랑에 기초한 자유연애와 자유결혼의 원칙을 일관되게 고수한 것은 아니었다. 1927년의 '여류 명사 가정문제 합평회'에서 사랑이 결혼의 전부가 아니고 그 외의 조건도 그에 합치해야 한다고 그녀는 지적하고 있다(김일엽 1974(하): 208).

마치 김원주의 이러한 언급을 의식하기라도 한 것처럼 김명순은 같은 해인 1927년에 발표한 〈애愛?〉라는 수필에서 사랑은 결코 지식이나 인격, 황금과 같은 조건에 의해서 결정되지 않는다고 주장했다. "사랑은 사랑으로서의 가치가 있어야 그 사랑이라는 자체에 가치가 비로소 성립"된다는 것이다(김명순 2010(1927): 678). 1926년 《동아일보》에 발표한 〈나는 사랑한다〉라는 소설에서 그녀는 "애정 없는 부부 생활은 매음"이라고 신랄하게 비난(김상배 1985: 257; 김명순 2010(1926): 561)하면서 진실한 사랑과 자유연애의 의의를 강조했다.

나혜석 역시 자유연애와 자유결혼, 그리고 자유이혼의 의의를 주장했다. 이상의 결혼을 위한 요건으로 그녀는 다른 무엇보다도 남녀 서로의 이해와 사랑을 가장 중시했다. 그리고 이를 위해서는 남녀의 자유로운 교제가 필요하다고 그녀는 생각했다. "여학생 계는 너무 이성에 대한 경험이 없으므로 다만 그 이성 간에 재在한 불가사의의 본능성으로만 무의식하게 이성에게 접할 수 있"다고 그녀는 지적했다. 오귀스트 베벨August Bebel의 주장과 비슷하게 그녀는 조선 여자에서 자유연애를 실현할 수 있는 범주는 기생밖에 없다고 말한다. 기생은 이성 교제의 충분한 경험으로 상대방을 선택할 만한 판단력이 있고 여러 사람 가운데 한 사람을 선택할 수 있는 기회를 가질 수 있기 때문이라는 것이다(나혜석 2000(1923b): 252).

나혜석은 남녀가 결혼한 이후에도 남녀, 그중에서도 특히 여성의 자유로운 교제가 필요하다고 보았다. 서양의 가족이 단란한 것은 "결코 그 남편이나 아내의 힘으로만 된 것이 아니라 남녀 교제의 자유" 때문이라는 것이다. 가족 생활에서는 남편이나 아내가 "날마다 조석으로 대면"하기 때문에 기본으로 서로 싫증이 나기 쉽다. "남편은 복잡한 사회에서 쓴맛 단맛 다 보고 아내는 좁은 가정 속에서 날마다 같은 일로만 되풀이하고 있어 아내는 남편의 감정 순환을 이해치 못하고 남편은 아내의 감정을 이해"하지 못한다고 그녀는 지적한다. 비록 연애를 통해 결혼한 남성이라 하더라도 "처음은 여자에게 무엇이 있을 듯하여 호기심을 두던 것이 미구에 그 밑이 드려다(들여다—필자) 보이고 여자는 그

신여성,
개념과 역사

대로 말라붙고 남자는 부절不絶이 사회 훈련을 받아 성장"한 결과는 가정의 무미건조함과 권태라고 진단하면서(나혜석 2000(1935d): 475), 그녀는 결혼한 여성의 자유로운 교제가 절대로 필요하다고 주장했다.

유럽의 일반 남녀 부부 사이에서 본 "공공연한 비밀"에 공감을 표명하면서, "본부本夫나 본처를 어찌하지 않는 범위 내의 행동은 죄도 아니요 실수도 아니며 가장 진보된 사람에게 마땅히 있어야 할 감정이라고 생각"한다는 그녀의 언급은(나혜석 2000(1934): 406; 이구열 1974: 184~5), 이러한 맥락에서 나온 것이었다. 그녀의 생각은 주장으로만 그치지 않았다. 파리에서 머무는 동안 그것을 직접 실행에 옮겼다. 1934년에 발표한 〈이혼고백장〉에서 그녀는 파리에서의 스캔들에 대해 자신은 "결코 내 남편을 속이고 다른 남자를 사랑하려고 하는 것은 아니었"으며, 그러한 관계를 통해 "오히려 남편에게 정이 두터워지리라고 믿었"다고 서술했다.

이혼 이후의 혹독한 시련이 더해질수록 성과 정조에 관한 그녀의 담론은 더욱더 근본에서 비판의 색채를 띠어 갔다. 이듬해 발표한 글에서 그녀는 "정조는 도덕도 법률도 아무것도 아니요 오직 취미"라고 선언했다. "밥 먹고 싶을 때 밥 먹고 떡 먹고 싶을 때 떡 먹는 거와 같이 임의용지任意用志로 할 것이요, 결코 마음의 구속을 받을 것이 아니"라는 것이다(나혜석 2000(1935d): 432). 나아가서 파리의 사례를 들면서 "정조 관념을 지키기 위하여 신경쇠약에 들어 히스테리가 되는 것보다 돈을 주고 성욕을 풀고 명랑한 기분으로 살아가는 것이 아마 현대인의 사교상으로도 필요"하다는 점에서 "여자 공창만 필요한 것이 아니라 남자

공창도 필요"(나혜석 2000(1935d): 473)하다는 서술에서 그녀의 주장은 절정을 이루었다.

　이 시기 성과 사랑에 관한 나혜석의 담론은 당시 신여성이 처한 주체의 상황과 시대의 조건에 비추어 볼 때 실제 이상으로 그 급진성이 부각되는 효과가 있었다. 한편으로 근대에 대한 찬미와 자유와 개조의 물결이 지배한 1920년대와는 달리 1930년대는 불황과 전쟁을 배경으로 보수와 세속의 분위기가 엄습했다. 근대가 표상하는 여성주의의 물결이 수그러지는 듯이 보인 이 시기에 남성 지배 질서는 식민 지배의 심화아 더불어 더욱 견지되어 가는 과정을 밟았다. 다른 한편 집단으로시 신여성이 목소리를 모아 주창한 남녀평등과 자유로운 성의 메시지는 고립과 은둔의 과정을 밟으면서 눈에 띄게 약화되었다. 김원주는 세속을 떠나 김일엽이라는 이름으로 종교 세계로 침잠했으며 김명순은 유럽 유학을 꿈꾸고 일본으로 건너가 힘든 나날을 보내고 있었다. 이러한 점에서 성과 사랑에 대한 나혜석의 생각은 불행하게도 동료들과의 토론을 통한다거나 혹은 사회와의 상호작용을 통하여 재조정되고 공론화되는 장을 가질 수가 없었다. 이에 따라 그것이 고립과 폐쇄성을 강화하는 만큼이나 성에 관한 나혜석의 담론은 관념성과 더불어 급진성을 띠어 갔다.

　자유로운 성에 관한 이들의 논의에서 독신 생활을 논의하는 것이 다소는 생소할지도 모르겠다. 그러나 사 영역에서 결혼과 가족의 대안으로서 독신 생활은 전통 가족 제도와 결혼의 행태에 대한 일종의 우상 파괴로서의 의미를 갖는다. 나아가서 남성 주류 사회의 조롱과 멸시의

대상이 된 거듭되는 스캔들과 여러 번에 걸친 결혼과 이혼의 경험에도
불구하고 이들 신여성은 모두 독신으로 남았다는 점에서 독신 생활에
대한 이들의 주장 역시 자유연애와 마찬가지로 신여성에 고유한 판별
기준의 하나로 논의될 수 있을 것이다.

이들 신여성은 당시의 지배 통념이나 실태와는 달리 독신 생활에 일
정한 의의를 부여했으며, 또한 원하든 원하지 않든 간에 궁극에는 독신

독신 생활 만화 〈연돌녀煙突女〉로 독신 생활을 주장하는 딸이 굴뚝에 올라가 부모에게 시위하고 있
다. 독신 생활은 전통 가족 제도와 결혼의 행태에 대한 일종의 우상 파괴로서의 의미를 지니며, 신여성
에 고유한 판별 기준의 하나로 논의될 수 있다.

으로 남거나 남겨졌다. 김원주는 1920년 《신여자》 제2호에 실린 〈K 언니에게〉라는 편지글에서 남편의 전제에 시달리는 K 언니에게 남편과 헤어지고 독신 생활을 할 것을 권유한다. "우리 여자도 이 세상에 당당한 인격자로 살아가자면 어찌 남자에게만 의뢰하는 비열한 행동으로 자감自甘"하느냐고 반문하면서 그녀는 "독력 독행으로 사회에 입각지를 세우고 고상한 사업에 공헌하여 각성한 여자계에 표준 인물이 되"는 것이 "우리 신여자가 시험할 천부의 사명"이라고 주장했다(김일엽 1974(1921d): 300). 종교로 귀의한 이후에도 독신 생활에 대한 그녀의 이러한 생각은 바뀌지 않았다. 독신 생활에 대하여 그녀는 "유쾌한 마음으로 살면 건강에는 해가 없을 것"이라고 대답하고 있는 것이다(김일엽 1974(하): 217).

　김원주와 비교해 볼 때 나혜석은 독신 생활에 대해 보다 모호하고 유보하는 태도조차 보인다. 《삼천리》 1933년 12월호에 게재된 〈만혼타개 좌담회〉에 참석한 나혜석은 행복한 결혼보다 불행한 결혼이 많다는 점에서 독신 생활을 주장하는 이가 훨씬 많아졌다고 언급한다. 자신의 처지가 다분히 반영된 것으로 짐작되는데, 이듬해 발표한 〈이혼고백장〉의 말미에서 나혜석은 봉건 가족 제도에서 신여성이 겪은 결혼 생활의 중압감을 지적하면서, 그로 인해 "독신 여자를 부러워하고 독신주의를 주장"하는 것이라고 말한다(나혜석 2000(1934): 425). 이듬해에는 자신이 이혼 이후 살아온 '신생활'의 이모저모를 말하면서, 독신자에 대해 다소 회의하는 의견을 피력한다. 독신자의 "이성 교제란 인격적 교제가 못 되고 정적 교제"가 된다는 점에서 정신의 동요와 나른하고 따분한 심리 상태를 경험하기 때문에 "독신으로 지내는 것은 두말할 것 없이 부자연한 상태"라는 것이다(나혜석 2000(1935a): 431~2).

독신 생활에 대한 이중의 태도는 같은 해 발표한 다른 글에서도 찾아볼 수 있다. 프랑스에 머물던 시기의 경험을 바탕으로 그녀는 문명이 발달할수록 독신 생활자가 많이 생긴다고 지적한다. 가능하면 독신 시기를 늘리려는 서구의 경향을 언급하면서, 그녀는 "독신 생활을 장려하는 것이 아니라 독신으로 지낼 수 있을 때까지 있는 것이 좋"다고 말한다(나혜석 1935d: 474). 비록 독신 생활 자체에 대하여 유보하는 입장이라고는 하더라도 그녀에게 독신 생활은 남녀의 자유로운 교제와 정신의 자유를 의미했다. 한편으로 그것은 받아들이고 싶지 않은 부자연이었지만, 다른 한편으로 그것은 개인의 자유와 삶의 다양성에 대한 추구로서의 의미를 가졌다고 할 수 있는 것이다.

대안 근대성의 좌절과 의미

동일한 급진주의 안에도 다양한 의견과 강조점의 미묘한 차이를 찾아볼 수 있지만, 이들 모두는 성이란 개인의 사 영역에 속하는 문제로서 오로지 자유로워야 한다는 생각을 공유했다. 성의 자기결정권에 대한 주장과 함께 이들은 자유로운 성과 성 해방의 실천을 지향했다. 남성 지배의 식민지 사회에서 이들은 여성의 자기의식과 정체성의 차원에서 성과 사랑의 문제를 직접 그리고 지속하여 제기했다. 여성의 정조 자체에 의문을 제기했으며, 때로는 그것을 부정하고 그에 도전하는 방향으로 나아갔다. 이를 통해 남녀 사이의 인격 결합이나 정신의 일치 혹은 인간 합일과 같은 더욱 근원에서의 급진 가치들을 추구하고자 했다. 나아가 이들은 이론의 측면에서 그것을 주장하기만 하지 않았다. 자신들이 직접 그것을 실행에 옮기고자 했으며, 이로 말미암아 비참한 파국을 겪어야 했다. 이에 따라 이들은 주류 사회의 극심한 반발과 비판에 직면했으며, 나아가서 같은 여성으로부터의 질책과 비난을 감수해야 했다. 양성의 사랑과 화합, 인간의 친밀성 등과 같은 비전에 대한 헌신은 사회로부터의 고립과 파멸이라는 대가를 요구한 것이다.

전통 가부장제의 남성 지배가 사회 전반에서 강력한 영향력을 여전히 행사하고 있던 만큼이나 이들 신여성은 그것을 파괴하기 위해 자신들이 치러야 하는 대가를 일찍이 예감했다. 1920년 《신여자》 제2호에 게재한 〈우리 신여자의 요구와 주장〉이라는 글에서 김원주는 "여자가 인격적으로 각성하여 완전한 자기 발전을 수행"하고자 하는 것을 남자들은 "파괴라, 반항이라, 배역背逆"이라고 할 것이라고 하면서, "장차 우리의 앞에는 여러 가지 비난과 무수한 박해가 끊일 새 없이 닥쳐올 줄을 예기"해야 한다고 적었다(김일엽 1974(1920c): 164~5). 나혜석 역시 자신에게 닥칠 파국의 결말을 예감이라도 한 듯이 1917년 3월 《학지광》에 발표한 글의 마지막에서 "아모려나 나가다가 벼락을 맞아 죽든지 진흙에 미끄러져 망신을 하든지 나가 볼 욕심"(나혜석 2000(1917): 196)이라는 비장한 각오를 밝히고 있다. 나중에 그녀는 〈이혼고백장〉에서 "무슨 방침을 세워서라도 구해 줄 생각은 소호少毫도 없이 마치 연극이나 활동사진 구경하듯이 재미스러워 하고 비소鼻笑하고 질책"(나혜석 2000(1934): 425)하는 남성 지배의 사회 분위기를 질타했다.

이후의 경과를 보더라도 이들 여성은 실제로 지식인 남성에 의한 식민지 주류 사회의 악의에 찬 비방과 냉소에 시달려야 했으며,[14] 사회로부터의 고립과 배제라는 돌이킬 수 없는 대가를 치러야 했다. 이에 따라 한 여성은 밖으로는 "남자의 전제적 편견의 강압"과 아울러 안으로는 "다수한 중년 여자가 인습적 타면惰眠과 굴욕에 천성을 상실하고 각성한 여자에게 이단적 반감을 가지고 있"는 현실에 직면해야 했으며,[15] 다른 여성은 "유폐되지 않으면 추방될 운명"에서 "방랑과 유리遊離"를 거듭하는 삶을 살았다(김명순 1925: 388). 또 다른 여성은 자신을 아는 사람들에게 "불안을 갖게 하고 침착성을 잃게 하는", 그러므로 자신의 존재가 "해독물이 될지언정 이로운 물物이 되기 어렵다"고 절규하게 만드는(나혜석 2000(1935a): 438) 그러한 삶을 살아야 했다. 그리고 종교에 귀의하거나 자살하거나 그렇지 않으면 정신병원이나 길거리 등에서 비참한 최후를 맞았다. 남성 주도의 근대 기획에 대한 이들의 비판과 도전은 자신들이 원한 바로서의 상호 이해와 평화보다는 배제와 멸시라는 폭력의 지배를 감수해야 했다.

앞 세대의 근대 여성과 비교해 볼 때, 이 시기의 신여성은 가부장제에 대한 비판과 근대 여자 교육에 대한 문제 제기와 아울러 민족에 대한 의식에서 다른 의견을 가지고 있었다. 그것은 신여성 개념을 판별하는 고유의 특성들로 꼽을 수 있다. 1세대 여성과는 달리 이들은 남성 지배의 가부장제를 정면으로 비판하면서 그에 도전했다. 가부장제에 대한 비판과 부정은 남성 근대주의자의 근대 기획에서는 찾아볼 수 없는 대안 근대성의 비전과 지향을 가진 것이었다. 아울러 구체제에 대한 비판의식에서 이들은 여성에 대한 근대 교육 자체에 의문을 제기했다. 계몽주의 시대의 1세대가 여성의 근대 교육을 열렬히 지지한 것과 달리 이들은 당대 여자 교육의 목표와 방향을 문제시했다. 나아가서 앞 세대의 여성에게 여성 교육과 민족 독립은 서로 밀접하게 연관된 중심 주제였다면, 또 다른 한축을 이루는 민족과 민족주의와 관련해서도 양자 사이에는 차이가 있었다. 자아와 개성, 자유와 이상이라는 시대정신을 배경으로 이들은 성과 신밀성의 영역에 초점을 맞춘 사사 차원에서의 쟁점에 몰두했으며, 민족이나 계급과 같은 거대 서사와는 상대되는 거리를 유지했다.

이들 여성이 사 영역에서 추구한 대안의 주제로는 남녀평등에 관한 비전이나 여성의 직업과 사회 활동의 옹호를 먼저 지적할 수 있다. 이러한 쟁점들은 1세대 여성의 주장을 일정 형태로 계승한 것이지만, 성과 사랑에 대한 자기주장은 이 시기 신여성의 고유한 특성이었다. 이들은 성이란 사사의 개인 영역에 속하는 문제로서 오로지 자유로워야 한다는 생각과 함께 성의 자기결정권을 주장하고 성 해방의 실천을 지향했다. 사 영역에서 성과 친밀성에 대한 이들의 주장은 신여성 개념에 내재하는 고유한 판별의 특성 중에서 가장 중심을 이룬다고 할 수 있다. 이와 아울러 결혼과 가족의 대안으로서 독신 생활에 대해서도 이들은 일정한 가치를 부여했다.

新女性

4장

급진주의의 상이한 의견들

1920년대 신여성의 출현은 시대정신의 구현으로서 일종의 집단 현상으로 이해해야 한다고 앞에서 지적한 바 있다. 그러나 그것이 그 내부에서 의견의 차이와 다양성을 배제하는 것은 아니었다. 무엇보다도 이 시기의 신여성은 이념에 따라 보수주의와 자유주의, 급진주의, 사회주의로 나뉘었으며 이러한 차이는 '신여성'이나 '자유연애', 혹은 결혼이나 가족, 현모양처, 모성, 정조와 같은 개념에 대한 상이한 해석을 낳았다(김경일 2012a: 11). 이 점은 성에 대한 이해에서도 예외가 아니었다. 성에 대한 신여성의 주장은 전통 보수주의의 계승 내지는 변형으로부터 자유주의의 자유연애관, 20세기 초반 일본의 신여자가 주장한 성의 해방과 정조론, 그리고 근대 서구와 소비에트 러시아의 경험에 이르는 다양한 경로의 사조와 이론으로부터 영향을 받으면서 형성되었다.

대중 차원에서의 일반화된 믿음을 반영하는 점에서 보수주의나 자유주의는 관용과 친숙함의, 그리고 때로는 통속의 성에 대한 의견을 제시한다. 이러한 점에서 보면 성의 주제와 관련하여 징후를 발견하는 symptomatic 문제 지점은 보수주의나 자유주의라기보다는 급진주의나 사회주의에 설정된다. 이러한 점에서 각각의 사조가 지니는 성과 사랑에 대한 의견을 검토해 볼 수 있을 것이다. 이 장에서는 특히 그 내부에 존재하는 의견의 차이에 주목하여[1] 급진주의의 성과 사랑의 문제를 다루어 보고자 한다.[2] 급진주의는 특정한 인물에게 내재하는 속성이나 일관된 경향이라기보다는 성의 자유와 여성 해방에 대한 지향과 의지의 표현이자 선언이라고 할 수 있다. 급진주의 여성 모두는 근대의 남녀평등과 자유연애의 이념에 의거하여 성에 대한 억압이나 여성의 정조를 절대시하는 전통에 도전하고자 했다.

그러나 이러한 공동의 지향에도 불구하고 그 내부에서의 차이가 없지는 않았다. 급진주의자의 각각은 상이한 성의 지향과 바람을 성과 사랑의 관념에 투영했다. 특히 나혜석과 다른 급진주의 여성 사이의 차이는 뚜렷하다. 이러한 점에서 이 장에서는 나혜석과 다른 급진주의 신여성을 구분하여 양자의 차이를 검토한다. 3장에서 제1세대와 제2세대 여성의 비교를 통하여 제2세대 급진주의가 지니는 공동의 요소에 주목했다고 한다면 이 장은 제2세대 급진주의 내부에서의 구별과 차이를 조명해 보고자 하는 것이다. 비교를 통한 이러한 접근은 신여성 개념의 핵심을 이루는 1920년대 급진주의자의 주장을 보다 명확한 형태로 제시해 신여성 개념의 이론 정립에 기여할 수 있을 것이다.

성에 관한 급진주의 신여성의 자기 주장에서 나혜석의 사례는 급진주의를 대표하는 또 다른 두 여성인 김원주나 김명순과 구분되는 독자의 의견을 제공한다. 사랑과 연애에 대한 이들의 이해는 다분히 이상주의의 경향을 띠었다는 점에서 공통점을 보이면서도, 나혜석은 도덕이나 법률이 아닌 감정과 취미의 차원에서 성 문제를 이해하고자 했다는 점에서 다른 여성과 달랐다. 도덕과 윤리의 차원을 초월한 성에 대한 나혜석의 성찰은 김원주나 김명순 등의 동시대 신여성과 구분되는 독특성이 있었는데, 여기에서는 두 가지 주제에 초점을 맞추어 검토해 보고자 한다. 성과 사랑의 관념과 아울러 모성에 대한 이해가 그것으로, 그 밖의 다른 논점에 대한 논의[3]는 생략하고자 한다. 나아가서 나혜석은 다른 여성에게서는 찾아볼 수 없는 사랑과 결혼, 가족에 대한 논의를 제공한다는 점에도 주목해야 한다. 이 또한 급진주의 내부에 존재하는 일정한 차이를 드러내는 것이다.

성과 사랑의 이상주의를 넘어서

이 시기 신여성의 사랑에 대한 관념이 다분히 절충의 복합 성격을 가진다는 점에 대해서는 이미 언급한 바 있다. 예컨대 1927년 김원주가 발표한 〈나의 정조관〉이라는 글은 동일한 텍스트 안에서 이러한 절충과 병존을 잘 보이고 있다. 한편으로 그녀는 "정조는 결코 도덕이라고 할 수 없고 단지 사랑을 백열화시키는 연애의식의 최고 결정"이라고 말한다(김일엽 1974(1927): 158). 그녀의 표

| 김원주 |

현대로 "진부한 구정조 관념에 중독"으로부터의 탈각을 주장하는 이러한 전통 파괴는 이른바 '신정조관'으로서 널리 알려지게 되었다.

그러나 다른 한편으로 그녀의 정조 관념은 여전히 순결과 처녀성이라는 기존 관념의 준거를 벗어나는 것은 결코 아니었다. 동일한 텍스트에서 그녀는 "과거를 일체 자기 기억에서 씻어 버리고 단순하고 깨끗한 사랑을 새 상대자에게 바친"다고 언급한다(김일엽 1974(1927): 157). 여기에서 정조는 불순함과 깨끗함이라는 준거에 의해 재단되며, 이러한 점에서 김원주는 성이 영위되는 과정과 관계에 초점을 맞추면서 정조 자체를 문제 삼고 있지는 않다. 즉 "언제든지 깨끗하고 이지러지지 않은 새로운 영육의 소유자"라는 차원에서 '처녀성'(김일엽 1974(1927): 158)의 관념은 도전받지 않은 채로 그대로 남아 있으며,[4] 바로 여기에 신정조론을 바탕으로 한 '성적 신도덕'(김일엽 1974(1927): 159)의 근거가 놓이는 것이다.

나아가서 김원주의 정조와 처녀성에서는 정신의 요소가 중심 위치를 차지한다. 김원주가 성과 사랑에서 "단순하고 깨끗한 사랑"을 언급한다 하더라도 그것을 가능하게 하는 것은 어디까지나 "새 세상을 창조할 만한 건전한 정신"이다(김일엽 1974(1927): 157). 사랑에서 영과 정신의 문제는 김원주의 신정조론에서 되풀이되는 주제이다. 관념의 이상주의에 치우친 이러한 성 인식은 불교로 귀의한 이후 더욱 농후해진다. 위에서 언급한 회고록에서 그녀는 "사랑이란 우주 전체의 힘이며, 생령生靈 본체의 생사가 걸린 인간의 가장 큰 문제"로서 "그 사랑에 매혹되면 이 몸의 한 생명력을 잃어버리기보다 생명의 근원이 끊어지고 만

신여성,
개념과 역사

다"고 언급한다(김일엽 1974(1971~2): 299). 여기에서 사랑은 자신을 알고 또 넘어서기 위한 방편의 하나로서 이제 단지 남녀 사이의 감정에 한정되지 않은 모든 생명의 원천으로 확장되면서 고도로 보편화, 추상화된다. 사랑에 대한 이러한 고도의 관념주의로의 경도는 초기 신정조론에 내포되어 있던 이상주의의 맹아에서 그 기원을 찾을 수 있다.[5]

관념의 이상주의는 김명순의 생각에서도 찾아볼 수 있다. 김명순에게 이상의 연애란 모든 남녀가 "같은 이상을 품고 결합하려는 친화한 상태 또 미급未及한 동경"이자, "종종의 천만 생명들이 각각 별다른 개성을 가지고 서로 융화한 심령끼리 절주節奏해 나가는 최고 조화적 생활 상태"이다(김명순 2010(1925b): 654~5). 이처럼 김명순에게 이상의 연애란 남녀의 이상과 개성에 입각한 "두 영혼의 융합"(김명순 2010(1924): 635)을 의미한다. 김명순의 사랑 관념도 영혼의 융합이라는 정신 요소를 중심에 둔다는 점에서 김원주와 비슷하게 추상의 관념주의 성향을 보인다고 할 수 있다. 차이가 있다면 김명순의 경우 이상과 관념에 기초한 서구의 플라토닉 연애 취향이 농후하게 나타난다는 점에 있다.

관념의 이상주의는 나혜석에게서도 찾아볼 수 있다. 나혜석 역시 남녀의 사랑에서 육체가 아닌 정신의 측면을 강조한다. 남녀가 육체肉体으로만 결합된다는 견해를 속류라고 비판하면서 그녀는 "좁고 얕은 육의 세계와는 다른 넓고 큰 영의 세계가 있음으로써 사람으로서의 사는 의의가 있다"고 주장한다(나혜석 2000(1917): 192; 2000(1935c): 462). 여기에서 육의 세계는 좁고 얕은 어떤 것으로서 영의 세계에 비해 암묵으로 열등한 것으로 전제된다. 몸에 대한 이러한 인식에서 근대의 신체관이

들어설 여지는 오히려 희박하다. 이러한 점에서 전통 의식의 일정한 계승과 관념의 이상주의는 이 시기의 급진주의 신여성이 공유하는 일정한 특성이라고 할 수도 있을 것이다.

그러나 다른 급진주의자와는 달리 나혜석은 단순히 여기에 머물지 않았다. 적어도 후기 나혜석의 경우 성과 사랑은 도덕과 윤리와 법률의 차원을 벗어나서 오로지 감정이나 취향과 같은 인간의 성향에 의해 결정되는 것이었다. 그녀는 "도덕도 법률도 아무것도 아니요 오직 취미"로서 "마음의 구속을 받을 것이 아니"라 자신의 자유의지에 따르는 어떤 것으로 성교를 제시한다. 그것은 김명순과 비슷한 초기의 영혼 관념을 훌쩍 뛰어넘으면서 동시에 김원주가 말하는 순결과 처녀성의 관념을 무화시키는 파격이자 급진이었다고 할 수 있다.

모성 신화의 해체와 다차원의 여성성

성과 사랑의 개념에 대한 나혜석의 급진성은 모성 개념에서도 찾아볼 수 있다. 나혜석은 김원주나 김명순과는 근본 차원에서 다른 모성 개념을 제시했다. 김원주는 여자는 "여성의 기질을 벗어날 수 없"다는 점에서 자신이 "먼저 모성이라는 것을 잊어서는 안 된"다고 언급하면서 여성이 "가장 아름답고 위대한 것은 모성을 발휘하는 데 있다"고 주장한다(김원주 1924: 40~3). 그녀에게 자아실현은 여성 본질의 기질을 발휘하는 것으로서, 이는 곧 모성애의 발현으로 직결되었다. 여성에 고유한 속성을 전제로 하면서 그것의 실체를 모성에 둔다는 점에서 그녀의 모성관은 자유주의 입장에서 벗어나지는 않았다고 할 수 있다.

김명순의 모성관에 대해서는 유감스럽게도 그것을 직접 논의한 글이 없거나 혹은 남아 있지 않다. 그러나 그것을 간접으로 유추할 수 있는 자료가 있는데 그것은 자신이 남자로 태어났다면 무엇을 하고 싶은가를 묻는 1922년 1월 7일자 《동아일보》 지상의 기획 기사이다. 여기에서 김명순은 아버지에 비해 볼 때 "어머니의 힘과 은혜는 훨씬 위대하고 강하"다고 지적한다. 예컨대 어머니에 대해서는 1년상을, 아버지에 대해서는 3년상을 지내는 전통을 강하게 비판하면서, 그녀는 "어머니를 극력 존경하고 귀히 여기는 사람"이 되어야 한다고 주장한다(김명순 2010(1922): 619). 모성에 대한 재평가와 그에 의거한 남녀평등을 강조한다는 점에서 그녀 역시 자유주의의 전형적인 모습을 보인다고 할 수 있다. 비록 일정한 한계는 있다 할지라도 성과 사랑의 개념에서 급진주의의 성향을 보인 이들은 적어도 모성의 개념에서는 자유주의의 입장으로 기울고 있는 것이다.

나혜석의 모성 개념은 이들의 모성 이해와는 상당히 대조된다.[6] 1923년 1월 1일부터 21일에 걸쳐 《동명》에 연재한 〈모된 감상기〉를 통해 나혜석은 모성에 대한 자신의 생각을 밝히고 있다. 모성애에 관한 그녀의 이야기는 먼저 결혼, 임신과 출산의 과정에서 시작한다. 결혼한 여성에게 임신은 자신과 남편은 말할 것도 없고 집안의 축복으로 인식되는 것이 보통이지만, 나혜석에게 임신은 기쁨이라기보다는 저주와 수심과 원망이었으며, 생명의 신비나 출산의 보람이 아니라 서러움과 고통이었다. 처음으로 대면한 자신의 아이에 대한 느낌을 "부끄럽고 이상스러"웠다고 표현한 것도 일반의 통념과는 달랐다. 전통 파괴는 자식에 대한 그녀의 태도에서도 이어졌다. "내가 있는 후에 만물이 생겼다. 자식이 생겼다. 아이들아, 너희들은 일찍부터 역경을 겪어라"(나혜석 2000(1934): 414)라고 그녀는 말한다. 그녀에게는 자식에 대한 배려보다는 생명을 가진 존재로서 자신을 자각하는 것이 먼저였다.

임신과 출산, 양육과 자녀에 대한 전통 파괴의 독특한 나혜석의 생각은 모성애에 대한 의견에서도 예외가 아니었다. 여성에게 모성애가 본능이고 절대라는 통념에 그녀는 견코 동의하기 않았다. 수많은 여성이 모성애로 말미암아 많은 만족과 행복을 느껴 왔다는 점을 인정하면서도 그녀는 동시에 모성애로 인한 여성의 억압과 불행에 주목할 것을 촉구한다. 이러한 점에서 여성에게 모성애는 "최고 행복인 동시에 최고 불행"이라고 그녀는 지적한다. 나아가서 그녀는 모성애가 여성 본능의 속성이라는 일반화된 모성의 '신화'에 강한 의문을 제기한다. 나혜석은 여성의 모성이란 선천으로 타고난다기보다는[7] 아이를 키우면서 "경험과 시간"의 경과를 통해 사후에 얻는 것이라고 보았다. 즉 모성은 "천성으로 구비한 사랑"으로서 순결성이나 자연성이 아니라 양육을 통해 생기는 단련성으로 보아야 한다는 것이다(나혜석 2000(1923a): 232~3).

나혜석은 임신과 출산 그리고 자녀의 양육 과정을 포함하여 모성으로 순화된 자아상을 부정하면서 자신의 신체의 고통과 아이에 대한 낯섦, 어머니 억할과 자신의 자아실현 사이의 모순과 갈등을 여과 없이 직설로 표현하고 있다. 여기에서 우리는 모성을 포함하여 자신에게 실재하면서 자신이 희구한 여성성의 다양한 차원을 기꺼이 인정하자는 그녀의 요구를 읽을 수 있다. 김원주나 김명순의 경우를 포함한 대부분의 논자가 모성을 본질화하고 탈시간화한 상태에서 그것을 여성의 본성으로 추상화해 버린 것과 달리 나혜석은 역사와 시간의 맥락 안에서 모성을 이해하고자 했다. 이와 아울러 국가나 민족에 부수하는 어떤 것으로 모성을 상정하는 주류 자유주의와 민족주의의 논의 역시 그녀의 모성 개념에서는 부자연스럽고 기대하기 어려웠다. 민족과 국가에 대한 물신화의 차원에서 모성을 이해하거나 본질과 초월로 규정하는 방식과는 전혀 다른 차원에서 그녀는 모성 개념을 해체, 재구성하고자 했다. 모성에 대한 이러한 접근은 이 시기는 말할 것도 없고 이후의 역사에서도 주류가 되는 모성에 대한 새로운 통찰과 이해의 단초가 되었다.

결혼·가족에 대한 성찰과 실험

나혜석은 남녀평등과 자유연애, 자유결혼의 근대 이념에 공감하고 전통 가족 제도를 비판하는 만큼이나 결혼과 가족에 관한 새로운 제안과 실험을 시도했다. 여기에서는 이성 사이의 우정과 시험결혼에 초점을 맞추어 검토해 보고자 한다.[8] 나혜석은 이성 사이의 우정을 적극 옹호하며, 나아가 단순한 주장이 아닌 실제의 차원에서 그것을 실천하고자 한다. 이성 사이의 우애에 대한 나혜석의 생각과 실천은 〈이성 간의 우애론─아름다운 남매의 기記〉에 잘 나타나 있다. 1934년 최린을 상대로

한 위자료 청구 소송의 변호인이던 소완규蘇完奎와 이성 친구로서의 경험을 말하는 이 글에서 그녀는 "무한한 고통, 무한한 충돌이 거듭했으나 역시 안 보면 보고 싶고 애연하고, 만나면 반가우며 이야기가 많아, 끓는 피, 뛰는 가슴이 몇 번이나 그 우정을 그르칠 듯했으나 아직까지는 아름다운 남매로 지내"는 두 사람의 관계를 소개한다(나혜석 2000(1935b): 454). 이 글에서 보듯이 그녀는 남녀 사이에서도 친구 같은 관계가 가능하다는 것을 믿었고, 또 소완규와의 관계를 통해 자신의 이러한 신념을 실천하고자 했다. 1년 전에 발표한 〈이혼고백장〉에서 언급한 것처럼, 남녀 친구 사이에서 "본부本夫나 본처를 어찌하지 않는 범위 내의 행동은 죄도 아니요 실수도 아니며 가장 진보된 사람에게 마땅히 있어야 할 감정"(나혜석 2000(1934): 406)을 구체화한 것이다.

이와 아울러 당시 지식인 사회에서 논의되고 있던 시험결혼에 대한 그녀의 의견도 주목할 만하다. 1930년 5월 잡지 《삼천리》의 우애결혼과 시험결혼을 주제로 한 대담에 기고한 나혜석은 결혼의 목적이 아내를 얻는 데 있느냐 혹은 자신의 혈통을 이을 아들딸을 얻는 데 있느냐는 기자의 물음에 결혼의 목적은 지아비나 아내를 얻는 것이며, "자녀는 부산물에 불과"하다고 단언한다. 배우자보다도 자녀를 중시하는 가족에 대한 지배 관념은 오늘날까지도 일정한 형태로 유지되고 있지만, 그녀는 단연코 부부를 가족의 중심에 두었던 것이다. 그녀는 서구에서 제창되는 시험결혼을 언급하면서, "산아 제한 같은 방법을 필요로 하는 그 시험결혼은 빈번한 이혼을 막는 길도 되고 남녀 성의 이합을 훨씬 자유스럽게 하는 효과가 있을 것"이라는 의견을 표명한다(나혜석 외

1930: 54).

1930년대 중반에 쓴 소설에서 나혜석은 이러한 시험결혼을 자세히 묘사하고 있다. 다분히 자신의 이미지가 투영되어 있는 이 소설의 주인공 현숙은 사랑의 감정보다는 엄격한 계산과 계약에 입각한 남녀 사이의 결합을 주장한다. 현숙의 말을 빌리면 "지금까지 감정으로 들어가 모든 것을 실패"해 왔다는 점에서 "감정보다 회계"에 의거해야 한다는 것이다. 나혜석은 그것을 상징하는 아이콘으로 "간단하고 효과 있는 명쾌한 …… 금전등록기"를 거론한다(나혜석 2000(1936): 153·159). 이 소설에서 주인공 현숙은 신문사 기자와 유명 화가, 그리고 화가 지망생인 3명의 남성과 반년을 주기로 계약 결혼을 행한다. 남성의 이름이 모두 익명으로 처리되어 있는 것에서 보듯이 이 소설에 등장하는 남성은 다분히 수동으로 제시된다. 이들에 대하여 현숙은 자신의 의지와 능동을 가지고 일정 기한의 결혼을 실행하거나 제안하는 것을 통하여 여성을 "영원히 소유하는 것이 기득권"(나혜석 2000(1936): 165)이라고 생각하는 남성 중심의 관습에 의한 결혼 제도를 전복하고자 한다(안숙원 2000: 67). 결혼의 세속화와 성의 방종이 뚜렷하게 진행되어 갔던 1930년대의 타락한 도시 서울에서 그녀는 다소는 위악의 방식을 통하여 남성 중심의 전통 결혼 제도를 통렬하게 비판하면서 여성이 주도하는 대안 결혼의 한 형태를 제시해 보고자 한 것이다.

이 소설을 통하여 나혜석은 일종의 대안 가족의 형태를 모색해 보고자 한다. 이 소설에서 나혜석은 주인공 현숙과 함께 생활하는 노시인과 화가 지망생과의 관계를 "한 사람도 떼어 살 수가 없[는……] 친신親身"

으로 묘사한다(나혜석 2000(1936): 158). 가정이라는 사 공간에서 벗어나 여관이라는 유동의 거처에서 이들 세 사람은 고통스러운 가난과 고독과 "울게 되면 얼마라도 가슴이 비워"지는(나혜석 2000(1936): 162) 감정을 공유하면서 혈연 중심의 전통 가족을 넘어서는 친밀성의 감정을 경험한다. 나혜석 자신의 의도와는 무관하게 이 소설에서 "술도 함께 하고 수족을 훔쳐 주기도 하고 자리옷을 갈아입히"면서 서로에 대한 근심과 배려와 우정을 공유하는 동숙자끼리의 가족공동체상을 읽을 수 있는 것이다(안숙원 2000: 74).

나혜석은 전통의 영향과 근대의 이상이 착종된 식민지의 혼란스런 과도기 상황에서 이상의 사랑과 결혼의 문제를 진지하게 고민하고 또 실천하고자 했다. 성과 사랑에 대한 근원 차원에서의 이해, 독신 생활과 남자 공창, 시험결혼, 이성 사이의 우정, 혹은 원초의 대안 가족과 같은 그녀의 다양한 제안은 이러한 성찰의 산물이라고 할 수 있다. 그녀가 꿈꾸었던 남녀의 평등과 평화, 남성과 여성이 아닌 인간으로서의 교유, 개인의 자유와 상상력의 고양 등은 성과 결혼의 문제가 혼란스럽고 모순된 형태로 발현한 식민지 사회에서 자기 모색과 지知의 정향定向에 대한 그녀 나름의 응답이었다.

그것은 근대의 외양을 띤 가부장의 전통이 여전히 강력한 영향을 미치고 있던 시대 상황에서 근대의 개척자로서의 의미를 갖는 것이고, 친밀성과 개인의 사 영역에서 경험과 실천이라는 점에서 남성 주도의 근대 기획에 대한 도전이기도 했다. 나아가서 거대 서사의 중심 주제로서 민족과 제국의 지배의 한계를 폭로하는 것이기도 했다. 남성 지배에 의한 사회 질서의 기저를 침범한 만큼이나 그녀의 제안과 주장에서 위기와 불안의 징표를 읽은 기성 사회가 그녀에게 요구한 것은 그녀 자신을 희생 제물로 바치는 '순교'였다. 무릇 모든 순교가 그러하듯이 그녀의 비참하고 고독한 죽음은 세월의 흐름과 함께 부활과 영광 안에서 빛나게 되었다. 냉혹한 역사는 대안의 근대성을 추구하기 위해 나혜석이 치러야 했던 가혹한 대가의 진면목을 보여 주었던 것이다.

新女性

5장

제2세대 근대 여성─사회주의

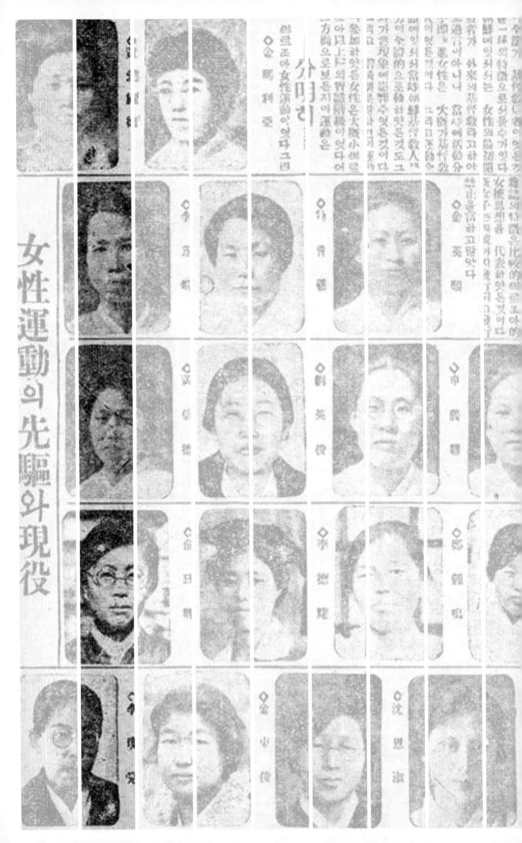

女性運動의 先驅와 現役

◇金瑪利亞

◇金英順

◇朴貞愛

◇슈미트

◇李慶媛

◇劉英俊

◇朴仁德

◇武信德

◇李德懿

◇申義卿

◇金玉瑄

◇崔鉉玉

◇金申俊

◇沈恩淑

어느 사회에서나 제국주의 지배에 대하여 가장 먼저 가시화된 형태로 출현하는 것은 저항의 양식이다. 일본 제국주의의 경우에도 예외가 아니었다. 동화주의라는 일본 제국주의의 공식 정책에도 불구하고 식민지 사회에 만연한 민족 차별과 아울러 근대 일본과 대비되는 낙후한 식민지 현실에 대한 자각에서 민족에 대한 애착과 열정이 자연스럽게 형성되었다. 비록 그 사이에는 민족에 대한 막연한 감정에서부터 주의로 일컬을 수 있는 정형화된 이념의 형태에 이르기까지 다양한 편차가 있었다고 하더라도 민족에 대한 공감과 그 침탈에 대한 저항은 식민지 현실의 기저에서 가장 먼저 자연스럽게 형성될 수 있었다.

이러한 점에서 민족주의로 일컬을 수 있는 범주의 여성들이 가장 먼저 근대의 무대에 등장했다. 식민 지배의 미래가 불안정해 보였던 19세기 말부터 그것이 점차 해체 상태로 들어간 1930년대 전반기에 이르기까지 이들은 전통 인식의 타파를 위한 계몽과 자기의식의 각성을 주조로 했다는 점에서 자유주의 사조의 전도사로 불러도 무방할 것이다.[1] 일제의 대륙 침략이 시작되고 헤게모니가 공고해지는 듯이 보였던

133

1930년대 전·중반기 이후 점차 자유주의로부터 일탈하여 파시즘 체제에 동화해 나갔던 이들은 민족을 제국으로 내용만 바꾼 상태에서 자신들의 존립 근거를 유지해 나갔다.

급진주의는 넓게 보아 자유주의에 속하면서도 이와는 구분되는 일정한 속성을 가지고 있다. 식민지 시기의 자유주의가 민족(개량)주의와 구분되지 않은 행로를 걸었다고 한다면, 급진주의는 민족이나 계급과 같은 공공의 쟁점보다 자유연애나 남녀평등, 그리고 여성으로서의 자기 정체성과 같은 사사의 주제를 우선시했다는 점에서는 오히려 본연의 자유주의에 더 가까운 면모를 보였다. 1930년대 후반에 이르러 자유주의/민족주의 여성이 민족에서 제국으로 이행한 '친일'의 대가로 공공 영역에서의 일정한 활동을 보장받은 반면에 급진주의 여성은 식민지의 공공 영역에서 사라져 버렸다.

1920년대 제2세대 근대 여성의 일부를 이루며 종종 신여성으로 호명되기도 했던 사회주의 여성은 이들 자유주의/민족주의나 급진주의 여성과는 여러 가지 점에서 구분된다. 이들은 식민 지배의 초기에 민족주의, 민족개량주의를 거쳐 예속 친일의 길을 밟아 갔던 자유주의 계열의 여성과는 달리 일제에 대한 저항의 자세를 보다 일관되게 유지했다. 자유주의/급진주의 계열 여성의 대부분이 일본이나 미국으로의 유학 등과 같이 외국 경험을 공유한 것에 비하여 사회주의 여성은 일본이나 소비에트 러시아 등의 경우를 제외하고는 거의 국내에 머물렀으며,[2] 기독교와도 일정한 거리를 유지했다.[3]

1920년대와 1930년대 전반에 사회주의 여성은 민족 문제와 계급 문제, 그리고 여성 문제의 동시 해결을 주장하면서 사회 운동과 여성 운동에 헌신했다. 사회주의를 대표하는 인물은 제1장의 〈표 1〉에 정리되어 있다. 이 표에는 모든 사례가 망라된 것은 아니며, 이들 중에는 어느 한 편으로 분류하기에 애매한 경우가 있다. 예컨대 사회주의자로 분류한 황신덕은 박순천, 한소제 등 자유주의 계열의 여성과도 교류했으며, 1930년대에 사상 전향을 한 이후에는 여성 교육과 계몽 운동, 생활 개선 등의 민족주의와 친연성을 갖는 활동을 하다가 전시 동원기에는 본격 친일 행위를 했다. 자유주의로 분류한 최은희도 당시 사회주의자인 유영준, 황신덕, 이현경[4] 등과 친밀한 교유 관계를 유지했으며, 근우회에서도 선전부장 등으로 활동했다. 사회주의자로 분류된 유영준 역시 기독교와 자유주의 계열의 여성과 일정한 교류가 있었으며, 특히 1930년대에는 주로 이들과 함께 사회 활동을 했다.

　유영준을 논외로 한다면 여성 사회주의자의 시조는 정종명鄭鍾鳴이었다. 1923년을 전후해 급속하게 확산되던 사회주의에 합류한 그녀는 무산 계급 여성의 해방을 강조하면서 1923년 6월 코민테른 지부 조선공산당을 조직하기 위하여 블라디보스토크에 설치된 코민테른 극동총국 산하 꼬르뷰로의 국내 조직인 꼬르뷰로 국내부의 공산청년회에 가입하면서[5] 본격 사회주의 여성으로서의 길을 걸었다.[6] 당시 그녀는 유일한 여성공산청년회 회원

| 정종명 |

이었다. 불교여자청년회를 기반으로 한 우봉운禹鳳雲이나 〈표 1〉에는 기재를 하지 못했지만 정종명과 마찬가지로 산파로서 홍기문洪起文의 아내였던 심은숙沈恩淑도 조선여성동우회와 경성여자청년동맹, 근우회 등에서 활동한 여성 운동가였다. 이 시기에 활동한 사회주의 계열의 여성으로는 김명시金命時(1907~?) 등도 있으나 국내 여성 운동에는 거의 관여하지 않았다.

1930년대 후반 이후 전시 체제에 협력하면서 친일의 길을 걸어간 사례는 주류 자유주의 계열의 여성이나 전향한 일부 남성 사회주의자에게서 찾아볼 수 있는데, 사회주의 여성은 소수의 예외를 제외하고는[7] 거의 이 길을 걷지 않았다. 시련의 시기에 이들 여성의 대부분은 시골(혹은 지하)로 은둔·잠적하거나 체포·수감되었고, 혹은 해외로 나가는 선택을 함으로써, 서울을 중심으로 한 식민지의 공공 영역에서 자취를 감추었다(김경일 2004b: 69~72). 이 점은 급진주의의 경우에도 마찬가지지만, 급진주의 여성이 식민지 사회의 공공 영역에서 강제로 추방된 것과는 달리 이들은 스스로의 의지에 따라 퇴장했다는 점에서 차이가 있었다. 급진주의 여성의 추방이 가부장의 남성 지배 체제에 대한 도전에서 여성의 자기의식과 정체성이라는 사사의 쟁점을 반영한다면, 사회주의 여성의 퇴장은 자본주의와 식민 지배의 종식을 목표로 한 잠적이나 이주, 혹은 수감의 형태를 띤 이념과 정치의 동기에서 비롯되었다.

신여성,
개념과 역사

사회주의와 대안의 근대의 실천

사회주의 여성이 사회주의에 의거하여 여성 문제와 사회 문제를 보기 시작한 것은 사회주의가 보급되기 시작한 1923년 무렵 이후부터라고 할 수 있다. 당연한 말이지만 그 이전에 이들 여성의 성에 대한 이해는 자유주의, 혹은 보수주의로 정의할 수 있는 인식 틀에서 크게 벗어나지 않았다. 예를 들면 1920년 1월 도쿄에서 여자흥학회 회장이 되어 여자 유학생들이 발간한 《여자계》의 편집을 맡은 유영준이 중국의 고사를 소개한 글에서는 "하늘이 정한 배필"이라거나 "장부는 불사이군不事二君이요 현부는 불사이부不事二夫"라는 표현들이 보인다(유영준 1920a: 61; 1920b: 43). 〈중국 여자의 굳은 정절〉이라는 제목에서 보듯이 비록 중국 이야기를 빌린 형식이라고는 하더라도 배우자 선택이나 여성의 정조에서 전통 가부장제의 봉건의식을 드러내는 것이다.

허정숙(허정자許貞子)이 1920년 11월에 발간된 《여자시론》 제5호에 기고한 논문의 제목은 〈여자들아 일하라〉였다.[8] 이와 아울러 1921년 여름에 조선여자교육회가 주최한 전국 순회 강연단 활동에서 그녀는 〈현대 청년 남녀의 고민하는 이혼 문제 해결책〉(7월 9일), 〈안락의 가정〉(7월 12일), 〈가정은 인생의 낙원〉(7월 13일), 〈조혼의 해독과 부모의 각성〉(7월 26일) 등의 제목으로 강연을 했다(한상권 2001: 358~60). 그런가 하면 2년 후인 1923년 7월 조선여자고학생상조회가 주최한 북부 지방 순회 강연회에서 정종명은 〈아들과 딸을 같이 사랑하라〉는 제목으로 연사로 나서고 있다(《동아일보》 1923년 7월 28일자). 어느 경우건 자세한 내용은 알 수 없지만 제목으로 보아 남녀평등, 조혼에 대한 비판, 근면에 대한 강조, 가정이라는 주제에 대한 강조에서 사회주의의 색채를 찾아보기는 어렵다.

나아가서 1920년대 중반 이후 이들이 사회주의 사조의 영향을 통해서 여성 문제를 새로운 시각에서 인식하게 되었다고 하더라도 오랜 세월 동안 지속해서 작용해 온 전통 사고방식으로부터 이들이 완전히 자유로울 수는 없었다는 사실에도 주목해야 한다. 일종의 장기 지속의 경향을 갖는다고 할 수 있는 이러한 심성 구조의 대표 사례로는 남녀의 성 역할 규범을 들 수 있을 것이다. "이 세상에 만약 남자가 없다면" 세상이 어떻게 될 것인가라는 물음에 대하여 유영준은 "그 세상은 참으로 비참하고 적막한 수라장이 될 것"이라고 대답한다.

그녀가 보기에 여성은 "편심偏心과 질투, 시기심이 많"아 "항상 충돌이 생기고 원우怨尤와 저주가 많"은 존재이다. 따라서 만일 여성끼리만 산다면 서로 싸우기 때문에 "한숨 소리에 지진이 일어나고 피와 눈물로 대홍수가 날 것"이라고 그녀는 언급한다. 나아가서 여성은 모양내기를 즐겨 하고 음악과 무도를 좋아한다고 그녀는 말한다. 이와 대조하여 그녀는 남성을 포용과 박애, 겸양, 용기, 그리고 "원대한 생각과 심원한 연구"를 하는 존재로 제시한다(유영준 1929: 100~1). 남성을 긍정의 준거로 설정하면서 여성에게 부정의 속성을 부여하는 이러한 인식은 여성에 대한 성차별의 전형을 드러내는 것으로,[9] 사회주의에서의 성 역할 인식과는 일정한 거리가 있는 것이다.

같은 사회주의자라고 하더라도 동일한 질문에 대한 허정숙의 대답은 달랐다. 허정숙은 만일 "이 세상에 남자가 없고 여자만 산다 하여도 우리 생활상에는 아무런 문제가 없을 것"이라고 단언한다. 현재의 "사회 제도나 경제 조직으로 보면 여성은 남성의 지배와 보호를 받지 않으면 살지 못할 것 같지만 만일 남성이 모두 없어지고 여성만 사는 세상이 된다면 모든 제도와 조직이 자연 여성 본위로만 될 터이니까 각자가 모두 자립·자활할 능력이 생겨서 생활상 아무 곤란이 없을 것"이라는 것이다. 따

| 허정숙 |

라서 세계 여성들이 제기하는 "모든 반항 운동도 스스로 소멸"할 뿐만 아니라 참정권 운동, 유곽 폐지, 공창 폐지도 가능하게 될 것이며, "인처人妻의 능력 문제, 이혼, 중혼, 간통, 정조 유린, 위자료청구소송 등의 번잡한 문제도 없어질 것"이다. 그런가 하면 "아들복 남편복子福夫福을 비느라고 신사·불당으로 돌아다니며 불공·신도新禱를 하는 미신의 여자 무리"와 아울러 "술집 산파집 이발소" 같은 것도 다 없어질 것(허정숙 1929a: 101~2)이라는 것이다. 이처럼 그녀는 사회를 운용하는 능력에서는 남성과 마찬가지로 여성도 동일한 역량을 가진다고 하면서 남성과 여성의 차이가 없다고 본 점에서는 사회주의자다운 성 역할 인식을 보이고 있다.

허정숙은 "조물주는 인간을 내일 때에 반드시 남성과 여성을 같이 내"여 "서로 감정을 조화시키고 성의 욕구를 만족케 하여 종족 번식의

최대 목적을 달"성하게 했다고 말한다. 이러한 점에서 단순한 생계 유지를 넘어서는 감정 생활의 영역에서는 남녀가 서로의 존재를 필요로 한다고 보았다. 따라서 남자가 없는 세상에서 여성은 "의식주와 같은 외적 생활은 잘 할지" 모르겠지만 "그 이상의 내적 생활은 잘 못할 것"이라는 것이 그녀의 생각이었다. "백화가 아무리 난만爛漫히 피더라도 벌·나비蜂蝶의 매개媒가 없으면 그 꽃이 어찌 결실의 좋은 열매好果를 얻을 수 있스며 만수萬樹의 녹양綠楊이 아무리 그늘이 번무繁茂하다 할지라도 일조一鳥의 자앵雌鶯만 홀로 운다면 그 안이 고적하고 비애"한 것과 같이 "우리 인간도 남성과 여성이 서로 섞여 있기 때문에 피사에 감정이 잘 조화되어 유무를 상통하고 장단을 상보하여 이 사회의 생활과 가정의 생활 내지 국가의 생활까지도 원만하고 윤택하게 되고 또 종족을 보존하여 인류의 영원한 생명을 보존"한다고 그녀는 주장한다. 여자만 있는 세상은 "허다한 결함과 폐해가 생겨서 현재 사회 이상으로 참담하고 쓸쓸"하다는 것이다(허정숙 1929a: 102).

정신과 내면의 영역에 한정하고 있다고는 하더라도 이 부문에서 남성의 역할과 필요를 주장하면서, 이와 대조되는 여성의 속성을 언급하는 것은 남녀의 성차를 인정한다는 혐의로 이어질 수도 있을 것이다. 이를 의식하기라도 한 듯이 허정숙은 그것은 "여자가 약자인 까닭에 그런 것이 아니라 인류 생활의 원리·원칙이 그러한 까닭"이라고 설명한다(허정숙 1929a: 102). 이러한 점에서 동일한 사회주의자이면서도 허정숙은 유영준에 비해 남녀의 성차별에서 보다 진전된 인식을 보이고 있다.[10]

남녀의 역할과 차이라는 점에서 허정숙이 보인 남녀평등에 대한 인식은 다른 사회주의 여성에게서도 찾아볼 수 있다. 예를 들면 주세죽朱世竹은 남녀의 구별 없이 동일한 인간으로 인식하는 것이 중요하다고 언급한다. 그녀는 "다른 여자들과 자유 교제를 하며 정조의 관념이 조금도 없으면서도 여자는 다른 자와 한 번 동행만 하든지 혹은 편지 한 번만 하여도 공연한 비평과 의심을 가지며 남자는 경제권이 있는 것을 이용하여 여자를 농락하고 박대"하는 이른바 신식 남자의 세태를 비난한다. 근대 교육을 받아 남녀평등과 여성 해방을 "입으로 떠드는" 이들의 행태는 "더욱 가증스럽다"고 그녀는 비난하는 것이다(주세죽 1927: 59~60). 정칠성 역시 남녀 양성의 속성을 비교하는 질문은 "불공평한 이 부르주아 사회에서만 들을 수 있는 말"이라고 비판한다. "남녀 양성은 다 자연의 소출로 인간 사회를 구성하기에 똑같은 역할과 권위로 진전하며 발전하는 것"이며, "다만 여성이 현재의 남성보다 모든 것이 뒤떨어진 것은 오랫동안 남성 본위인 사회 제도 아래서 많은 구속과 억압 때문에 발전치 못"했을 따름이기 때문이다(정칠성 1933: 131).

유영준을 한편으로 하고 허정숙·주세죽·정칠성을 다른 한편으로 하는 남녀 차이에 대한 이러한 인식은 사회주의 여성이 균일한 동질의 집단이 아니라 다양한 내부 구성과 의견 차이를 갖는다는 점을 시사한다. 그럼에도 불구하고 이러한 차이와 다양성이 사회주의 여성의 고유한 지향과 속성을 침해하는 것은 결코 아니었다. 1910년대와 1920년대 초반 아직 사회주의가 정착하기 이전의 시점에서 사회주의 여성은 자유주의·급진주의 여성과 마찬가지로 시대를 앞서가는 선각자로서의 의식과 책임을 강조했다. 다음의 두 글은 이러한 취지에서 두 여성이 각각 쓴 글이다.

> 선풍흑운旋風黑雲이 광야에 외로운 행객의 마음을 놀랠지라도 조금도 두려워 말고 오늘 우리에게 준 무대에 올라 자유스러운 종을 치며 크고 큰 세상 마루 위에서 활발히 활동합시다. 지금은 해방 시대가 지내가고 활동할 시대가 돌아왔소. 아무리 전후좌우의 형편이 내 몸을 결박할지라도 내가 만일 내 몸을 사회에 헌신하려면 나를 막을 자 세상에는 없지요. 만일 이 마음이 있거든 주거 말고 실행합시다. 흑지는 수민에 회계가 사아 비로소 세상에 출마 한다고 하지요. 지금 우리나라 형편에는 그런 학식이 부요한 자는 원치 아니하여요(유영준 1920c: 9~10).

> 무론 지식·지예枝藝가 필요타 하겠도다. 어떤 일에 당하든지 상식으로 좌우를 처리할 실력이 있지 아니하면 아니 되겠도다. 일정한 목적으로 유의의하게 자기 개성을 발휘코자 하는 자각을 가진 부인으로서 현대를 이해한 사상, 지식 상 및 품성에 대하여, 그 시대의 선각자가 되어 실력과 권력으로, 사교 또는 신비 상 내적 광명의 이상적 부인이 되지 아니하면 불가한 줄로 생각하는 바라. 그러면 현재의 우리는 점차로 지능을 확충하며, 자기의 노력으로 책임을 다하여 본분을 완수하며, 나아가 사事에 당하여 물物에 촉하여 연구하고 수양하며, 양심의 발전으로 이상에 근접케 하면 그날그날은 결코 공연히 소과消過함이 아니요, 그러한 후에는 명일에 종신終身한다 하여도 금일 현시까지는 이상의 일생이 될까 하노라(나혜석 1914: 15~6).

지식인 여성으로서 시대에 대한 사명감을 표명한다는 점에서 동일한 지향을 보이고 있지만 위의 두 글은 여러 가지 면에서 대조를 보인다. 유영준이 사회에 대한 헌신을 강조하면서 그를 위한 요건으로 학식과 지식보다는 주저 없는 실행과 활동을 촉구한 것과 달리 나혜석은 지식과 실력, 권력을 가진 이상의 부인으로서의 선각자 역할에 중점을 두었다. 지식과 실력, 계몽에 대한 강조라는 점에서 나혜석이 자유주의로의 편향을 보이고 있다고 한다면 유영준에게서는 실천과 활동, 사회에 대한 헌신과 같은 사회주의 이념의 맹아 형태를 찾아볼 수 있다. 이러한 차이가 두 사람을 각각 자유(급진)주의와 사회주의라는 상이한 길로 인도한 것인지, 그렇지 않으면 이들 여성이 특정한 사상이나 이념을 선택하여 각기 받아들인 결과인지의 여부는 불확실하다. 다만 여기에서는 사회주의자로서 유영준이 지식·계몽과 관련하여 가진 태도가 자유·급진주의자로서 나혜석과 이미 1920년대 초반의 시점에서 대조를 보이고 있다는 사실에 주목하고자 한다.

　1920년대 초중반 이후 사회주의의 본격 등장을 배경으로 이들 여성은 남녀평등과 여성 해방의 개념을 새로이 해석하는 인식의 틀을 갖추어 나갔다. 자유주의에서 추구한 여성의 근대상에 대한 한계를 지적함과 아울러 그에 대한 비판을 근거로 사회주의는 대안의 근대 모습을 제시하고자 했다. 그에 대한 이론 자원으로서 사회주의에 근거한 여성 해방 이론은 1923년 무렵부터 신문과 잡지 등을 통해 점차 소개되기 시작했다. 마르크스와 엥겔스, 베벨을 중심으로 하는 서구 이론의 영향을 받으면서 여성 문제는 이제 봉건주의나 식민지와 관련된 쟁점이라기보다는 우선 계급의 관점에 입각하여 이해되는 어떤 것으로 되었다. 사회주의가 급속히 확산될 수 있었던 것은 3·1운동 이후 전국에서 '여자청년회', '부인회' 등의 이름으로 활발하게 결성된 여성 단체가 이 시기에 들어와 침체 상태에 빠진 상황과도 관련이 있었다.[11] 사회주의 여성 운동은 자유주의 운동의 한계와 무력화의 틈을 타서 급속하게 확산되어 간 것이다.

여성 운동 단체에서도 예컨대 초기에 상호 부조를 위주로 조직된 조선여자고학생상조회는 1923년 후반부터 차츰 사회주의 색채를 띠기 시작했다. 1923년 7월부터 이들은 그룹을 나누어 각 지방을 순회하는 강연회를 전국 차원에서 조직하고 사회주의와 여성 해방 이론을 전파하면서 지방 여성 운동에 활력을 불어넣었다. 같은 시기인 1923년 7월 서울 동대문 바깥에서 일어난 고무공장 여성 노동자들의 파업은(김경일 2004a: 113~4) 미약하나마 식민지 조선에서도 "무산 계급 여성의 사회적 힘을 객관적으로 증명"하는 것으로 보였다. 비록 여성 사회 운동자들이 이 파업을 직접 지도하지는 않았다 하더라도, 정종명은 이 파업 투쟁을 지원하기 위한 연설회의 연사로 활동했다.

1924년 5월에 이들은 사회주의 이념을 기초로 하여 여성 해방을 목표로 한 최초의 여성 단체로서 조선여성동우회를 출범시켰다.[12] 조선여성동우회는 조선여자고학생상조회의 활동을 바탕으로 여학생 등 여성 인텔리층이 주도하고 지방의 일부 사회주의자들이 참여하여 조직한 것이었다. 조선여성동우회의 이념 지향은 "사회 진화 법칙에 의하여 신사회의 건설과 여성 해방 운동"을 꾀한다는 강령에서 잘 드러난다(김준엽·김창순 1972: 154). 같은 해 10월 1일 중앙청년회관에서 조선여성동우회가 주최한 '남녀 연합 대강연회'에서 정종명이 "우리 여성을 해방함에는 무엇보다도 먼저 현대 경제 조직을 개혁하려는 사회 운동자와 악수를 하여 가지고 무산 계급 해방 운동에 노력하여야 된다"는 취지의 연설을 한 사실에서 보듯이.[13] 남성이 주도하는 무산 계급 해방 운동과 보조를 함께하기로 한 것이다.

조선여성동우회가 조직된 이후 사회주의 계열의 여성 운동자들은 사회주의 내부의 분파와 성향에 따라 다양한 다른 여성 단체를 이어서 조직했다. 1925년 1월 21일에는 주세죽, 허정숙 등이 중심이 되어 경성여자청년동맹을 창립했다. 이 단체는 북풍·화요회 계열에 속하는 것으로 분류된다. 같은 계열에 속한 인천철공조합, 인천노총, 인천무산청년동맹 등 5개 단체가 축사를 한 사실[14]이 이를 보이고 있다.

이 시기 사회 운동권에서 여성 운동의 주도권을 다투는 다수의 여성 단체가 출현했다고는 하더라도 사회주의 여성 운동의 주도권은 조선공산당의 결성을 주도한 북풍·화요회 계열의 경성여자청년동맹에 있었다. "무산 계급 여자 청년의 투쟁적 교양과 조직적 훈련을 기"하고 그 단결력과 조직력으로 "여성의 해방을 기하고 당면의 이익을 위하여 투쟁"한다는 강령에서 보듯이(김준엽·김창순 1972: 157) 경성여자청년동맹은 노동 계급을 중심으로 한 한정된 계급주의의 교조에 따른 운동 방침을 고수했다. 활동 내용을 보더라도 공장방문대를 조직하거나 노동 부인 위안음악회를 개최하고, 무산아동학원 설립을 계획하거나 국제무산부인데이 기념식을 개최하는 등 계급의 색채를 분명히 했다.[15]

경성여자청년동맹으로 표상되는 사회주의 급진 여성 단체의 지향은 여성 운동 전반에서 사회주의 운동 내부의 미묘한, 그러나 때로는 주요한 의견 차이를 넘어서는 강력한 영향력을 행사했다. 마르크스-레닌주의를 비롯한 서구 이론에 근거하여 이들은 자유주의 계열에서 말해 오던 남녀평등이나 여성 해방, 여성의 경제 자립 개념을 새로이 해석하고 의미를 부여하고자 했다. 여성의 자각과 실력의 양성에 의거하여 이해되던 남녀평등은 이제 여성의 권리에 대한 주장과 남성의 억압에 대한 투쟁으로 바뀌었다. 또한 교육과 계몽을 통한 여성의 지위 향상으로 이해되던 여성 해방은 무산 계급의 단결과 지도에 의한 투쟁으로 해석되었다. 《여자계》(제4호)에 기고한 〈참자유의 길〉이라는 글에서 정칠성은 "경제적 불평등으로 말미암아 생긴 운동과 성적 차별로 말미암아 생긴 여성 해방 운동"은 서로 밀접한 관계에 있다고 지적하면서 이러한 점에서 "여성 운동은 무산 계급 해방과 함께" 가는 것이라고 주장했다. 따라서 "선명한 계급의식하에서 성적 차별 철폐 운동을 하는 것이 우리 여성의 사명"이라는 것이다(정칠성 1927: 17~8).

여성에 대한 성차별이 궁극에서 경제의 불평등으로 귀속된다는 점에서 이들 여성은 여성의 경제 독립의 필요를 특히 강조했다. 물론 경제 독립이라는 주제가 사회주의 여성의 전유물만은 아니었다. 자유주의 여성 역시 여성의 직업 활동과 경제 독립이 여성의 권리 회복과 남녀평등을 달성하기 위한 첩경이라고 주장했다(천화숙 1997: 135~7). 《동아일보》1924년 11월 3일자에 기고한 〈여자 해방은 경제적 독립이 근본〉이라는 글에서 허정숙(수가이秀嘉伊라는 필명으로 발표)은 여성이 경제상의 독립을 얻지 못한 까닭에 남자의 '노예'와 '완롱물'과 '기계'가 되어 버렸다고 진단했다.

경제 독립의 중요성은 다른 여성 사회주의자도 강조했다. 도쿄여자의학전문학교를 졸업하고 의사로서 활동한 이덕요는 어려운 여건에도 불구하고 자신이 기어코 학교를 마친 이유는 "여자도 경제적으로 꼭 독립하여야 하겠다는 각성" 때문이라고 말한다.[16] 우봉운 역시 여성 일반은 남자의 억압과 더불어 경제의 자유가 없다는 사실을 지적한다. 조선의 신여성에게 가장 시급한 것은 경제 독립이라는 점에서 그것을 위한 취업과 노동을 적극 추천한 것이다(우봉운 1935: 115∼6).

그런데 허정숙의 경우 비록 상류 가정과 중류 이하 가정, 직업 부인, 여성 노동자, 그리고 매음부 등의 사회 범주와 계급에 따른 논의를 시도했다고는 하더라도 여성 해방을 위해서는 "먼저 경제적으로 근본적 해방"을 제창했다는 점에서 자유주의자와 크게 다르지 않았다. 경제 독립이 지니는 의미를 강조하면서도 그것을 어렵게 하는 구조의 원인에 대한 인식이 이 시기의 그녀에게는 아직 없었다. 여성 해방을 위한 구체 방안들을 구조의 차원에서 제시하기보다 개인이 경제 독립을 획득해야 한다는 방식으로 접근한 것이다(서형실 1992a: 204). 이듬해인 1925년 4월 《신여성》에 발표한 〈문밖에서 20분〉이라는 글에서 그녀는 비로소 여성 해방을 위한 경제 독립이 궁극에서는 현 사회 조직을 개혁하는 운동을 통해서만 가능하다는 인식을 드러낸다. 여성의 지위가 "경제적으로 자본주의적인 남성에게 노예가 되었고 성적으로 남편에게 구속을 받고 있는 이중의 쇠사슬에 얽매여 있기 때문"이라는 것이다(서형실 1992a:

205; 강혜경 2007: 105).

여성 문제에 대한 이중의 구조에 대한 인식은 우봉운의 경우에도 찾아볼 수 있다. 이처럼 사회주의 여성들은 개인의 차원에서 여성 문제를 인식한 자유주의자와는 달리 구조의 차원에서 여성 문제를 보고자 했다. 〈여성 해방 운동의 목표〉, 〈현대 여성 생활과 사명〉, 〈의문의 사회상〉, 〈오인의 사명〉, 〈현대 우리의 생활과 사명〉, 〈현 경제 조직과 조선 여성의 지위〉, 〈여성이 본 사회상〉 등 1920년대 중반 정종명이 행한 일련의 강연 주제에서 보듯이(이애숙 1989: 267) 이들은 여성 문제를 사회 체제와 관련되는 구조의 문제로 파악하고자 한 것이다.

사회주의 여성에게서 나타난 이러한 인식의 변화는 신여성 개념을 이해하는 방식에도 반영되었다. 정칠성은 "부모의 재산 덕택에 신지식을 얻을 기회를 가"진 여성이 신여성이라고 신랄하게 비판한다. 책에서 배운 지식으로 이들은 남녀평등과 자유 해방을 말하지만, 그것은 "부르주아의 인형이 되고자 하는 자유요 허영의 나래를 펴고 연애의 꿈나라로 비상코자 하는 자유"이며, "애인의 인기를 끌려고 연단 위에서 눈치 주던 암어"로서의 평등이라고 그녀는 말한다. 이러한 점에서 만약 신여성이 여성에게 기여한 바가 있다면 그것은 "무산 여성 중에 경조輕佻한 소녀들로 하여금 허영의 구렁텅이溝壑로 유혹"하고 "기독교 정신으로써 무산 부인들의 계급의식을 좌절"시킨 점이라고 그녀는 야유한다.

'신여성'에 대한 이와 같은 비판을 바탕으로 그녀는 나름의 방식으로 신여성을 새롭게 정의하고자 했다. "부르주아의 완구玩具되기를 절망絶望하는 의식 없는 불구자", "부르주아 도덕을 옹호하는 신여성"은 진정한 신여성이 결코 될 수 없다고 그녀는 말한다. "봉건사상에 빠져 있는 '기원전紀元前 여성'"을 여성 해방에서 가장 반동의 범주로 그녀는 지목한다. 진정한 신여성이란 "구제도에 집착되어 남성 대 여성, 유산 대 무산의 착취에 굴종하는 구여성"과는 정반대되는 것이었다. 그것은 "이모든 불합리한 환경을 부인하는 강렬한 계급의식을 가진 무산 여성으로서 새로운 환경을 창조코자 하는 열정 있는 새 여성"인 것이다(정칠성 1926; 박혜란 1993: 25의 주61).

이러한 시각에서 이들은 자유주의 계열이 주도하는 "민족주의 여권사상"을 "부르주아 자유평등 사상에 기초한 여권론"으로 비판할 수 있는 입론을 마련했다.[17] 봉건 유제가 여전히 생활 전반에서 강하게 영향력을 행사하고 있는 식민지의 현실에서 여성 사회주의자들은 자유주의 여권 운동이 봉건 도덕관념과 인습에 사로잡힌 여성 대중에게 미치는 반동의 영향력에 주목하면서 그것을 대체하는 비전을 대중에게 제시하고자 했다. 그 일환으로 이들은 '가정개량론', '현모양처주의', '여성 교육론', '참정권' 등과 같이 이른바 체제 개량의 여성 운동은 무의미할 뿐만 아니라 부르주아 계급이 "자본주의 사회에서 여성을 압복하는 수단으로 이용"되는 것임을 강조했다(이춘수 1926).

이러한 비판의 연장에서 정칠성은 1930년대 자유주의 계열이 주도한 이른바 생활합리화 운동을 신랄하게 비판한다. 자유주의 여성들이 참석한 '부인문제좌담회'에서 제시된 "합리적 생활 방책"이란 "무지와 빈곤에서 쓰라림을 받는 이들"에게는 현실성이 없다는 점에서 그녀는 "이 엄청난 허위의 모임에 대하여 붓을 잡는 것은 나 스스로 실없는 감이 없지 않다"고 심경을 토로한다. 그녀가 보기에 글자 그대로의 합리 생활이란 "모든 인간이 굶지 않고 같이 먹을 것과 얼어 죽지 않게 석새 배라도 입을 것이 있을 것과 거리에서 헤매지 않게 토막이라도 잠잘 곳이 있을 것, 같은 인간으로서 남에게 눌임을(억압을-필자) 받지 않고 자유스러울 것, 가갸라도 알아서 무식을 면할 것 등"으로서, 이를 기조로 하지 않는 합리화는 명백한 불합리에 지나지 않는다고 그녀는 단정한다.[18]

여성 사회주의자의 이러한 계급주의는 근우회의 조직 운영에도 반영되었다. 비록 서울에서는 기도층에 대한 검거의 혜의 도피 등으로 생긴 공백이 자유주의자에 의해 채워졌지만, 평양과 같은 일부 지회를 제외하고는 전국 각지의 지방 지회에서 여성 사회주의자는 1931년도에 들어와 사실상 해소 상태로 들어가기까지 계급주의 입장에서 여성 운동을 이끌어 가고자 했다. 이러한 맥락에서 일제의 탄압으로 열릴 수는 없었지만 1928년 5월의 근우회 전국대회 토의안 〈조직 문제에 관한 결의〉에서 조직 사업에서 가장 중점을 두어야 하는 것이 노동 부인 대중이어야 한다고 제시했다. "노동 부인 농민 부인의 조직이 가장 필요한 문제"이며, "이 광범한 층이 움직이지 않는다면 조선 여성 운동은 유력하게 전개할 수 없고 또 투쟁적 능률을 발휘할 수도 없"다는 것이다. 이에 따라 이들은 16개 항목에 이르는 노동 부인 동원 슬로건을 발표했다.[19] 이러한 주장은 조직에도 반영되었다. 1929년 근우회는 부서에 노농부를 설치했으며,[20] 1930년 1월 5, 6일의 양일에 걸쳐 열린 근우회 중앙집행위원회는 '노농 부인 조직의 건'을 논의했다.[21] 이에 앞서 제3차 조선공산당의 근우회 야체이카원(세포 조직원)인 강정희姜貞熙가 여성 운동의 주체로서 '무산 부인'의 조직화를 강조한 것도 같은 맥락에 있다.[22] 이들이 표방한 노동 부인에 대한 활동은 곧이어 비합법 영역에서의 노동자, 농민 운동으로 옮아가면서 이 시기 혁명의 노동, 농민 운동과 운명을 함께했다.

전통과 한국의 특수성

그렇다면 사회주의 여성은 계급주의에만 사로잡혀서 봉건 제도와 관습의 문제에 관심을 가지지 않았는가? 그렇지는 않았다. 일제 강점기 민족의 독립과 발전에서 가장 중요한 문제 중의 하나는 전통 인습과 봉건 관습을 극복하는 문제였다. 그리고 이는 마치 도시보다도 농촌이 그러했듯이 남성보다는 여성의 경우에 더 절박한 문제로 인식되었다. 지식인 남성은 말할 것도 없고 여성 문제와 여성 운동을 위한 주체의 역량을 강조한 여성 당사자에게 이 문제는 식민지 시기 내내 주된 의제가 되었다.

사회주의 조류가 본격으로 영향을 미치기 이전인 적어도 1923년 무렵 이전에 봉건 제도와 관습의 문제는 거의 온전하게 자유주의(민족주의) 운동의 주요 관심 대상이었다. 1919년 3·1운동 이후 조선의 개조와 신문화 건설을 위한 민족주의 운동의 흐름에서 여성 문제는 '개조'를 위한 봉건 대상으로 설정될 수 있는 어떤 것이었다. 사회의 개조를 위해서는 가정을 개조해야 하고 가정을 개조하기 위해서는 가정의 주인인 여성을 먼저 개조해야 한다고 생각했기 때문이다. 이러한 논리에서 여성을 개조하기 위해서는 여성의 해방이 필요한 것으로 인식되었다.[23]

나아가서 여성의 해방은 남녀평등에 대한 주장으로 이어졌다. 남녀평등은 문화 운동이라는 이름으로 전개된 민족주의 계열의 실력 양성 운동의 논의에서 문화주의, 민중주의, 노동본위주의 등과 함께 중요한 쟁점이었다. 남녀평등주의에 입각해서 여성의 의식을 각성하는 것 역시 '사회 개조'의 일환으로 인식한 것이다(전상숙 1987: 37; 박찬승 1992: 197~9). 이에 따라 그신여자기독교청년회연합회의 사례에서 보듯이 전통의 봉건사회 모순을 타파하기 위한 조혼 금지와 문맹 퇴치 운동 등이 전개되었다(천화숙 1997: 125~34). 운동의 주안점은 여성 교육에 있었다. 초기 여성 운동에서의 남녀평등은 위생과 육아 등에 대한 교육에 역점을 두고 가정의 합리 경영에 필요한 과학 지식의 보급과 여성의 자각에 기초한 봉건 인습 타파를 목표로 했으며, 그것이 여성 해방이라는 말이 의미하는 바였다(송연옥 1984: 346~7).

여성 사회주의자들은 서구의 여성과는 전혀 다른 상황에 놓인 식민지 여성의 현실에 주목했다. 이러한 인식은 최초의 사회주의 여성 단체로 일컬어지는 여성동우회의 창립 선언에 잘 나타나 있다. 이 선언은 계급의식에 못지않게 여성이 남성으로부터 받는 성과 경제의 압박을 강조한다. "횡포한 남성들이 여성에게 주는 보수는 교육을 거절하고 모성을 파괴할 뿐" 아니라 나아가서 여성은 "동양적 도덕의 질곡"에서 고통받는 "비인간적 생활에서 분기하여 결속"해야 한다는 것이다.[24] 여성동

신여성,
개념과 역사

우회의 활동 내용을 보더라도 노동 부인이나 무산 여성에만 관심을 기울인 것은 아니었다. 1926년 3월에 열린 정기총회의 결의사항에서 보듯이 가정 부인이나 지방 여성, 농촌 여성과 같이 봉건 인습의 영향이 특히 강하게 남아 있는 범주의 여성에 주목했으며, 그 전해인 1925년 말에는 노동, 농민, 기타 직업 여성과는 별개로 학생과 가정주부에 대한 통계표 작성을 계획하기도 했다.[25]

사실을 말하면 이 문제는 여성동우회–경성여자청년동맹으로 이어지는 주류 운동에 대항하는 다른 조직에서 오히려 강조되는 경향이 있었다. 경성여자청년동맹이 조직된 한 달 후인 1925년 2월 21일에 서울청년회 계열에서는 박원희朴元熙와 김수준金繡俊이 주도하여 경성여자청년회를 조직했다.[26] 이에 앞서 경성여성청년동맹이 결성되기 불과 며칠 전인 같은 해 1월 17일에는 여성해방동맹도 발기식을 거행했다.[27] 김현제金賢濟, 이정숙李貞淑 등이 중심이 된 이 조직의 성격에 대해서는 연구자 사이에 의견이 엇갈리고 있다. 예를 들면 김준엽·김창순은 조선여성동우회의 내부에 서울청년회와 신사상연구회계의 대립이 첨예화됨에 따라 중도파인 김현제 등이 조직한 것으로 이해한다(김준엽·김창순 1972: 155~6). 따라서 김현제가 친서울청년회 계열이라는 사실을 지적하면서도 두 파의 파쟁에서 벗어난 중립 조직으로 보고 있다. 이와는 달리 박용옥은 여성해방동맹의 결성 준비 작업을 "서울청년회파의 북풍회파에 대한 공격"으로 이해한다.[28] 이와 비슷하게 박혜란 역시 여성해방동맹은 "광범위한 여성 대중의 견인"을 목표로 서울파에서 조직한 것으로 파악한다(박혜란 1993: 37~8). 백순원도 여성해방동맹이 "화요·

북풍회계에 맞서는 서울청년회계의 여성 대중 단체로서 조직"된 것으로 본다(백순원 2003: 41~2).

이러한 사실을 고려해 볼 때 여성해방동맹은 서울청년회 계열의 여성 대중 단체로 조직된 것으로 보인다. 조직의 경위를 추론해 보면 북풍·화요회 계열이 여성동우회 조직의 주도권을 가지고 있는 상황에 맞서 서울계는 대중 여성을 대상으로 '여성해방동맹'을 조직하고자 했다. 그러자 이에 대하여 주류 계열에서 일종의 전위 조직의 성격을 갖는 여자 청년 단체[29]로서 경성여자청년동맹을 조직하고 나오자, 서울계에서는 대중 단체의 조직을 곧 중단하고 같은 전위 단체로서 경성여기청년회를 조직한 것으로 보인다.[30] 발기식을 마친 여성해방동맹이 더 이상의 진전을 보지 못하고 유야무야되고 말았던 것은[31] 여성 운동에서 서울청년회의 조직 열세를 반영한 것일 수도 있고, 혹은 서울파 내부에서 박원희와 김현제 등의 여성 운동에 대한 의견 차이를 반영한 것인지도 모르겠다.

어쨌든 이들 대항 계열의 여성 단체들은 무산 계급 위주의 공식 입장이 강했던 반대 계열의 경성여자청년동맹과 차별화한 접근을 하고자 했다. 여성해방동맹 창립 당시의 설립 취지는 "종래의 우리 조선 여성 단체는 일반으로 보아 신여성을 중심으로 하여 편벽한 폐해가 적지 않음으로 구식 가정 여자의 자각과 교양에 힘쓰자"는 것이었으며, 이에 따라 주요 사업으로 "구식 여자의 교육 기관을 설립"한다는 계획을 제안했다.[32] 근대 교육을 받은 신여성 중심이 아니라 전통 인습에 여전히 젖어 있는 '구식 가정 여자'를 대상으로 한 운동을 강조한 것이다.

북풍·화요회 계열이 주도하는 경성여자청년동맹과 차별화하고자 한 서울파의 입장은 경성여자청년회의 강령에도 반영되었다. 즉 "무산 계급 여자 청년의 투쟁적 교양과 조직적 훈련"을 강조한 경성여자청년동맹과는 달리, 경성여자청년회는 "부인의 독립 자유를 확보하고 모성 보호와 남녀평등권인 사회 제도의 실현을 기"할 것을 강령으로 제시했다.[33] 여성의 독립 자유, 모성 보호, 남녀평등 등의 요구는 무산 계급을 중심으로 한 투쟁과는 구분되는 이른바 '최소 강령'으로서의 성격을 지닌다고 말할 수 있다.[34] 활동 내용을 보더라도 노동 여성과 공장 부인을 중시한 경성여자청년동맹과 달리 경성여자청년회는 여성의 직업이나 연애, 자유결혼과 같이 여성 일반에 해당되는 공통의 쟁점들에 관심을 보였다.[35]

그러나 여성 문제에 대한 경성여자청년회의 제안이 실행되는 데는 일정한 한계가 있었다. 우선 북풍·화요회 계열의 주류 여성 사회주의자들과 비교할 때 사회주의 여성 운동의 주도권과 조직력, 그리고 그 영향력 면에서 서울청년회 계열의 여성 운동자들이 갖는 한계가 있었다. 이와 아울러 여성 문제에 대한 경성여자청년회의 접근은 자유주의 여성 운동에서 공유할 수 있는 최소한의 요구들을 내세운 것이었음에도 당시 조성된 정세에서 명확한 원칙과 전망의 부재 등을 반영하여 자유주의 여성 운동과의 제휴가 원활하게 이루어질 수 없었다. 나아가서 봉건 인습과 제도의 틀에서 벗어나지 못한 조선의 일반 여성 대중, 특히 가정주부들을 바깥의 단체 조직으로 끌어들일 수 있는 현실의 방침 제시라는 점에서도 한계가 있었다(박혜란 1993: 37~8). 이러한 이유들로 비록 실현될 수는 없었다 하더라도 주류 사회주의와는 구분되는 서울청년회 계열의 여성 운동에 대한 상이한 접근과 제안은 단순한 사회주의자 사이의 주도권 다툼이나 파벌 현상으로 치부해 버릴 수 없는 의미 있는 차이로 평가할 수 있을 것이다.

이와 같이 주류 사회주의 여성 운동이 계급주의의 편향으로 흘렀다고는 하더라도, 근대 문물의 세례를 받은 도시 거주 극소수의 여성을 제외하고는 여성 인구의 대다수가 여전히 봉건 인습에 사로잡혀 있었던 현실에서 여성 사회주의자는 점차로 이 문제의 심각성을 깨닫게 되었다. 1920년대 후반 유영준은 "아직도 방 속에 갇혀 앉아서 옛 꿈만 꾸고 있는 부인이 10분지 9 이상"을 차지하면서 막강한 영향력을 행사하는 현실에 주목할 것을 촉구했다. "조선의 사정이 특수한 까닭"에 자신 역시 "다른 신진 여자들과 같이 급진으로 나아가고 싶은 생각은 있지만" 구여성들에게 "조금이라도 각성을 주는" 역할을 하는 것이 중요하다고 그녀는 지적한다.

그들이 각성을 하지 않는다 하면 현재에 나선 신진 여자들이 아무리 떠든다 한들 이른바 외손뼉이 못 운다고獨掌難鳴 우리 여성 운동이나 다른 어떤 운동이라도 큰 효과를 얻지 못할 것이다. 신진 여자들은 자기만 아는 척하고 구식 가정의 부인들은 전혀 아무 것도 모르는 줄로 생각하고 멀리하려고 하나 결코 그런 것은 아니다. 그들이 학교에는 못 다녔을지언정 가정에서 교육을 받은 것이라든지 실제로 경험한 일은 도리어 학교 교육을 받은 이보다도 나은 이가 없지 안이하다. 내 생각에는 그이들을 각성시켜서 서로 손을 잡지 않으면 우리 조선의 여성 운동이 매우 어려울 줄로 안다(유영준 1928: 27).

돌이켜 보면 사회주의 여성이 당면한 식민지 여성 현실은 암담한 것이었다. 잔존하는 봉건 인습이 사회 전반을 지배하는 가운데 여성들은 스스로를 조직화하기 위한 자원을 확보하는 데에도 애를 먹었다. 예를 들면 조선여성동우회의 창립총회는 주관자를 제외하고는 일반 여성이 거의 참석하지 않았으며, 이들 여성보다 오히려 더 많은 수의 남성이 참가한 가운데 진행되었다.[36] 이러한 사정은 근우회의 경우에 조금 나아졌다고 하더라도 기본에서는 변하지 않았다. 1927년의 근우회 창립 총회는 물론이고 1929년의 제2회 전국대회에서도 여성보다도 방청객으로 참석한 남자의 수가 더 많았다.[37] 1928년 3월 24일에 예정되었던 근우회 경성지회 창립대회는 개회 예정 시간에서 20~30분이 지나도록 300명 회원 중 겨우 50여 명밖에 출석하지 않아 결국 유회되는 곡절을 겪었다.[38]

대중 기반의 취약성은 이들 여성 단체의 회원 분포를 통해서도 살펴볼 수 있다. 여성동우회의 경우 1925년 12월 당시 전체 회원 73인의 대부분은 학생층이었으며, 그 밖에 교원, 간호부, 기자, 가정주부 등을 포함했다.[39] 다음의 〈표 6〉에서 보듯이 근우회 회원의 직업 분포는 가정부인이 58.8퍼센트로서 가장 많은 비중을 차지했으며, 다음이 직업 부인으로 16퍼센트 정도였다. 노동 부인은 6.1퍼센트, 농민은 불과 1.6퍼센트에 지나지 않아 노동자·농민을 합해도 8퍼센트에 미치지 못하는 미약한 비중을 보였다.[40]

〈표 6〉 근우회 25개 지회 회원의 직업 분포

지회	가정 부인	노동 부인	농민	학생	직업 부인	무직	계
부산	72	9		6	20	24	131(127)
하동	30		10	5	11		56
담양	33						38
김천	61	5			1	5	67
영천	67				3		70
김해	69				2	28	99
동래	85				31		116
하양	7				1	8	16
함흥	27				3	8	38
대구	60		9	7	10	9	95
청신	29			7		5	41
군산	15	50				5	70
강릉	15			4	6	2	27
신고산	24			1	10		35(40)
진남포	40			3	7		50
춘천	26			2	3		31
원산	25			4	15		44
웅기	65			3	3		71
나남	5	18	15		3	17	58(50)
용정	62			72	12		146(110)
평양	290	30		12	100		432(452)
신의주	24	3			7	6	40
단천	12			1	3	10	26
도쿄	32	15		55		12	114(105)
경성	81	1		19	81	42	224
계	1,256	131	34	194	339	181	2,135(2103)
	(58.8%)	(6.1%)	(1.6%)	(9.1%)	(15.9%)	(8.5%)	(100.0%)

* 군위(45), 영흥(30), 명천(42), 밀양(80), 진주(70), 전주(36), 성진(83), 마산(51), 경도(45), 목포(140), 홍원(63), 영주(20)의 12개 지회는 회원 수(괄호의 수치)만 있음.
** 의주, 해주, 기장의 3개 지회는 지회명만 있고 회원 수와 직업은 누락되어 있음.
*** 칸의 합계에서 괄호 안의 수치는 원표의 수치로 계산이 잘못되어 바로잡았음.
**** 줄의 합계에서 괄호 안의 수치는 직업별 비율임.
출처: 조사부(1929: 82~92)에서 작성.

신여성,
개념과 역사

근우회 1927년 YMCA 강당에서 가진 근우회 창립총회 모습. 여성 계몽에 관심을 가졌던 민족주의 계열과 여성 해방을 목표로 삼았던 사회주의 계열의 여성 단체들이 결성한 근우회는 1920년대 여성 운동의 최고기관이었다.

이와 같이 가정 부인과 직업 부인이 회원의 대다수를 차지했다 하더라도 이들 대부분은 도시에 거주하는 지식인 여성이었다. 근우회 지회의 조직 분포도를 분석한 박용옥은 지회 설립지의 대부분이 지방의 중요 도시로서 거의 모두가 철도의 통과지 또는 근접 연변이었다는 사실을 밝힌 바 있다. 이는 근우회 운동이 극히 도시 중심의 운동이었음을 말하는 것이며, 아울러 소부르주아 운동이라는 비난을 감수해야 했다 (박용옥 1987: 242~3).

회의 운영 실태에서도 여성의 교양을 위한 강좌나 연설의 주요 부분은 사회주의 남성에 의존해야 했으며[41] 지식인 여성은 여성에 관련된 몇몇의 주제를 맡는 데 그치는 경우가 많았다. 여성 사회주의자 사이에서 조선 여성이 처한 고유의 특수성에 대한 인식이 자리 잡기 시작한 것은 이러한 현실을 반영한다. 이들은 식민지 상황과 여성이라는 조건에서 기인하는 억압 요소 이외에 미처 청산하지 못한 봉건 유제가 가져오는 사회와 문화, 도덕의 압박으로 인한 고통이 중층으로 존재하는 식민지 현실에 주목했다. 자유주의 계열의 여성이 봉건 인습의 타파에 운동의 모든 역량을 기울인 현실에서 그것을 비판하는 시각에서 바라보던 사회주의 여성이 점차 그 중요성을 강조하는 쪽으로 옮겨 가기 시작한 것이다.

그러나 비록 동일한 표현을 사용했지만 두 계열의 이해 방식에는 차이가 있었다. 자유주의 계열의 여성이 봉건 인습만을 문제 삼고 근대의 변형태에는 거의 관심을 기울이지 않은 것과 달리 사회주의 여성은 전통 인습과 '근대' 모순이 밀접하게 결합되어 있는 현실에 주목하고자 했다. 전자가 보기에 봉건 인습은 근대의 도입을 통해서 적절히 극복될 수 있는 어떤 것이었다. 반면 후자는 근대 자체가 이미 봉건 전통에 의해 짙게 오염되었으며 따라서 그것은 근대 자체를 부정하는 새로운 질서와 체제를 통해서만 타파될 수 있는 어떤 것이었다. 근대의 현모양처주의에 대한 다음의 언급은 이러한 인식을 잘 드러낸다.

자! 보십시오! 오늘날 우리 사회에서 여성의 처지와 지위가 어떠한가를! 여자는 재산을 상속할 권리가 없고 남편이나 아들이 있는 여자는 재산을 소유할 수가 없습니다. 직업을 구하기가 어렵기도 하고 같은 시간의 노동을 하고도 같은 품삯을 받지 못하거니와 특히 한번 아이를 배면 대개는 일자리를 떼이게 됩니다. 교육을 받을 기회도 남자보다 극히 적거니와 설령 기회를 얻는다 하더라도 소위 현모양처주의라 하여 남자에게 매여 살게 하는 교육밖에

신여성,
개념과 역사

시켜 주지 않습니다. 남자는 첩을 두셋씩 두고 기생집 색주가집을 다녀도 상관이 없지만 여자는 남편이 죽은 뒤에라도 개가를 해서는 말썽이 됩니다. 특히 그의 가정 생활이 어떠합니까? 빨래를 하고 음식을 만들고 아이를 기르고 집일을 보살핌으로 아침부터 저녁까지 징역 생활을 하지 않습니까? 우리는 결코 아내가 되고 어머니가 되는 것을 싫어하거나 정조를 지키지 않으려는 것이 아닙니다. 그러나 원리상으로 보아서 여자가 정조를 지켜야 한다면 남자도 정조를 지켜야 할 것이고 (이하 52자 검열에 의해 삭제) 남자가 남편이 되고 아버지가 되기 전에 우선 '사람'이 되고 사회의 한 분자가 되어야 할 필요가 있다면 여자가 아내가 되고 어머니가 되기 전에 우선 그러하여야 할 것이 아닌가요?(이현경 1972(1927b: 131)

아내나 어머니라는 사회 역할의 구속과 규정으로부터 벗어나서 사회의 구성원으로서, 사람으로서 인정받기를 주장했다는 점에서 비록 그것이 계급의 목표나 대의로 수렴되었다고는 하더라도 급진주의 입장의 여성과 비슷하게 이들은 이상주의의 지향을 보였다고도 할 수 있다.

전통을 둘러싼 인식에서도 사회주의 여성은 자유주의 계열의 여성과 의견을 달리했다. 근대에 대한 맹목의 믿음을 가진 자유주의 여성에게 전통은 그 자체로서 배격되고 타파되어야 하는 것이었다. 이와는 달리 사회주의 여성에게 인습의 타파는 계급과 민중이라는 대의를 위한 수단에 지나지 않았던 만큼 전통 자체에 대하여 보다 유연한 전략의 접근을 할 수 있었다. 1920년대 중후반에 벌어졌던 단발을 둘러싼 논쟁에서 보듯이(김경일 2004b: 182~97), 사회주의 여성은 민중에 가까이 다가가는 운동을 위해서 자신들이 주장하던 단발을 버리고 기꺼이 다시 전통의 머리 모양으로 되돌아갔다.

마지막으로 자유주의 여성이 봉건 도덕관념을 미시와 고립의 방식에서 이해하고자 한 것과는 달리, 사회주의 여성은 역사·사회 발전이라는 보다 폭넓은 거시 과정 안에서 그것을 파악했다. 허정숙이 자본주의의 미발달이라는 사회경제의 측면과 봉건 도덕관념이라는 이념의 측면에서 식민지의 특수한 현실을 규정한 것은 이러한 맥락에서 이해된다. 즉 "여성 운동이 따로 일어나게 되는 원인은 조선은 자본주의가 완전히 발달하지 못한 것도 한 가지 이유이며 따라서 조선의 여성이라는 것은 재래의 인습과 도덕이라는 그물에 억매여 온갖 압박 구속을 받아왔"기 때문에 "조선의 여성은 반드시 남성보다 특수한 운동을" 할 수밖에 없다는 것이다(허정숙 1926). 허정숙 개인으로 보더라도 오랜 기간 남편과 떨어져 있으면서 자신은 돌보지 않고 가족을 위해 헌신하며 딸 하나만을 낳아 가문의 대가 끊어질지도 모른다는 고민을 안고 사는 어머니의 모습에서 봉건 가족 구조의 폐단을 실감했다(서형실 1992a: 201; 허근욱 1994: 217).

허정숙은 "여성 운동의 마지막은 사회 운동과 같이 노예의 지위에서 어떠한 방면으로든지 착취와 압박을 당하는 무산 계급의 해방 운동과 일치"된다는 계급주의의 입장을 고수하면서도, 여성으로서는 계급의식의 각성 그것보다는 "개성으로서의 참된 반성이 있은 후 반역이 있어야" 한다고 주장했다. 즉 여성 운동은 여성의 개성을 찾는 운동이어야 하며, 이를 위해서는 먼저 "사상의 개혁과 성적 반성"이 필요하다는

신여성,
개념과 역사

사실을 강조했다. 나아가서 그녀는 여성 운동의 '선구'로는 "아직까지 조선에 있어서는 가정 부인, 신여성, 여학생을 중요시"해야 한다고 보았다. 즉 여성 운동의 주도층으로 노동 부인이나 무산 여성보다는 가정 부인이나 신여성 등을 지목한 것이다.

전술한 바와 같이 1928년 《동아일보》에 기고한 글에서 그녀는 자신의 이러한 주장을 더욱 발전시켰다. 그에 다르면 '개성과 각성이나 작업상 대우' 등에서 남성과 별다른 차이를 보이지 않는 구미 각국의 여성과는 달리, 조선 여성은 '고루한 관습과 제도의 희생'으로 아무런 교육도 받지 못했으며, 사회와는 단절된 생활을 했다. 또한 그녀는 "경제의 독립을 한 여성이 극소수가 되고 대부분이 경제상으로 무산 계급에 속한 여성"인 현실에서 자산가와 노동 계급의 여성을 구분하는 것은 별다른 의미가 없다고 보았다. "농촌 부인도 소작농이 다수인 동시에 무산 계급에 처하게 된 도회지의 유산 계급 및 중류 계급의 여성이나 노동 부인이나 농촌 부인이나 직업 부인 등이 다 같이 경제적으로 성적으로 2중 3중의 노예 관계에 있다"는 점에서 "대체로 보아 조선 여성은 경제적으로 무산 계급에 속하였고 개성으로 보아 노예의 지위에 처하여 있다"는 것이다(허정숙 1928b).

나아가서 조선 여성이 여성 전체로 당면한 이러한 사정은 여성 운동 단체의 조직에도 반영되어야 한다고 그녀는 주장했다. 서구와는 다른 조선에 고유한 특수성의 원칙이 여성 운동 단체를 조직하는 데 적용되어야 한다는 것이다. "노농 러시아나 …… 일본 등지의 여성 운동은 따로이 여성만을 위주"하는 여성 단체가 존재하지 않고,[42] "언제나 남성과 동일한 보조로" "노농 단체라든지 청년 단체 기타 어떠한 단체이든지 남녀성의 구별이 없이 동일한 지위와 전략을 가지고 진행"되지만 조선 여성은 예외로 남성에 대해 독자의 분리 조직이 필요하다는 것이다(허정숙 1926).

1920년대 중반 이후 여성 운동에서 정립된 이른바 성별에 따른 분리 조직론은 이러한 주장을 반영한 것이었다. 식민지 여성의 특수성을 배경으로 대중 단체로서 각 지역에서 조직된 청년 여성 단체에 대한 조직 방침은 철저한 성별 분리 원칙에 입각하여 진행되었다. 엄연히 내외의 구별이 여전히 존재하고 여성에 대한 편견과 아울러 여성의 사회 활동에 대한 인식이 부족한 식민지 현실에서 여성이 남성과 동일한 단체에 가입하여 활동하는 것은 매우 드물고 또 어려운 일로 여겨졌기 때문이다(박혜란 1993: 54). 1927년 5월 민족협동전선의 일환으로 창립된 근우회 역시 이러한 논쟁의 연속선에서 조직되었다. 이러한 점에서 허정숙은 근우회 조직의 성격을 "조선 사회의 객관 조건이나 여성의 주체 조건에서 여성 운동이 성별 조직의 단계를 밟"아 온 것으로 요약했다. "현하 조선 여성 운동의 사회 조건"을 고려해 볼 때, 여성의 성별 조직 즉 성차별 문제 등을 위하여 투쟁하는 조직체를 통하지 않으면 결국 여성의 사회의식의 각성과 그에 합당한 조직은 불가능하기 때문이라는 것이다(허정숙 1929b: 12).

그러나 여성을 별개의 조직으로 유지하고자 하는 이러한 입장이 사회 운동의 주류는 아니었다. 한 사회 운동자는《동아일보》에 기고한 글을 통하여 "각 방면에서 여성에는 특수가 있다 하여 조직을 남자와 분리하는 경향"을 지적하면서, "조선 여성의 특수의 전부를 조직한 근우회가 성립된 이상 기타의 모든 여성 운동 특수의 조직은 다 일반 운동 단체에 통일 조직되어야 할 것"을 촉구했다. 나아가서 그는 가까운 장래에 "근우회 자체도 전 민족 운동의 일부분으로서 근본적으로 조직을 변경하지 아니하면 아니 될 때가 반드시 있을 것"이라고 지적했다(鵑園生 1928). 이 주장은 1928년 근우회 전국대회 토의안 중에서 〈민족 운동에 대한 결의〉라는 제안으로 구체화되었다. 이에 따르면 "외국 여성과도 다른 특이한 처지에 있"는 조선 여성은 그 특수성, 즉 "일반 후진성에 의하여 여성으로서의 특이한 조직체"를 갖는다. 그러나 "동일한 목표하에 단순히 약간의 사회 조건의 상이 때문에 분할 조직"되었다는 점에서 근우회는 '조선 여성의 최고기관'으로서 신간회에 단체로 가입하여 신간회 내에 여자부 설치를 주장해야 한다는 것이다.[43] 이러한 인식은 적어도 근우회 결성 당시의 시점에서 여성 사회주의자의 지향에는 반영되어 있지 않았다.

이 시기의 여성 사회주의자는 남성 사회주의자로 하여금 신간회에 대거 참여하게 한 이른바 방향 전환론을 여성 문제의 시각에서 해석하고자 했다. 이들 여성에게 방향 전환이란 "경제적 자유를 위한 무산 계급 운동"으로부터 "봉건적 구속에서 해방하려는 여자의 일반 자유의 획득"을 위한 투쟁으로 전환하는 것을 의미했다. "봉건 구속에 대한 싸움은 계급 해방 운동을 위한 일보 전진이요 계급 운동은 여자의 완전한 해방을 위한 최후 해결의 길"이라는 표현은 이러한 생각을 잘 드러내는 것이었다.[44] 다음은 〈근우회 선언〉의 일부이다.

조선에 있어서는 여성의 지위가 일층 저열하다. 미처 청산되지 못한 구시대의 유물이 오히려 유력하게 남아 있는 그 위에, 현대의 고통이 겹겹이 가하여졌다. 그런데 조선 여성을 불리하게 하는 각종의 불합리는 그 본질에 있어 조선 사회 전체를 괴롭게 하는 그것과 연결된 것이며, 일보를 진進하여는 전 세계의 불합리와 의존·합류된 것이니 모든 문제의 해결은 이에 서로 관련되어 따로 성취할 수 없게 되었다. …… 그러나 일반만을 고조하여 특수를 망각하여서는 아니 된다. 고로 우리는 조선 여성 운동을 전개함에 있어서 조선 여성의 모든 특수점을 고려하여 여성 따로의 전체 기관을 가지게 되었나니 어시如斯한 그리스도시민 능히 현재의 조선 여성을 유닉하세 시노알 수 있는 것을 간파하였기 때문이다. …… 조선 여성에 얽혀져 있는 각종의 불합리는 그것은 일반으로 요약하면 봉건 유물과 현대의 모순이니 이 양 시대의 불합리에 대하여 투쟁함에 있어 조선 여성의 사이에는 큰 불일치가 있을 리가 없다(김준엽·김창순 1973: 74~5).

선언에서 보듯이 근우회에 참가한 사회주의 여성은 식민지에서 여성이 당면한 문제가 봉건과 근대의 성격이 복합된 중층의 성격을 가진다는 점을 인식했다. 특히 '구시대의 유물'로 상징되는 바로서의 광범위하게 잔존해 있던 봉건 관습과 유제의 영향이 강하게 남아 있다는 점이 조선 여성 운동이 당면한 특수성이라고 보았다. 여성의 특수성에 대한 강조는 1927년 5월 창립과 더불어 발표된 근우회의 행동 강령을 통해서도 살펴볼 수 있다.

1. 여성에 대한 사회, 법률의 일체 차별 철폐

2. 일체 봉건 인습과 미신 타파

3. 조혼 폐지 및 결혼의 자유

4. 인신매매 및 공창의 폐지

5. 농촌 부인의 경제 이익 옹호

6. 부인 노동의 임금차별 철폐 및 산전 산후 임금 지불

7. 부인 및 소년공의 위험 노동 및 야업 금지[45]

전체 7개 항목에 이르는 행동 강령에서 1항부터 4항에 이르는 사항은 여성 일반에 대한 것이고, 5~7항의 3개 항목이 노동자·농민에 관련된 것이다. 계급보다는 여성 일반에 대한 행동 강령이 절반이 넘는 비율을 차지하고 있다. 또한 제1항에서 4항에 이르는 4개 항목에서 2항

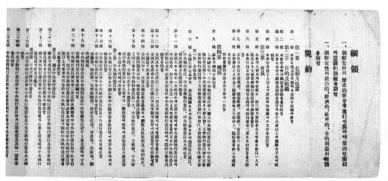

근우회 행동 강령 1927년 5월 창립과 함께 발표된 근우회 행동 강령. 당시 조선 여성들이 당면한 사회 문제가 무엇인지 잘 보여 준다.

의 봉건 인습과 미신 타파, 3항의 조혼 폐지 및 결혼의 자유가 특히 조선 여성의 특수성과 관련된 항목으로 주목된다.

2년 후인 1929년 7월 근우회는 제2회 전국대회에서 이전 강령을 수정해 새로운 행동 강령을 발표했다. 아래의 내용에서 보듯이 1927년 창립 당시의 강령과 비교해 보면 제1항과 9항, 그리고 10항이 새로이 추가된 것을 알 수 있는데, 앞의 두 항목이 여성 일반에 관련된 사항이라면 10항은 노동과 관련된 쟁점을 포함하고 있다. 나머지 조항에서도 약간의 변경이 있는데, 예를 들면 제2항의 정치의 차별, 제4항의 이혼의 자유는 새로이 추가된 것이다. 제7항의 산전 산후 임금 지불에 산전과 산후 각각 4주와 6주의 휴양이 첨가된 것도 달라진 점이다. 전반에서 보면 계급의 쟁점보다는 전통과 정치 요인에 의한 성의 억압 문제를 중요시하고 있는 것을 알 수 있다.

1. 교육의 성차별 철폐 및 여자의 보통교육 확장

2. 여성에 대한 사회, 법률, 정치의 일체 차별 철폐

3. 일체 봉건 인습과 미신 타파

4. 조혼 폐지 및 결혼·이혼의 자유

5. 인신매매 및 공창의 폐지

6. 농촌 부인의 경제 이익 옹호

7. 부인 노동의 임금차별 철폐 및 산전 4주간, 산후 6주간의 휴양과 그 임금 지불

8. 부인 및 소년공의 위험 노동 및 야업 금지

9. 언론, 출판, 결사의 자유

10. 노동자·농민 의료기관 및 탁아소 제정, 확립[46]

이 시기를 전후하여 근우회 지방 지회들에서도 이 신강령과 거의 비슷한 행동 강령을 발표했다. 예컨대 1930년 4월 평양지회 제3회 정기 대회에서 채택한 10개조 행동 강령은 약간의 차이는 있다고 하더라도 신강령과 거의 동일한 주장을 담고 있다.[47] 경성지회와 도쿄지회의 경우는 이와 미묘한 대조를 이룬다는 점에서 주목된다. 1928년 3월 경성 지회가 창립과 더불어 발표한 행동 강령은, 1. 남녀의 정치·사회의 절대 평등, 2. 결혼의 자유, 직업의 자유, 3. 인신매매의 철폐, 4. 여자 교육의 확장, 현 교육 제도의 개선, 문맹 퇴치, 5. 모성 보호, 6. 무료 탁아소 및 육아소 설치, 7. 여공의 보호, 노동 조건 및 공장 시설의 개선, 8. 농촌 부인을 보호하는 여러 시설, 9. 집회·결사·언론·출판의 자유의 9개 조항이었다. 이를 본부 10개조 강령과 비교해 보면 3항의 봉건 인습과 미신 타파가 빠진 대신에 5항의 모성 보호가 추가되어 있다. 또한 1929년 본부의 행동 강령에서 노동과 관련한 제7, 8항의 두 개 조항을 '여공의 보호, 노동 조건 및 공장 시설의 개선'(제7항)으로 통합하여 전체로는 1개 조항이 줄었다. 그리고 4항에서 조혼의 폐지를 직업의 자유로 대체하고 있다.

경성지회의 강령은 봉건 억압에 대한 관심의 완화와 여성 일반의 주제에 대한 강화, 그리고 계급 쟁점의 약화로 요약할 수 있다. 첫 번째는 봉건 인습과 미신 타파, 혹은 조혼의 폐지 조항을 삭제한 사실에서, 두 번째는 그에 대신하여 모성 보호나 직업의 자유를 강조하는 데에서 드러난다. 마지막으로 계급 문제는 7, 8항 두 조항의 통합이라든가 본부 10번 항목에서 노동자·농민의 의료기관이나 탁아소의 제정·확립을 '무료 탁아소 및 육아소 설치'라고 하여 노동자와 농민에서 여성 일반으로 대상을 바꾸고 있는 사실을 통해 확인할 수 있다. 이는 노동자와 농민보다는 가정 부인이나 직업 부인, 학생 등이 많은 비중을 차지하고 있는 경성지회의 특성(《표 6》 참조)을 고려한 결과이기도 하겠지만 지회 지도부의 구성과 지향을 반영한 것이기도 할 것이다.

이와 비슷한 추세는 도쿄지회에서도 찾아볼 수 있는데, 1929년 6월의 제3회 정기총회에서 도쿄지회는 무려 17개 조항에 이르는 행동 강령을 제정했다.[48] 강령의 제12항과 제14~7항의 5개 항목이 일본 지부로서의 특성을 반영한 것이라고 한다면 제6항과 8항의 2개 조항은 봉건 가부장제에 대한 반대로서 상정된 것이다. 계급의 쟁점은 제10항과 제11항의 2개 항목으로 비중이 적은 것과 달리 전반으로 보면 여성의 권리에 대한 주장이 뚜렷한 형태로 제시되고 있다. 제1항부터 제5항, 제9항 등이 그것인데, 특히 모성에 대한 강조는 조선의 경우에는 경성지회의 경우를 제외하고는 거의 나타나지 않으며, 유소년에 대한 보호, 가사 부담의 완화, 여성의 체육 장려 등은 도쿄지회에서만 제기된 쟁점이다. 일본이라는 특수성을 고려해야 하겠지만, 최소한 주장의 차원이라고는 하더라도 여성의 권리라는 점에서는 가장 진전된 형태라고 할 수 있다.

도쿄지회의 〈운동 방침에 대한 의견서〉는 조선 여성이 원시의 봉건

신여성,
개념과 역사

학대와 노예 굴종과 저비抵卑한 문화 수준과 여러 봉건 유습 및 관념 등과 같은 원시 구속에 의해 오랜 동안 인간의 권리를 유폐 또는 상실해 왔다고 주장했다. 일본 제국주의는 이러한 봉건 악습과 미신을 은연중에 혹은 공공연하게 조장하면서 그것과 직접 결탁하고 있다고 진단했다(김인덕 편 1996: 190~1). 봉건 억압에 대한 반대는 일본 제국주의에 대한 정치 투쟁으로 이어지는 것이며, 나아가서 이를 통하여 여성 일반의 권리를 확보할 수 있다는 것이다.

비록 여성 해방의 쟁점이 노농 여성의 계급 투쟁으로 환원되어 버렸다고는 하더라도 봉건 유습과 제도에 대한 이러한 반대는 중요한 의미를 갖는다. 이러한 맥락에서 1929년에 발행된《근우》창간호에서 허정숙은 농촌을 중심으로 한 '봉건의 잔재'가 "여전히 은연중에 여성을 가정 제도에서 사회 관습에서 그 질곡에 신음"하게 한다고 주장했다. 이어서 그녀는 "남성뿐만이 아니라 여성 그 자신도 이 봉건 관념에서 해방되지 못하고 있고 또 과거의 무지가 여성의 사회적 기능에 있어 일반 운동에 미급未及되어 있고 봉건 잔재에 여지없는 유린을 당하"고 있다고 서술했다(허정숙 1929b: 11~2).

그러나 이러한 문제의식을 현실에서 얼마만큼 구체화할 수 있었는가는 또 다른 문제였다. 이미 언급한 1928년 근우회 전국대회 토의안을 보면 근우회는 〈선전 사업에 대한 결의〉에서 과거의 선전 사업이 대중에 기반을 두지 않았다고 자기비판하면서, "각종 선전 사업에서 제일 먼저 열어야 하는 시각의 방향은 여성의 대중 층이어야 한다"고 주장했다. "지식 계급의 여성만을 상대로 하던 종래의 경향은 극복되어야" 하며,

"순국문의 평이한 출판물, 농촌·공장의 순회, 평이한 담화회, 연구회 등의 조직이 절대로 필요"하다고 지적한 것이다(김준엽·김창순 1973: 82).

도시 중심의 이들 지식인 여성은 봉건 유제가 여전히 강인하게 자리잡고 있는 식민지의 현실에 직수입 상태의 이념을 그대로 적용하고자 했으며, 미조직 여성 대중을 어떻게 조직화하고 운동을 어떤 방향으로 끌어갈 것인가에 대한 효과 있는 방침을 제시하지 못하고 '사회과학상의 교의'를 천명하는 데 그치고 말았다(남화숙 1991: 208). 근대의 도시를 중심으로 생활하던 이들 지식인 여성은 서구에서 혁명 이론의 동향에 보다 민감하게 반응했으며, 이러한 점에서 생활상의 절실한 문제로 의식하고 있었을지는 몰라도 전통의 인습과 식민지 여성의 특수성을 구체화하는 데에는 일정한 한계가 있었다.

1929년의 제2회 전국대회 이후 젊은 여성 사회주의자가 근우회 지방지회를 해소하고 비합법 영역에서 노동, 농민 운동으로 운동의 역량을 집중하면서 체포와 투옥, 도주, 잠적을 거듭하는 가운데 근우회 조직의 주도권은 자유주의자가 이어받았다. 1930년 12월에 개최된 확대집행위원회는 정종명, 정칠성으로 이어진 사회주의 계열에 대신해서 조신성趙信聖을 위원장으로 선출했다. 근우회 지회 중에서 경성지회보다 많은 최대의 회원 수를 확보하고 있던〈〈표 6〉 참조) 평양지회를 대표하는 조신성 체제에서 근우회는 기존 사회주의의 운동 방향을 비판하는 대신 자유주의 성향을 강화했다. 근우회는 운동의 목표를 민족 단일의 여성 운동으로 재설정하고 근우회가 일제의 탄압을 받은 원인이 계급 투쟁을 목표로 했기 때문이라고 보고 운동의 수준도 계몽 활동에 한정하

기로 했다. 이에 따라 농촌 부인의 강좌와 야학을 장려하면서 기존의
노동부를 폐지했다.[49]

　1928년 근우회 전국대회 토의의 〈민족 운동에 대한 결의〉에서 "조선
여성의 최고기관으로서 신간회에 단체로 가입하여 신간회 내에 여자
부 설치를 주장해야 한다"는 제안은 신간회의 해소와 더불어 미처 시
도되지도 못하고 사라져 버렸다. 이제 운동의 대세는 비합법의 노동조
합·농민조합을 조직하는 방향으로 옮아갔으며, 전국 각지의 지회를 중
심으로 활동하던 사회주의 여성은 이에 매진함으로써 실제로는 근우
회를 방기했다. 이와 맞물려서 서울을 근거지로 활동한 사회주의 여성
이 이미 근우회를 외면해 버린 뒤편에 남아 근우회를 떠안았던 자유주
의 여성의 계몽 중심의 운동은 식민 정책과 별다른 차별성을 확보하지
못한 상태에서 점증하는 일제의 탄압을 배경으로 점차 무력화되어 갔
다. 근우회는 조직으로서의 생명을 잃고 형해화되어 갔으며, 이에 따라
조선 여성에 고유한 특수성에 대한 인식은 역사의 저편으로 사라져 버
렸다.[50]

풀리지 않는 길: 여성 해방과 계급 투쟁의 사이에서

식민지 시기 근대 교육과 더불어 출현한 신여성은 자신의 전통과 사회
에 대한 관심에서 근대를 수용하고 식민지 현실의 장에서 이를 실천하
고자 했다. 식민성과 근대성이 복합된 근대 교육을 통하여 자기의식을

획득한 신여성은 가부장의 지배와 근대 형태의 여성에 대한 억압, 제국주의 지배와 민족주의 저항이 착종된 복합 현실에서 다양한 방식으로 반응했다. 사회주의 여성은 자유주의 여성의 근대에 대한 추구가 지니는 한계를 비판하고 대안의 근대에 대한 전망을 설정했다. 서구의 마르크스주의는 이들의 믿음을 뒷받침하는 새로운 이론 자원을 제공했다.

이들은 자유주의 계열에서 주장하던 남녀평등과 여성 해방에 전혀 새로운 의미를 부여했다. 여성의 자각과 실력 양성에 의거하여 이해되던 남녀평등은 이제 여성의 권리에 대한 주장과 남성의 억압에 대한 투쟁으로 바뀌었다. 교육과 계몽을 통한 여성의 지위 향상으로 이해되던 여성 해방은 무산 계급의 단결과 지도에 의한 투쟁으로 해석되었다. 여성의 경제 독립은 이제 모성의 범위를 벗어나지 않는 한도 내에서 여성의 사회 활동이나 지위 향상과 같이 추상의 모호한 헌사에 그치지 않는 진정한 여성 해방의 전제로 이해되었다.

여성 문제를 둘러싼 내부의 의견차가 있었지만 이 시기 사회주의 여성에게 진정한 여성 해방은 대안의 근대로서 '신사회'를 건설하는 과제로 수렴되는 어떤 것이었다. 비록 자신의 고유한 전통에 대한 고민이 있었다고 하더라도, 주류 사회주의 여성의 협애한 계급주의 헤게모니는 전통의 창조·계승이라는 과제에 대한 집단의 노력에 이르는 것을 방해했다. 공식주의와 추상에 의한 슬로건의 나열과 산발, 일회의 실천에서 보듯이, 사회주의 여성의 입장이 초기에는 다소 경직된 기계의 성향을 띠었던 사실을 부인할 수는 없었다. 그것은 마치 자유주의에서 설정한 근대 계몽주의와 합리주의 신조에 대한 추종과 마찬가지로 사회주의 근대에 대한 맹목의 믿음을 수반하는 것이었다.

그럼에도 전통의 구속과 인습이 여전히 강하게 잔존한 식민지 현실을 사회주의 여성이 비껴갈 수는 없었다. 이 시기의 사회주의 여성은 식민지 현실에서 전통의 인습과 그로 인해 여성이 당면한 여러 문제를 식민지 특수성의 차원에서 인식하고자 했다. 그러나 이들 내부에서도 식민지 여성에 고유한 특수성의 인식과 그 대안을 둘러싸고 의견의 차이가 있었다. 무산 계급을 중심으로 한 투쟁과 스스로의 운동을 동일시한 주류 여성 사회주의자와는 달리 소수의 사회주의 여성은 미미한 영향력밖에 행사할 수 없었다. 그렇다고 하더라도 이들은 구식 여성까지를 포함하는 여성 일반의 독립과 자유, 모성 보호 등을 주장하면서 여성의 직업이나 연애, 자유결혼과 같이 여성 공통의 쟁점에 보다 많은 관심을 기울이고자 했다.

전반으로 보면 사회주의 여성은 자유주의 여성과 마찬가지로 전통 인습의 타파가 지니는 의의를 강조하면서도 몇 가지 점에서 이들과는 다른 인식과 전략을 구사했다. 자유주의 계열의 여성이 봉건 인습만을 문제 삼고 그것의 근대 변형태에는 거의 관심을 기울이지 않은 것과 달리 사회주의 여성은 전통의 인습과 '근대'의 모순이 밀접하게 결합되어 있는 현실에 주목했다. 자유주의자가 보기에 전통의 인습은 근대의 도입을 통해서 적절히 극복될 수 있는 어떤 것이었다. 반면 사회주의자는 근대 자체가 이미 봉건 전통에 의해 짙게 오염된 것으로 파악했다. 따라서 그것은 근대 자체를 부정하는 새로운 질서와 체제를 통해서만 타파될 수 있다고 생각했다. 또한 근대에 대한 맹목의 믿음을 가지고 있던 자유주의 여성에게 전통은 그 자체로서 배격되고 타파되어야 하는 것이었다. 이와는 달리 계급과 민중을 위한 수단으로 인습의 타파를 이해한 사회주의 여성은 전통 자체에 대하여 보다 유연한 전략으로 접근하고자 했다. 미시와 고립의 방식에 의해 전통의 도덕관념을 이해하고자 했던 자유주의 여성과는 달리 사회주의 여성은 그것을 역사 사회 발전이라는 보다 폭넓은 거시 과정 안에서 이해하고자 했다.

여성 사회주의자의 이러한 인식과 전략은 1920년대 후반 근우회의 성립과 활동을 통해 구체화되었다. "경제 자유를 위한 무산 계급 운동"으로부터 "봉건 구속에서 해방하려는 여자의 일반 자유의 획득"을 위한 투쟁으로 '방향 전환'을 한 여성 사회주의자는 구시대의 봉건 유물과 아울러 근대 자본주의의 고통과 모순을 비판하고 극복하고자 했던 것이다. 그러나 근우회의 각 지방 지회에서 여성 사회주의자가 헤게모니를 장악한 것을 배경으로 '봉건 유물에 대한 싸움은 근대의 극복을 위한 일보 전진'이라는 인식보다는 '계급 운동은 여성 해방을 위한 궁극의 길'이라는 주장이 점차 우세하게 되어갔다. 이에 따라 계급 해방의 과제는 비합법 영역에서의 노동자·농민 운동으로 계승되었지만, 식민지 여성에 고유한 특수성의 문제는 미완의 과제로 남았다.

新女性

6장

사회주의 여성의 성과 사랑

◇팡커스트부인 （영국부인） ⋯⋯ 키

영국에셧는 부인들이 나라정스에 참
예케하야달나고 운동을 몹시하야 히
마다 정부를의 협하는디 이부인은그
운동의 슈령이되야 잇슴니다 … 손 첩

◇랑킨녀스 （미국부인） 금년
삼십오셰의 부인으로 아직혼인도 안
⋯ 성 성

이흥얏고성품이떠단히온유하다하오

⋯ 부인졍치가로 활동을홀러아
⋯ 은 이번에쳐음이라하오

◇스츠춘양 이녀는 미⋯
름인디 비힝기잘타기로 쪠쩨에유명
하며 작 겨울에는 일본에서지나온
일이잇슴니다 이녀즈는 아직결혼

이 장에서는 먼저 사회주의 여성이 근거를 두고 있던 이론의 자원과 쟁점을 검토할 것이다. 이들이 어떠한 관점에서 근대 서구 이론을 해석하고 또 그것을 식민지 조선의 사회 현실에 적용하려 했는가를 보려는 것이다. 자유주의나 급진주의 여성의 그것과 비교할 때 사회주의 여성의 이론과 실천이 보다 분명한 형태로 부각되고 평가될 수 있다는 점에서 다른 이념과의 대조나 상호 작용을 통해서 사회주의 이론과 쟁점에 접근해 보고자 한다.

서구 여성 이론과 마르크스-레닌주의 성애론

사회주의 여성의 사상과 운동 논리는 서구 마르크스-레닌주의 이론의 영향을 받았다. 남성 사회주의자도 그러했지만 여성 사회주의자는 여성의 억압과 성의 불평등, 그리고 여성 해방에 대한 마르크스와 엥겔스, 그리고 베벨 등으로부터의 이론 자원에 의거하여 현실을 설명하고자 했다. 특히 엥겔스의 《가족, 사유재산 그리고 국가의 기원》과 베벨의 《여성 해방과 사회주의》[1]는 당시 사회주의자가 여성 문제를 분석하고 대안을 모색하는 데 중요한 지침서로서의 역할을 했다.

그러나 서구의 급진 페미니즘 이론의 영향은 이 시기 사회주의자에만 한정되지 않았다. 이념의 지형을 넘나들면서 이들 서구 이론은 일종의 유행으로 통속화된 상태에서 널리 유통되었다. 예를 들면 경성의학전문학교 교수인 유상규劉相奎는 《신여성》에 기고한 〈조선 여성과 산아 제한〉이라는 글에서 자유로운 모성과 여성의 산아 제한을 논하면서 베벨의 논의를 인용했다. 그는 《부인의 과거 현재 및 징래》란 책의 서문에서 "부인 문제의 완전한 해결은 노동 문제와 마찬가지로 현존해 있는 사회와 정치 제도하에서는 지어 보기가 어렵다"는 베벨의 주장을 소개한다(유상규 1932: 9). 민중 운동을 하는 사회 운동자들이 하층 빈민 여성의 산아 제한을 계몽해야 한다는 논거로 그는 이 베벨을 인용한 것이다. 그러나 그의 논지 전반에 비추어 볼 때, 베벨보다는 차라리 모성애에 관한 엘렌 케이Ellen Key의 논의를 인용하는 것이 보다 적합했을지도 모르겠다.

이념의 성향에 관계없이 자신의 논지를 입증하기 위하여 서구 이론을 무차별로 동원하는 경우도 적지는 않았다. 자유주의와 사회주의의 분리가 아직 이루어지지 않은 시점이기는 하지만 1922년 사회의 개조와 여성 문제, 그리고 여성의 경제 독립을 주장하는 글에서 이대위는 베벨에서 시작하여 칸트Immanuel Kant나 스펜서Herbert Spencer, 애덤 스미스Adam Smith와 같은 자유주의 계열의 사상가와 아울러 엘리어트

George Eliot와 같은 문학가에 걸치는 인물을 두루 거론하고 있다.[2] 반대의 경우도 있었다. 이현경은 1927년《현대평론》에 여성의 경제 지위에 관한 글을 기고했다. 여성의 경제 해방을 위한 여성에 의한 노동 운동을 주장한 사실에서 보듯이 마르크스주의의 기조로 일관된 이 글에서 그녀는 스펜서의《사회학》(2권)이나 버크Edmund Burke의《영국문명사》와 같은 영국의 자유주의나 보수주의 이론가의 저작들을 인용하면서 자신의 논지를 전개하고 있다.[3]

서구 이론의 수용과 해석에서 보이는 이러한 혼란과 불일치에도 불구하고 남녀평등과 여성 해방의 주제는 마르크스주의 시각에서 논의하는 것이 점차 대세가 되어 갔다. 이는 여성은 말할 것도 없고 남성 사회주의자에게도 그러했다. 예를 들면 유철수는 사랑에 의거해서 남녀의 평등 문제를 제기한다. 먼저 그는 일반 의미에서의 연애와 엥겔스가 말한 성애sex love를 구분한다. 전자가 부르주아의 남녀애라 한다면 후자는 프롤레타리아의 그것이라는 점에서 근본에서 의미가 다르다는 전제에서 그는 출발한다. 그는 근대의 자유연애 사상은 "봉건 억압에 대한 자유의 절규, 무리한 성의 강제 결합에 대한 사랑의 해방"이라는 점에서 진보의 의미를 인정할 수 있지만, "부르주아 개인주의 사상에 근원한 이기·독점의 사랑"이라는 점에서 한계가 있다고 보았다. 이러한 점에서 "착취와 억압이 있는 부르주아 사회에서는 양성의 평등한 사랑과 경제와 (부르주아) 도덕에 억매이지 않는 순수한 사랑은 있을 수 없"다고 그는 주장한다. 따라서 "순수한 사랑, 남자가 여자를 압박하지 않는 양성의 평등한 사랑은 남자가 여자를 지배할 잔재가 없어진 프롤레타리아트"의 성애에서 비로소 찾을 수 있다는 것이다.

'성의 방탕과 위기'가 자신의 시대에 점점 심화하여 간다고 진단한 그는 미래 사회의 성 관계는 "돈과 권력에 억매이지 않는 자연스러운 사랑이 결혼의 유일한 요소가 되고 도덕률이" 되는 새로운 의미에서의 일부일처제가 바탕을 이룰 것이라고 주장한다. 성애에 기반을 둔 결혼으로서 일부일처제의 수립만이 건전한 성의 자유와 혼란한 성 문제를 해결할 수 있다는 것이다. 남녀의 평등한 사랑은 여자의 해방이 없이는 불가능하고 여성 해방은 여성을 압박하고 있는 경제 근거를 제거하지 않으면 불가능하다는 짐에서 여사의 해방은 삭쉬와 억압이 없는 사회에서 비로소 달성할 수 있다고 그는 결론을 내리고 있다(유철수 1931: 84~91).

1930년대 들어와 자유연애와 남녀평등에 대한 이상이 급속히 세속화, 타락화되어 간 사실을 배경으로, 이들은 특히 성과 연애의 문제에 초점을 맞추어 여성 문제를 제기했다. 윤형식은 "봉건주의 의식과 근대 자본주의 의식과 신흥 계급의 계급의식이 교"차하는 식민지의 현실은 "연애 또는 혼인 문제 등을 2중 3중의 허위와 가장 속에 묶어 놓고 성생활의 참인慘忍한 비희극을 연출"하고 있다고 말한다. 이러한 상황에서 성의 문제를 "청춘 남녀의 풍기 문제로만 취급하여 일종의 악습이나 발생되는 것처럼 논평"하는 이외에 계급의 입장에서 지식인들이 연애론다운 연애론을 제시하지는 못하고 있다고 그는 보았다. 이러한 문제의식에서 그는 연애의 유형을 3가지로 분류했다. 즉 (1) 일정한 갈피를 찾지 못하고 전통 봉건사상에 의한 노예 관념 그대로를 사수하고 있는 경우, (2)부르주아 개인주의의 자유사상에 의한 연애지상주의에 기울어진 경우, (3)콜론타이즘에 물들어 무원칙의 절조 없는 성의 방종에 흐르는 경우가 그것이다.

어느 경우를 막론하고 연애 문제에서 가장 중요한 것은 경제 관계라고 그는 주장했다. "자본주의 사회에서 연애지상주의를 부르짖고 성생활에 개인주의의 방종을 극하는" 경우는 물질생활에 장애를 받지 않는 유한 계급에만 해당하며, 프롤레타리아는 "한 끼의 밥과 함께 성에까지 주림을 받는 처지"에 있다는 것이다. 부르주아 자유주의자 등이 "연애의 자유"와 "성의 해방"을 부르짖음으로써 강고한 봉건 인습에 도전하는 의미를 인정한다 하더라도 그것은 프롤레타리아의 근본 이해와는 아무런 관련이 없으며, 따라서 성 문제의 해결책은 "그 근본 조건인 경제 관계에 있"다고 그는 주장한다(윤형식 1932: 56~8; 우해천 1931; 홍효민 1931·1932). 다른 사회주의자와 마찬가지로 성 문제의 근본 해결책을 경제라는 근거와 사회주의 사회의 건설에서 찾은 것이다.

전반으로 보면 서구 마르크스주의 이론은 남녀평등과 여성 해방에 대한 논의에서 주요한 역할을 했다. 마르크스-레닌주의자로서 여성 운동과 혁명 운동에 참여한 서구 여성들, 예컨대 로자 룩셈부르크Rosa Luxembourg, 클라라 제트킨Clara Zetkin, 알렉산드라 콜론타이Alexandra Kollantai, 크루프스카야N. K. Krupskaya(레닌의 부인) 등이 빈번하게 소개되었으며,[4] 특히 콜론타이는 가장 많은 영향을 끼친 마르크스주의 이론가의 한 사람이었다. 당시의 한 여성지는 콜론타이를 "정객으로 계급 운동의 투사로 또는 문인"으로, "세계에서 최첨단의 여성"이라고 평가했다. 나아가서 이 기사는 그녀가 쓴 소설 〈붉은 연애(적연赤戀)〉의 여주인공인 바실리사Vasilisa를 "부르주아의 위선과 싸우면서 선량한 도덕의 양심을 잃지 않고 인류 전체에 대한 모든 의무를 수행하는 부인 커뮤니스트"로 소개하고 있다. 〈붉은 연애〉을 비롯하여 콜론타이가 쓴 일련의 소설[5]은 "부르주아 문사의 최고의 표준 그것보다도 훨씬 나은 힘 있는 가치를 가"진 것으로, "인생을 관찰하는 착안과 모든 이데올로기가 커뮤니스트적이어서 참다운 인간미와 여성다운 정열"을 보인다고 하면서, 이 기사의 필자는 "세상 여성이 모두 〈붉은 연애〉에 나오는 바실리사같이 되어 주었으면 한다"고 적었다(김희성 1931: 50; 김은 1930: 92~4).

콜론타이의 이론은 당시 지식인 사이에서 많은 영향을 미쳤으며, 이러한 맥락에서 "세상 모든 여성이 바실리사같이 되어 주었으면 한다"는 남성 지식인에 못지않게, "나는 바실리사가 되겠"다는(민영휘 1931: 89) 신여성도 적지 않게 나타났다. 최혜실은 콜론타이의 사상이 "1920년대 한국 신여성의 성의식에 큰 영향을 끼쳤고, 신여성은 자신의 해방의 방향을 성의 자유, 성의 해방에서 찾으려는 노력이 두드러졌다"고 하면서, 그 사례로 허정숙의 연애 경력을 소개하고 있다(최혜실 2000: 142~4).

그러나 사회주의자들이 콜론타이의 이론을 반드시 긍정으로만 평가한 것은 아니었다.[6] 오히려 대중에 영향을 미치는 만큼이나 많은 사회주의자는 이 이론의 한계에 대한 물음과 아울러 식민지 현실에서 적합성 문제를 제기했다. 《삼천리》 1931년 7월호에 도쿄의 진상주陳尙珠가 기고한 글은 이러한 문제의식을 대변한다(진상주 1931: 33~8·74~5). 진상주는 먼저 '연애지상주의'를 부르주아에 의한 허위의 소산이라고 비판하면서, 자유연애론은 부르주아 사회의 산물이라고 지적한다. 아울러 진실한 자유와 평등을 찾을 수 없는 부르주아 사회에서 연애 또한 계급성을 가질 수밖에 없다고 하면서, 부르주아 사회에서 자유롭고 평등한 연애는 불가능하다고 단언한다.

나아가서 진상주는 자유주의 연애가 가지는 한계에 못지않게 사회주의자가 잘못된 연애론에 빠지기 쉬운 사례로서 콜론타이류의 연애론을 들었다. 콜론타이의 〈삼대의 연애〉는 "새로운 혁명 연애관의 예술 표현으로 우리 동반들 사이에도 찬독贊讀하는 자가 많"지만, "연애의 신비주의를 말"하고 "연애는 계급을 초월하였다는 반동사상의 선전"이라는 점에서, 결코 "혁명 부인의 연애론"이 될 수 없다는 것이다. 이 소설에서 중간층에 속하면서 콜론타이 자신의 자아상을 일부 대변하는 올가Olga에 대해서(Stites 1978: 356~7) 진상주는 "투사라고 할지언정 소부르주아성을 많이 가지고 있는 여성이며 무산 계급의 연애를 실천하는 사람이라고는 도저히 할 수 없"다고 비판한다. 소설에 등장하는 또 다른 인물인 올가의 딸 게니아Zhenya는 "연애의 대상을 항상 일정한 남성에 국한하지 않고" 다수의 남성과 "성관계를 맺으며 심지어 자기 모친의 젊은 연인까지와도 서로 관계"한다고 하여 더욱 혹독한 비판을 받았다.

러시아 혁명 이후 이 소설에 등장하는 게니아류의 남녀 관계가 한때 성행한 사실을 지적하면서, 진상주는 "난혼 생활은 어디까지든지 퇴폐이며 정력의 낭비이며 혁명과는 아무 인연 없는 것"이고, "연애를 통하여 점점 계급 업무에 충실하게 되는 것이 아니라 오히려 그와 반대로 계급 규율을 문란"하게 한다는 레닌의 견해를 빌려,[7] 콜론타이의 연애관의 본질은 무정부주의로서 소부르주아의 반동 연애관에 지나지 않는다고 비판한다. 그럼에도 불구하고 조선의 사회주의자들은 "콜론타이의 연애관이 계급적으로 새로운 것인 줄 알고 그대로 실행"하려고 한다는 것이다.

여성의 완전한 해방은 자본주의 사회의 철폐로부터 온다고 하면서 진상주는 "우리 무산 계급 여성은 연애와 결혼 문제를 해결하기 위하여 제일 먼저 부인 해방 운동을 필요로 하는 것이며 전 피압박 부인은 전 노동 계급 해방 운동에 무조건으로 적극 참여하기를 요구한다"고 주장한다. 이를 도외시하고 연애 문제를 심리, 태도라는 점에서 해결하려는 것은 소부르주아의 몽상밖에는 안 된다고 하면서, 진상주는 위의 논자들과 마찬가지로 "성애 관계의 정당한 해결을 위해서는 먼저 물질 조건의 철저한 해결"이 필요하다고 보았다. "프롤레타리아는 원래부터 금욕주의자가 아니며 연애를 부정하는 것은 결코 아니"지만, 무산 계급은 "중대한 계급의 사명과 계급의 규율"이 있으며, 이 "계급 규율만이 오직 무산 계급의 도덕이 된다"고 진상주는 주장했다. "연애는 절대로 계급의 규율하에 복종"해야 한다는 점에서, "무산 계급의 연애는 비장한 것이며 계급 도덕은 그렇게 그들을 제약"한다는 것이다.

러시아에서 콜론타이 자신이 레닌이나 크루프스카야와 같은 볼셰비키파로부터 비판받은 것과 비슷한 양상으로, 식민지에서도 '무산 계급'의 입장에서 콜론타이에 대한 신랄한 비판이 이어졌다. 이러한 맥락에서 민병휘는 콜론타이의 사상은 식민지의 사회주의 운동에는 어떠한 영향도 주지 못한다고 단언한다. "일동일정一動一靜을 계급을 위하여 행"해야 하는 형성기의 식민지 사회주의자들은 "혁명 후의 러시아의 성적 행동과 연애 행동을 보고서 그대로 행"해서는 안 된다는 것이다. 연애 자체를 부인하는 것은 아니지만, 투쟁력을 말살시키고 운동자의 진영을 문란하게 한다는 점에서 "계급 운동자에게 연애라는 정서적 행동은 금물"이라고 그는 단언한다. 왜냐하면 연애 문제는 빵과 같이 "인간의 생명을 연장시키는 본능 조건"이라기보다는 그 '부차의 산물'에 지나지 않기 때문이다(민병휘 1931: 88~9). 결국 그 역시 다른 사회주의자와 마찬가지로 연애는 감정과 정서 차원의 문제로서 경제 문제에 의존한다고 본 것이다.

그렇다고 하여 당시 지식인계에서 콜론타이의 이론을 부정하는 의견이 주류를 이루지는 않았다. 오히려 부정의 영향을 경계하면서도 그 의의를 일부 인정하는 논의가 우세했다는 것이 사실에 가까울 것이다. 김옥엽은 "콜론타이즘은 여러 가지로 비난을 받고 있으나, 현재에 있는 자유연애론 중에서는 사회 전체의 진보에 제1의의 문제로 관련하여 있는 이상 가장 합리적이요 진보적인 연애론"이라고 하면서도, "일시 육체의 결합이 합리화하여 이것이 실행되는 것은 프롤레타리아 계급에 대하여 아무런 좋은 결과"를 미치지 않을 것이라고 언급했다(김옥엽 1931: 10). 안회남 역시 "콜론타이주의의 조종인 〈붉은 연애〉의 주인공 왓시릿사(바실리사 - 필자)에게 있어서는 그 사회 정세와 계급 투쟁의 합리를 수긍하나 그것을 맹신하고 연애를 오로지 완롱물 취급하는 오늘날 일군의 부색否塞한 청년들을 우리는 물리치는 바"라고 하여(안회남

1933: 83), 일정한 의의를 인정하면서도 그 악영향을 경계하고 있다.

콜론타이의 이론에 대한 비판에서 눈에 띄는 또 다른 사실들 중의 하나는 여성보다는 남성 지식인이 더 논쟁에 활발하게 참여했다는 점이다.[8] 이러한 사실은《삼천리》지의 기자와 정칠성의 대담 형식으로 마련한 글에서도 지적되고 있다(정칠성 1929b). 이 글에서 정칠성은 독신 생활과 연애사사私事설에서는 다른 의견을 제시하면서도, 성의 해방과 결혼 및 이혼의 자유, 정조와 순결성에 대한 부정, 그리고 여성의 경제 독립과 같은 쟁점을 통해 나타난 콜론타이의 주장에 대하여 공감을 표시하고 있다.[9] 이는 위에서 살펴본 다른 사회주의자의 의견과도 어느 정도 일치하는 점이었다. 그러나 성의 평등과 자유라는 쟁점에서 정칠성

콜론타이주의 《삼천리》(1931년 11월호)에 게재된 〈콜론타이주의란 어떤 것인가〉 기사 중 삽화. 〈붉은 연애〉의 작가 콜론타이의 이론은 다양하게 분석되면서 당시 지식인에게 많은 영향을 미쳤다.

이 다른 사회주의자와 미묘한 의견의 차이를 보인 사실은 흥미롭다. 즉 성애를 통한 새로운 의미에서의 일부일처제를 주장한 유철수나 혹은 여성으로 추정되는 진상주조차도 성의 자유에 앞서 계급 규율을 강조[10]한 것과 달리 그녀는 콜론타이가 말하는 자연 본능으로서의 성욕에 일정 정도의 공감을 표명한 것이다. 전반으로 보면 러시아에서와 비슷하게 콜론타이의 이론은 볼셰비즘 입장에서의 비판이 지식인들 사이에서 주류를 이루는 가운데 통속화된 형태로 선택되어 수용·해석되고 현실에 적용되었다.[11]

성과 사랑의 구현과 정당화

일반으로 말하면 비록 개인의 편차는 있다 하더라도 이 시기 사회주의 여성은 보수주의나 자유주의 계열의 여성과는 구별되는 일정한 의견을 공유했다. 이러한 차이는 다양한 주제와 쟁점을 통해 찾아볼 수 있다. 예를 들면 입센의《인형의 집》의 여주인공인 노라는 근대에 들어와 여성 해방의 상징으로 널리 알려져 왔지만, 신여성은 자신의 이념 지형에 따라 그에 대한 의미 부여를 각각 달리했다. 1920년대의 이른바 제1세대 신여성이 노라에 대하여 관심을 가진 것은 당연할 것이다. 신여성을 대표하는 나혜석의 경우를 보자. 일찍이 1914년《학지광》에 발표한 〈이상적 부인〉이라는 글에서 그녀는 이상의 부인이 되는 사례를 열거하면서 각각의 근거를 제시했다. 이에 따르면 노라가 이상의 부인이 되는 이유는 "진眞의 연애로 이상을 삼"았기 때문이다(나혜석 2000(1914): 183; 김경일 2004b: 22).

그런가 하면 1921년 1월 25일부터 《매일신보》에 번역, 연재된 입센의 소설 《인형의 집》의 마지막 회에 나혜석은 〈인형의 가家〉라는 노래의 가사를 자신이 만들어서 붙였다. "내가 인형을 가지고 놀 때 / 기뻐하듯 / 아버지의 딸인 인형으로 / 남편의 아내 인형으로 / 그들을 기쁘게 하는 / 위안물 되도다"로 시작하는 이 가사는 전체 4절로 구성되어 있는데, 1절은 인형으로서 여성의 현상을 강조하고 2절은 여성도 사람이고 인격이라는 '신성한 의무'를 강조하며, 3절은 그에 대한 자각과 각성을 노래하고 마지막의 4절은 동지로서의 '사랑하는 소녀들'의 동참과 연대를 호소하는 내용으로 구성되어 있다. 각 절에 붙는 후렴에서는 장벽과 문으로 표상되는 남성 지배로부터 노라를 해방하라는 내용이 반복되고 있다.[12]

나혜석의 〈인형의 가〉 《매일신보》에 번역, 연재된 소설 《인형의 집》에는 나혜석의 삽화가 들어갔다. 소설의 여주인공 노라는 근대에 들어와 여성 해방의 상징으로 널리 알려져 왔지만, 신여성은 그에 대한 의미 부여를 각각 달리했다.

마찬가지로 제1세대 신여성을 대표하는 윤심덕에게서도 노라에 대한 동경을 찾아볼 수 있다. 1922년 초여름 도쿄음악학교 졸업발표회 연극에서 윤심덕은 주인공 노라 역을 맡았다. 남편의 곁을 떠나면서 노라가 했던 대사를 윤심덕이 특히 좋아했다고 하는데, 이 대목은 남편의 '종달새와 인형'으로서 "8년 동안이나 이 집에서 제3자와 살면서 아이를 셋씩이나 낳"고 살아온 노라 자신의 삶을 한탄하고 저주하는 내용이다. 윤심덕은 노라의 "인간적 자각과 독립심, 그리고 용기"를 동경하면서 자신의 역할 모델로 삼았다(유민영 1987: 80~1; 김경일 2004b: 79).

나혜석이나 윤심덕은 남성 지배를 부정하고 자신의 개성과 인격을 찾아 나간 노라를 찬미하고 있지만, 노라가 이처럼 급진/자유주의 관점에서만 수용된 것은 아니었다. 예를 들면 허영순은 "무엇보다도 먼저 사람이 되어야 하겠다고 사랑하는 자녀를 내버리고 집을 뛰어나간 노라 같은 이는 모성으로서는 실패자"라고 비판했다(허영순 1938: 38~9; 김경일 2012a: 212). 모성애의 관점에서 노라를 좋지 않게 평가하는 이러한 입장은 보수주의의 한 부류로 이해될 수 있는 것이지만, 이 입장으로 분류되는 조야한 속류 해석들이 가부장의 남성 지배 질서와 잘 어울리는 것은 분명하다. 이러한 맥락에서 정칠성은 "노라가 정신 이상으로 집을 뛰쳐나왔다거나, 그녀가 갈 길은 집으로 도로 들어가거나 다른 남자에게 시집가는 것이라느니, 혹은 의식적 출가라면 속세를 떠나라"는 노라에 대한 세간의 '악평'을 언급하고 있다(정칠성 1933: 131).

사회주의 여성은 이러한 보수주의의 입장은 말할 것도 없고 나혜석이나 윤심덕과 같은 자유주의의 해석과는 다른 방식으로 접근했다. 예를 들면 정칠성은 노라를 평가하기 위해서는 먼저 입센이 《인형의 집》을 쓴 시대와 그 시대의 사회 제도에서 남녀의 지위를 고려해 봐야 한다고 말한다. 이 작품은 18세기 구미 여성의 참정권 운동과 모성 보호 운동을 배경으로 여성에 대한 속박으로부터의 해방과 인권 획득을 주장했다는 점에서 의미를 찾을 수 있다고 그녀는 지적한다. 그러나 이러한 의의에도 불구하고 여성 해방의 길을 무산 계급 해방의 일환으로 이해하지 못하는 한계를 갖는다고 그녀는 언급한다. 즉 "여성은 여성인 때문에 속박된다는 표시는 했으나 경제적으로 여성은 무권력자임을 말하지 못했다"는 것이다(정칠성 1933: 131). 여기에서 그녀는 러시아에서 콜론타이가 쓴 〈붉은 연애〉의 주인공인 바실리사를 노라와 비교, 대조한다. 자신의 개성에 대한 개인주의의 자각에서 집을 나왔지만, 경제 해방을 염두에 두지 않았다는 점에서 노라는 바실리사와 전혀 다르다고 그녀는 지적한다. 경제를 포함하여 "모든 것에 철저하게도 자유스럽게" 될 수 있었던 바실리사에 비해 노라는 "공상적 여성이 아니면 해방이 조금도 되지 못"했다는 것이다(정칠성 1929b: 8).

근대 여성 해방의 상징으로서 노라에 대한 상반된 평가와 비슷하게 사회주의 여성은 성과 사랑의 주제에서도 보수주의는 말할 것도 없고 자유주의나 급진주의와는 다른 의견을 가지고 있었다. 여기에서는 급진주의를 비교의 준거로 하여 사회주의 여성의 성 개념을 검토해 보기로 하자. 우선 지적할 것은 비록 모두가 그렇지는 않았다 하더라도 여성 사회주의자는 성과 사랑에서 급진주의자에 못지않은 자유로움을 보

신여성,
개념과 역사

였다. 이 점에서 가장 주목을 받은 것은 허정숙이었다. 1921년 중국 상하이로 유학을 간 허정숙은 그곳에서 임원근林元根, 박헌영朴憲永, 주세죽 등을 만나 사상의 감화를 받는다. 박헌영과 함께 이르쿠츠크 고려공산당 상하이지부 당원으로서 활동하던 임원근과 가까워진 그녀는 임원근과 함께 박헌영과 주세죽의 만남을 주선한 것으로 전해진다. 임원근과 박헌영 두 사람은 1922년 6월 국내에 잠입하다가 일제 경찰에 체포되어 평양형무소에서 18개월을 복역하고 출옥했는데, 이때 허정숙은 주세죽과 함께 평양으로 가서 두 사람을 마중했다. 이후 허정숙과 임원근 두 사람은 1924년 2월 서울에서 결성된 신흥청년동맹에 함께 가입하는 등 사상을 함께하는 동지가 되었다(서형실 1992b: 279; 허근욱 1994: 222).

1924년 허정숙은 임원근과 결혼하여 같은 해 말 첫아들 경한을 출산했다. 1925년 11월 남편인 임원근이 이른바 제1차 조선공산당 사건(신의주 사건)으로 검거, 투옥된 1926년 초부터 송봉우와의 염문에 휘말린 그녀는 1926년 5월 아버지 허헌許憲과 미국으로 유학을 떠났다. 주위의 따가운 눈총을 의식한 일종의 도피성 유학이었다. 임원근이 구속되기 전에 임신하여 유학을 떠나기 직전인 같은 해 봄에 출산한 둘째 아이인 임영을 강보에 남겨 둔 채 떠나야 했던 무거운 발걸음이었다. 1927년 말 귀국하여 사회주의 운동을 계속하던 그녀는 1929년 감옥에서 나온[13] 송봉우와 다시 연애를 시작했다. 남편 임원근은 경성형무소에서 여전히 감옥 생활을 하고 있었다.

그러나 송봉우와의 사랑은 1년을 채 넘기지 못했다. 1930년 1월 허

조선공산당의 여성 트로이카 청계천에서 탁족을 하며 즐거운 시간을 보내고 있는 (왼쪽부터) 고명자, 주세죽, 허정숙. 이들 여성 사회주의자는 성과 사랑에서 급진주의자에 못지않은 자유로움을 추구한다.

신여성,
개념과 역사

정숙은 광주 학생 운동의 주모자로 체포되어 징역 1년을 선고받았다. 감옥 생활을 한 지 얼마 지나지 않아 임신 사실을 알게 된 그녀는 형집행정지를 받아 같은 해 5월 16일에 가석방되어 1931년 1월에 세 번째 아이인 영한을 출산했다. 송봉우와의 사이에서 얻은 아이였다. 1932년 3월에 출옥한 이후 임원근과 합의 이혼한 허정숙은 임원근이 재혼할 무렵 송봉우와 동거를 시작했다. 1931년부터 《비판》지 주간을 하던 송봉우와 함께 자신은 태평광선치료원을 운영하면서 세 아이와 함께 맞은 모처럼의 가정 생활이었다.[14]

송봉우와의 관계는 1934년 7월 송봉우가 남경군관학교 학생 사건에 연루되어 체포된 이후 파국을 맞았다.[15] 이후 1935년부터 아버지 집에 드나들던 최창익을 만나 중국 망명을 결심한 허정숙은 1935년 여름 난징으로 가서 한국민족혁명당에 가입하여 항일투쟁에 나섰다. 2년 후인 1937년에 그녀는 최창익과 3번째의 결혼을 했다(이철 2008: 256). 최창익과의 관계는 1945년 해방과 더불어 북으로 들어가면서 끝났다. 시점은 확실하지 않지만 중국에서부터 이들은 연인이라기보다는 동지로서 함께 살았다. 1946년 재혼한 최창익의 결혼식장에서 허정숙은 축사를 읽었다(서형실 1992a: 219; 1992b: 284).

당시의 자료에 입각하여 구성한 허정숙의 이러한 '남성 편력'은 아버지인 허헌과 불편한 관계를 야기했을 뿐만 아니라 사회의 여론과 미디어의 열띤 비판을 받았다. 비록 일일이 대응을 하지는 않았다고 하더라도 '진보적 혹은 희미한 정조관을 가진 여사', '조선의 콜론타이스트'라는 표현에서 보듯이 그녀는 남성 지배 사회의 여론과 언론의 악의에 찬 비방에 시달렸다.[16] 그러나 이러한 비난에도 불구하고 나혜석이나 김명순과 같은 급진주의 여성과 허정숙을 포함한 사회주의 여성의 양자 사이에는 일정한 차이가 있었다.

첫 번째로는 자유연애와 사랑의 문제를 논설이나 수필, 혹은 소설 등을 통한 주장의 형태로 직접 제기한 급진주의 여성과는 달리 사회주의 여성은 개인의 차원에서 자신의 입장을 직접 표명하거나 굳이 변호하려고 하지 않았다(신영숙 2006: 173). 이념에 따른 일반 입장에서의 의견 표명은 있을지언정 이들은 성과 연애의 문제를 공공의 차원에서 쟁점화하는 데에는 소극의 태도를 보이거나 가능하면 이를 회피했다.

이러한 태도는 성과 사랑의 문제가 계급 해방의 쟁점에 종속된다는 이들 여성의 입장을 반영한 것이다. 이들은 계급 문제의 시급함에 비추어 볼 때 성에 대한 공론화는 불필요하거나 개개인의 선호에 의존하는 것이라고 생각했다. 다른 각도에서 이 문제를 보면 성에 대한 사회주의 여성의 이러한 태도는 가부장제가 여전히 일정한 방식으로 작동하던 당시의 남성 중심 지식인 사회에 대한 여성 나름의 신중한 접근 전략을 반영하는 것이었다. 민족 해방의 달성과 사회주의 사회의 건설을 위한 이념을 남성 사회주의자와 함께 공유한 이들은 성과 사랑의 쟁점은 이러한 거시와 장기의 상위 목표에 종속되는 것으로 간주했으며, 이러한 점에서 부수하는 쟁점으로 인해 궁극의 거시 목표가 침해되는 것을 원하지 않았다.

이에 따라 이들은 성과 사랑의 문제에 대한 자신들의 태도에서 암묵으로 전제된 일정한 선을 짐짓 고수했다. 당시의 자료들은 이들이 적어도 공공 차원에서 이 선을 결코 넘지 않기 위해서 세심한 배려를 하고 있다는 사실을 잘 보이고 있다. 1929년 여름 정칠성은 콜론타이의 성도덕에 대한 의견을 묻는 《삼천리》지 기자의 인터뷰에 응한다. 〈붉은 연애〉의 첫머리에 주인공 바실리사가 자신은 처녀가 아니라고 애인의 사랑을 물리치는데 사내는 그대가 옛날 애인이 있었다고 하더라도 지나간 과거의 일이라고 하고 결혼한다는 대목을 언급하면서, 우리의 경우에도 순결성을 문제로 삼아야 하느냐는 기자의 질문에 대하여 정칠성은 "대답하기 조금 거북"하다는 말로 답변을 회피한다. "말을 한 대야 아직 우리 조선 사회가 용납하여 주지 않을" 것이라는 것이다. 아내가 된 바실리사가 별거하다가 몇 달 만에 돌아오니 남편이 간호부와 성관계를 가졌는데도 바실리사가 이를 용서하는 것에 대한 의견을 묻는 대목에서도 그녀는 역시 "조선 사회가 허락하지 않을 것"이라는 말로 답변을 물리치고 있다(정칠성 1929b: 7~8).

독자는 여기에서 정칠성이 실제로는 그에 수긍하면서도 자신의 의견을 공개하여 명시화하지는 않고 있다는 사실을 쉽게 알아차릴 수 있다. 비슷한 시기에 같은 잡지가 기획한 〈명사의 멘탈 테스트〉라는 기사에서도 정칠성은 동일한 방식으로 대응한다. 여기에서 기자는 삼강오륜에 대한 정칠성의 비판을 기대하면서 그녀의 의견을 묻지만 그녀는 답변을 피한다. 이에 기자는 콜론타이가 자신의 소설에서 "여자의 처녀성이란 그렇게 중요한 것이 못 된다"고 서술한 것에 대한 그녀의 의견을 묻는다. 기자가 '최후의 일격'이라고 표현할 만큼 의미를 부여한 질문이었지만, 이에 대해서도 그녀는 "그런 건 난 모른다"고 하면서 자신의 의견을 밝히기를 거부한다. 아내가 없는 동안 남편이 다른 여자와 관계를 가져도 그것이 "생리적 불가항력의 일"이라는 점에서 용서해야 한다는 마지막 질문에 대하여 그녀는 생리의 불가항력이라는 점에 대해서는 공감을 표시하면서도 "옳고 그른 것"의 여부는 자신이 모른다고 말하고 있다(정칠성 1929b: 7).

정칠성이 이러한 반응을 통해 전달하고자 하는 의미는 명확하다. 즉 남녀 사이의 사랑과 비교해 볼 때 처녀성이나 순결, 혹은 정조의 문제는 그다음의 문제라는 것이다. 그리고 이는 여성이건 남성이건 동등하게 적용되어야 한다고 그녀는 생각했다. 위의 마지막 질문은 배우자에 대한 남성의 부정을 말하는 것이지만 반대의 경우에도 동일한 원리가 적용되어야 한다고 그녀는 생각한다.[17] 남편이 감옥에 있거나 망명해 있는 동안 아내가 그 사이의 생리 욕구를 참지 못하여 다른 남자와 관계한다 해도 그러한 일은 "소극적으로 한 과정적 행위"로 이해되어야 한다고 언급하고 있기 때문이다. "이 속에 내가 말하고자 하는 암시가 충분히 있는 줄 알기에 그 이상은 더 길게 말하지 않는다"고 그녀는 여기에 덧붙였다(정칠성 1930: 39~40).

비슷한 반응 양상은 황신덕에게서도 찾아볼 수 있다. 한 잡지사와의 회견 기사에서 황신덕은 "사랑과 정조는 딴 물건으로 취급하여야 할 경우가 많을 줄 안다"고 말한다. 그러자 기자는 사랑은 절대로 둘로 나눌 수가 없어도 정조만은 가끔 또 조금씩만이라도 나눠도 괜찮다는 의미냐고 반문한다. 그녀는 "대답하기 거북하게도 묻는다"고 하면서, 그에 대한 직접의 의견 표명을 유보한다. 대신에 "콜론타이의 소설에서도 취급했듯이 시대가 복잡하여 감에 따라 그것이 딴 물건이 될 경우가 많은 것을 우리는 미리 깨달아야 한다"고 하면서, "사랑과 정조는 같은 것이 원칙이겠지만 그렇지 않다고 즉시 비도덕이라고 공격할 것은 못"된다고 언급한다.[18]

정칠성과 황신덕의 사례는 이 시기 사회주의 여성이 성과 정조의 문제에 대한 의견의 공표에 매우 신중한 전략의 자세로 접근하고 있다는 사실을 보인다. 식민지 사회의 현실과 일반 여론을 고려해 볼 때 자신들의 의견이 결코 받아들여지지 않을 것이라는 현실 인식에서 이 문제에 반응하고 있는 것이다. 성과 사랑의 쟁점에 대한 사회주의 여성의 이러한 소극의 방어 자세는 그것을 공공의 차원에서 직접 제기하고 실천한 급진주의 여성, 특히 나혜석의 입장과는 좋은 대조를 이루고 있다. 사회주의 여성의 계급 해방과 민족 해방에 대한 헌신과 자기희생의 대의를 나혜석은 사 영역에서 성과 사랑의 평등과 해방의 문제로 대체하고자 했다고도 말할 수 있을 것이다.

다음에 급진주의 여성과 달리 사회주의 여성은 사회주의 이념에 대한 자신들의 헌신이 조선 사회의 개혁[19]과 현실 타파, 나아가서 민족의 독립과 해방으로 이어지는 거시 과제와 연결된다는 신념을 설파했다. 이러한 정치 전망의 공인은 당시의 지식인 사회에서 어떠한 형태로든지 공유되고 있었던 일종의 암묵의 전제이기도 했다. 나아가서 이러한 신념의 기저에는 사회와 민족이라는 실체가 보다 큰 대의로서 상정된 것과는 달리 가정이나 개인은 그에 부수하는 사소한 어떤 것으로 설정하는 인식이 자리 잡고 있었다.

정칠성은 전통 시대의 여성은 가정의 의무를 다하는 것이 전부였지만, "급격한 호흡을 쉬고 있는 현대 (……) 사회에서는 여자의 동원을 절실히 요구"한다고 지적한다. 여기서 말하는 현대 사회의 요구란 그녀의 말대로 하자면 "큰일에 대한 희생"을 의미한다. 그런데 만약 남편이 "시끄럽게 사회일을 하고 다니지 말"라고 제약한다면 어떻게 하겠느냐는 기사의 물음에 그녀는 "가정을 뛰어나와야 한다"고 단호하게 대답한다. "가정은 소小한 것이고 사회는 대大한 것"이며, "남편

| 정칠성 |

보다 일과 동지가 더 중"요하기 때문이라는 것이다. 이러한 사회의 요청에 응답하는 것이 "우리들 신여성의 나갈 길"이자 "떳떳한 의무"라는 점을 그녀는 되풀이해서 강조한다(정칠성 1929b: 4~5).

널리 알려진 콜론타이의 이른바 연애사사설[20]에 대한 그녀의 비판은 이러한 맥락에서 나왔다. 그녀는 연애 자체는 "개인 관계의 일"일 수 있지만, 연애라는 현상이 사회에 야기하는 영향에 대해서는 주의 깊은 노력이 필요하다고 생각했다. 근우회 경험을 통하여 그녀는 "순전히 개인의 연애 생활이 계급 투쟁력을 미약하게" 한다는 사실을 충분히 깨닫고 있었다. "일 잘하는 투사가 한번 결혼하여 가정에 들어가 버린 뒤는 여성 운동이 그만 뒷전이 되어 버"린다는 것이다.[21] "가정적 의무에 눌려 사회적 의무를 그만 등한시"한다는 점에서 개인의 연애는 결코

신여성,
개념과 역사

사사가 아니라고 그녀는 생각했다. 이러한 점에서 사회는 "적어도 특수한 어느 공인들"의 개인 연애에 대하여 "감시도 하고 간섭도 하고 비판"도 해야 한다고 그녀는 주장했다.[22]

자유로운 성의 관점에서 본다면 사회주의 여성은 성에 대한 이러한 감시와 간섭과 비판을 대가로 사회와 민족에 대한 헌신과 자기희생을 표방할 수 있었다. 이러한 점에서 사회주의 여성의 성 개념은 자신의 욕구와 개성이라는 바탕에서 자유로운 성을 주장하고 또 추구하고자 했던 나혜석과 같은 급진주의와는 대조를 이룬다. 그러나 소수자로서 사회의 변방에 위치한 급진주의의 존재 조건은 민족 시련의 시기에 개인의 사사에만 집중한다는 점에서 몰사회의 자기 중심이라는 지식인 일반의 의구심을 떨쳐 내는 데에는 일정한 한계를 설정했다. 개인의 의식이나 사영역과 같은 내면의 미시 차원을 지향했다는 점에서 급진주의 여성의 현실 변혁과 계몽에의 의지는 흔히 개인의 품행 문제나 도덕에 의해 야기된 바로서 사회의 비난이나 조소 속에 파묻혀 버리고 말았다.

이러한 차이는 비록 양자가 사회로부터의 동일한 비판을 받았다고 하더라도 그 양상과 강도에서 뚜렷하게 구분되는 상이한 결과를 야기했다. 결론부터 말하면 사회주의 여성은 급진주의 여성이 직면한 것과 같은 사회의 비난이나 악의에 찬 비방으로부터 더 자유로울 수 있었다. 비판이 있었다 할지라도 대면의 비난은 짐짓 자제되거나 지지와 이해를 전제로 하거나 혹은 은밀한 형태를 띠는 경우가 많았다.

그렇다면 왜 이러한 상이한 결과가 야기되었는가? 지식인 남성 사회와 언론은 왜 사회주의 여성의 자유로운 성에 대하여 보다 더 관용하고 때로는 공감하는 입장을 보였는가? 이철은 허정숙의 행동에 대한 사람들의 따가운 시선이 있었다고 하더라도 김원주, 나혜석과 같은 급진주의 여성에게 한 것처럼 인격 모욕을 퍼붓지는 못했던[23] 이유로서 두 가지를 들었다. 즉 '민족 변호사'로서 모두에게 존경받는 아버지 허헌의 명망과 더불어 허정숙 자신이 보수 남성들조차 경의를 표하지 않을 수 없는 독립운동가였기 때문이라는 것이다(이철 2008: 251~2). 아버지의 후광에 대한 지적은 허정숙만 그러한 것으로 사회주의 여성 일반에 모두 적용할 수는 없을 것이다. '독립운동가'로서 허정숙에 대한 지적은 구체화할 필요가 있는데, 이와 관련하여 필자는 이 시기에 사회주의·공산주의 이념이 식민지 지식인 사회에서 누린 일정한 권위와 권력 작용에 주목하고자 한다.

세계 차원에서 소비에트 체제의 존재와 국제 사회주의 운동을 배경으로 이 이념이 행사한 일정한 권위는 지식인 사회라고 해서 예외가 아니었다. 비록 이들이 여성이라고 하더라도 이들은 민족 해방과 새로운 사회의 건설이라는 대의에 헌신하는 존재로서 위상을 가지고 있거나, 최소한 그러한 범위 안에서 무시할 수 없는 실체로서 인정받았다. 사사에 사로잡혀 민족의 대의를 돌보지 않거나 그에 무관심한 것으로 간주된 급진주의 여성과는 달리 이들이 지향한 궁극의 이상 사회는 민족 해방의 과정을 포함하는 것으로 이해되었다. 이러한 점에서 사회주의권에 속한 여성에 대한 지식인 남성의 반응은 급진주의 여성에 비해서 보다 신중하면서 동시에 일정 정도의 배려를 포함하는 어떤 것이 된 것이다.

이른바 동반자 작가로서 알려진 박화성朴花城의 사례는 식민지 지식인 사회의 이러한 분위기와 관련하여 일정한 시사를 남긴다. 1928년 사회주의자인 김국진金國鎭과 결혼한 그녀는 1931년 반전데이 삐라 사건으로 체포되어 3년 징역을 언도받은 남편의 옥바라지를 했다. 1934년 출옥한 남편은 "가족은 버릴 수 있어도 동지는 버릴 수 없다"는 말을 남기고 간도 용종의 동흥중학교 교사로 갔다. 1936년 남편과 헤어진 그녀는 1938년 5월 호남의 부호인 천독근千篤根과 결혼함으로써 사회의 격렬한 비판을 받았다. 이는 사회주의 진영에서 특히 두드러졌는데 예를 들면 송봉우가 주간으로 있던 《비판》지는 1938년 8월호에 〈여류 작가 화성 여사의 도색 행장기〉라는 글을 실어 그녀의 행위를 맹렬하게 비난했다. 비록 사회주의에 공감하는 입장에 서 있다고는 하더라도[24] 사회주의 진영에 속하지는 않았던 그녀의 주변 위치는 사회주의 지식인들의 공격에 적나라하게 그녀를 노출시켰다.[25]

그러나 급진주의 여성에 비해 사회주의 여성이 주류 지식인 사회로부터 우호 반응을 이끌어 냈다고는 하더라도 여성 일반이 감수해야 했던 시련으로부터 이들이 완전히 자유로웠다고 말할 수는 없다. 고려공산당과 조선민족혁명당 등에서 민족 해방 운동에 참가하고 해방 이후 근로인민당 등에서 활동한 혁신계 인사인 장건상은 허정숙을 중국에서 함께 활동한 동지라기보다는 "시집을 일곱 번이나 간 여자"로서 기억한다. 장건상에게 허정숙은 힐난이나 불편함, 혹은 당혹감과 같이 부정의 복합 감정을 불러일으키는 존재이다.[26] 이른바 혁신계 인사로서 진보 운동에 참여한 남성조차 여성에 대한 편견과 가부장제의 제약으로부터 자유롭지는 않았던 것이다. 이러한 맥락에서 이철은 박헌영과 똑

같이 세 번 결혼했던 허정숙이 '정조 관념이 희박한 여성'으로 동지들의 기억 속에 남은 반면, 박헌영의 결혼 생활에 대해서는 어떤 비판이나 조소도 없었다는 사실에 주목한다. 그가 보기에 혁명 운동이야말로 가장 시급한 공의 일이므로 매력을 느끼면 육체의 결합은 자유라는 콜론타이의 연애론을 가장 잘 실천한 것은 허정숙보다는 오히려 박헌영이었다. 이러한 점에서 그는 낭만주의 연애가 그러했듯 혁명가들 사이의 붉은 연애도 여전히 남성 중심의 이데올로기에서 벗어나지 못했다고 지적한다(이철 2008: 299).

문제는 여성 지신도 이러한 가부장 이데올로기의 지속되는 입력으로부터 완전히 자유롭지는 않았다는 사실이다. 권수현은 해방 이후 북한에서 허정숙의 행적은 그녀가 이야기했던 여성론의 내용뿐만 아니라 여성 운동 시기의 활동 모습과도 상당히 배치된다고 지적한다(권수현 2010: 276). 봉건 억압의 굴레에서 벗어날 것을 주장했고 그러한 억압에 당당히 맞서는 모습을 보인 그녀가 봉건 가부장의 북한 체제에서 반평생을 보냈다는 것은 아이러니라는 것이다. 송연옥 역시 분단 이후 북한에 살게 된 허정숙이 자신의 자유로운 연애 편력을 자전 영화에서 삭제해 버린 사실에 주목한다. 이러한 사정은 다른 신여성도 마찬가지로 식민지 통치기에 여성 해방을 외치며 스스로 선택하고 몸소 실천한 자유 연애였지만 당사자가 시대의 가치관에 눌려 여성사의 중요한 부분을 부정, 말살하고 있다고 그녀는 말한다. 자유연애의 사상이나 행동이 근대 가족을 근간으로 하는 근대 국가를 위태롭게 하는 것으로 보는 점에서는 정치 체제는 다르다고 하더라도 남북이 의견을 함께한다는 것이다(송연옥 2003: 102~3).

자유로운 성을 구가하는 허정숙의 사례가 사회주의 여성 사이에서 예외는 결코 아니었다. 주세죽이나 정종명, 정칠성, 조원숙趙元淑, 심은숙과 같은 정통 "맑스 걸, 레닌 레이디" 들은 물론이고 황신덕, 박화성과 같은 사회주의 성향의 여성 역시 '붉은 연애'의 주인공으로 사회의 주목을 받았다. 예컨대 1921년 상하이에서 허정숙이 임원근을 연인으로 사귀던 시절 허정숙의 중매로 주세죽은 박헌영을 만났다. 1933년 7월 상하이에서 함께 활동하던 남편 박헌영이 경찰에 체포되어 조선으로 압송된 이후 모스크바로 근거지를 옮긴 주세죽은 같은 해 말 김단야와 결혼했다. 1937년 11월 김단야가 소련 최고재판소 군사법정에서 일제 밀정 혐의로 전격 사형 선고를 받고 처형된 이후 주세죽은 1급 범죄

주세죽과 박헌영 《동아일보》(1927년 11월 24일자)에 실린 (왼쪽부터) 주세죽, 박헌영, 박헌영의 어머니 모습으로, 당시 박헌영은 투옥 중 정신 이상 증세를 보여 병보석으로 석방되었다. 주세죽과 박헌영 그리고 김단야는 '붉은 연애'를 대표하는 주인공이었다.

자의 아내라는 이유로 1938년 3월 15일 내무인민위원부에 체포되어 심문을 받고 카자흐스탄으로 유배되었다. 해방 이후 주세죽과의 사이에서 낳은 딸을 찾은 박헌영은 딸에게 어머니에 대해서는 물어 보지도 않았고 주세죽을 찾지도 않았다. 박헌영은 그녀를 냉정하게 버렸고, 스탈린에게 조선으로 파견해 줄 것을 요청한 주세죽의 청원서는 1946년 11월 소련 국가보안성에 의해 기각되었다(박헌영 2004; 이철 2008: 284∼95).

정종명은 17세에 대한병원 통역관으로 있던 박씨와 결혼했다. 시대가 시대이니만큼 부모들의 결정에 따른 것으로, 나중에 정종명은 자신의 결혼 생활을 "인형 노릇"으로 회상했다. 당사자의 "의사와 개성을 무시하고 기적奇蹟 위에 올라 선 우리의 결혼은 조금도 행복스러운 것이 되지 못했다"는 것이다. "인습을 깨뜨려 버리고 모든 비난을 무릅쓰고서 감연히 이혼하여 버릴 생각을 가지고 기회를 엿보고 있"던 그녀는 결혼 생활 3년 만에 남편과 사별했다. 이제 그녀는 "현실적 투쟁 사실에서 생활의 표준을 세우게 되었다"고 말한다. "가정의 번잡한 계루係累를 피하기 위하여 절대로 독신으로 지낼 것과 아울러 불합리한 현실과 싸우는 대의에 몸을 바치자"고 결심한 것이다. 이후 자신의 삶에서 "로맨틱한 청춘의 생활"은 없었다고 그녀는 회상했다(정종명 1929b: 35·50).

1923년 꼬르뷰로 국내부의 공산청년회에 가입한(김준엽·김창순 1979: 12) 그녀는 공산청년회의 조직 활동에서 만난 신철辛鐵과 가까워졌다. 같은 해 9월의 지방 순회강연에 동행한 이들은 이후 연인이자 이념을 함께하는 동지로서 동거에 들어갔다.[27] 두 사람의 관계는 1925년 여름 신철이 은밀하게 국내를 떠나 소련으로 돌아가면서 끝이 났다. 곧이어 그녀는 도쿄의 일월회 계열이 주도한 정우회에서 함께 활동하던 천두 상千斗上과 사귀었다.[28] 이러던 그녀는 1928년 이후 다시 신철과 만나 동지로서의 관계를 이어 나갔다. 재입국한 신철이 검거되어 공판정에서 재회한 이후 그가 병보석으로 출감하자 극진하게 간호하면서 보살핌을 아끼지 않았다.[29]

그런가 하면 처녀 시절에 부모의 강제 결혼을 피해 시집가기 전날 밤 서울로 도주하여 숙명여학교를 다니던 조원숙은 2학년 때 신흥청년동맹의 김동명金東鳴과 가까운 사이가 되었다가 김동명이 상하이로 망명하면서 양명梁明과 사귀어 나중에 그의 고향인 제주에 정착했다(초사 1931: 18). 심은숙은 김경재金璟載와 한때 사랑에 빠졌다가 그가 감옥에 간 후에 홍기문洪起文과 결혼하여 가정을 이루었다(초사 1931: 18). 《시대일보》와 《중외일보》 여기자로 활동한 황신덕의 첫 번째 애인은 유진희俞鎭熙이다. 유진희가 제1차 조선공산당 사건에 관련하여 5년 3개월의 실형을 받아 복역하는 동안 그녀는 그에게 결별을 통보하고 나중에 《동아일보》 기자로서 서울계의 운동가인 임봉순任鳳淳과 결혼하여 가정을 꾸렸다(초사 1931: 16).

자유로운 성에 대한 사회주의 여성의 이러한 추구가 일반 사회의 분분한 여론에도 불구하고 지식인 사회의 평가가 결코 나쁘지 않았다는 사실은 이미 언급한 바 있다. 예를 들면 신철에서 천두상으로 이어지는 남성 편력을 보인 정종명에 대하여 당시의 한 잡지는 이러한 경우가 한두 번이 아니고 벌써 4, 5차례나 된다고 지적하면서도, 이 때문에 "세상에서 물론物論이 많고 욕이 많고 비평이 많"지만 정종명의 "인물과 사상을 알아본다면 아무 문제도 없는 남녀 관계며 정조관이며 연애관"이라고 평가하고 있다. "세상 사람은 인생의 전체를 보지 않으며, 사상적 동인을 보지 않고 그때그때 변화해 가는 국부적 생활 모순을 지적"만 하지만, "어떤 의미에서 콜론타이 여사 이상으로 더 철저한 적련자赤戀者"인 그녀의 "핏빛같이 새빨간 그 정열 가운데에 무엇이 두려우"냐고 반문하고 있다.[30] 그러나 이들과 일정한 교유 관계를 유지하면서 가까이에서 지켜본 최은희는 해방 이후에 이에 관하여 다음과 같이 서술한다.

자유연애와 자유결혼을 구가하고 봉건사상을 타도함은 당연한 일이었지만 성의 해방을 창도唱導함에 이르렀던 것이다. 그녀들의 사상은 대단히 거칠어졌다. 일부일처주의는 철저하되 사랑은 둘이 아니요 하나이며 절대적이 아니요 상대성인 까닭에 둘이가 서로 사랑하는 동안만이 부부요 영속을 추구하는 것은 허무한 꿈이라 하였다. 사랑이 식은 부부가 자녀에 얽혀서 할 수 없이 동거 생활을 한다는 것은 구시대의 도덕과 노예가 되는 것이며, 성을 해방함으로써만이 남녀가 대등한 입장에 서게 된다는 원칙을 내세웠다. 배가 고프면 음식을 요구하는 것과 마찬가지로 인간의 본능을 구속하는 것은 인권을 유린하는 것이라고도 하였다. 그녀들은 거침없이 자기들의 이론을 행동으로 실천하였다(최은희 1979: 114).

해방 이후의 냉전 상황에서 최은희의 회고는 이들의 행태에 대한 약간의 불편함과 비난을 행간에 포함하고 있다. 그러나 당시대의 맥락에서 볼 때 사회주의 여성의 이러한 행위는 상대방 남성 사회주의자의 체포와 투옥, 망명 등으로 인한 불가피한 사정을 반영한 것이기도 했다. 예를 들면 사실의 왜곡과 비방에도 불구하고 허정숙에 대한 비판의 중심은 1925년 사회 운동가인 남편 임원근이 투옥된 어려운 시기에 다른 남자와 바람을 피웠다는 사실에 있었다. 즉 아내이자 동지로서의 신의를 저버린 행위라는 것이다. 이념을 같이하는 사상의 동지로서 신의에 대한 '배신'이 자유연애와 성애에 대한 요구와 충돌했다고 할 수 있는 것이다. 이러한 점에서 허정숙의 행위를 옹호하는 입장에서는 "남편이 아내의 상전이 아닌 동시에 아내가 남편의 소유물도 아니"라는 전제에서 허정숙이 "한때 임원근의 아내였으나 그의 소유물이 아닌 이상 그녀는 자신을 마음대로 할 수 있"다고 지적한다. "하물며 성생활은 인생에게 자연 그것이 요구하는 바인데 그녀는 청춘"이라는 것이다. 따라서 그녀가 남편이 없는 동안 다른 사람에게 간 것은 결코 잘못이 아니며, 동지로서의 신의를 저버린 것도 아니라는 것이다.[31]

이 문제가 당시의 사회 운동권에서 심각한 문제로 제기된 사정을 보이는 또 다른 자료가 있다. 〈남편 재옥在獄·망명亡命 중 처의 수절 문제〉를 주제로 한 《삼천리》 1930년 11월호의 특집 기사가 그것이다. 여기에 기고한 사람들은 다양한 입장을 보인다. 가장 보수의 입장을 고수한 사람은 허정숙의 두 번째 연인인 송봉우였다. 〈정조를 절대 사수하라!〉라는 글에서 그는 여성 사회주의자에게 "동지로서 사랑과 믿음信이 병행하는 여성"으로서의 미덕을 강조한다. 그는 이상과 실제의 두 측면에서 이 문제를 논의한다. 이상으로 보면 "남편이 투옥이 되었거나 또는 잠적, 망명 중일지라도 그 남편에 대하여 믿음 있는 서원誓願을 세웠기 때문에" 여성은 정조를 지키면서 남편과의 재회를 기다려야 한다고 그는 본다. 생리로 보더라도 남편이 오랜 동안 떠나 있더라도 여성은 "어디까지든지 정조를 엄수"해야 한다고 그는 주장한다. 이러한 점에서 정조를 지키지 못하는 여성을 그는 "인격의 긍지와 수양이 없"는 "유녀형遊女型의 아내"로 단죄한다.[32]

이덕요와 김원주는 용인과 비난이라는 양자의 중간에서 절충하는 입장에 있다. 해외로 망명한 남편 안위선韓偉健을 기다리는 자신의 저지를 감정이입이라도 하듯이 이덕요는 "동지로서의 사랑이" 아직 식지 않았다면 여성은 상대방이 감옥에 입옥한 동안의 생리 본능을 누르고 "언제까지든지 의연히 수절하여야 옳을 것"이라고 주장한다. 사랑이 열렬했고 또 그 사랑이 식지 않는다면 성욕은 얼마든지 참을 수 있고 또 참아야 한다는 것이다. 단 직업이 없어서 "생활의 방도가 전혀 끊어지는 여성"의 경우에는 수절을 강요할 수가 없다고 그녀는 생각한다(이덕요 1930: 38~39). 현실 여건을 고려해야 한다는 것이다. 김원주 역시 이덕요와 비슷하게 수절하는 것이 도덕에서 옳다고 하더라도 "우리네 사회같이 그 남편이 없어졌다 함이 즉시 양식이 없어졌고 입을 의복이 없어지는 것임을 의미하는 경제적 위협이 따르는 경우에서는 절개를 언제까지든지 지키라 함은 사실 어려운 일"이라고 언급한다. 따라서 가능하면 정조를 지키는 것이 옳겠지만 실제로는 무리가 따른다는 점에서 원칙으로 "3년까지는 참는 것이 좋을 것"이라고 제안한다(김일엽 1930: 41).

이와는 달리 허정숙이나 정칠성, 유영준 등은 반대 의견을 제시한다. 전남편 송봉우의 비판을 의식이라도 하듯이 허정숙은 이상과 현실은 다르다고 강조한다. 그녀는 "이 문제는 벌써 몇 해 전부터 조선 사회에 제출되어 있는 한 가지 중요한 과제"라고 언급하면서, 앞으로 감옥에 가는 사람들이 증가함에 따라 더욱 복잡다단할 문제가 될 것으로 진단한다. 사상운동에 대한 경찰의 탄압이 심한 상황에서 무릇 운동자라면 이에 대한 "엄정한 견해를 미리 세워 두어야" 한다는 것이다. 외국의 경우에 비해 조선 여성이 처한 현실 조건에 주목할 것을 그녀는 촉구한다. 전체로 보아 교양이 낮고 경제 결핍으로 고통받는 조선의 여성은 남편의 망명이나 철창 생활에서 "조선 현실이 강요하는 호구난에 몰려" 개가할 수밖에 없는 경우가 대다수라는 것이다. 아울러 운동선상의 남편을 가진 아내는 흔히 청춘 시기인 만큼 "본능에 대한 허위 생활을 거절하는 일"이 실제로는 매우 많다고 그녀는 지적한다.

독일이나 미국에 비해 성과 경제의 해방이 매우 미미한 사실을 지적하면서, 그녀는 그렇기 때문에 조선 여성은 이들 외국 여성에 비하여 "오히려 더 많은 자유를 가져야" 한다고 주장한다. 여성 해방이 부족한 현실에서 그것을 쟁취하기 위해서는 외국의 여성보다 더 많은 자유를 누려야 한다는 것이다. 주목할 것은 배우자의 시련 중에 아내가 수절하는 것을 그녀가 원천에서 부정하지는 않았다는 점이다. 즉 이상으로는 "아내 된 사람이 언제까지든지 즉 재회할 때까지 수절함이 원칙"이지만 경제 관계나 성 관계 등으로 그것을 실행하기가 어려운 현실을 감안해야 한다는 것이다(허정숙 1930: 37~38).

허정숙과 비슷하게 정칠성 역시 "이 문제는 벌써 우리 여성 사회에 큰 시비거리로 내려오던 것"이라고 하면서 몇몇의 사례를 나열한다. 첫째는 "운동에 지친 남편의 몸이 아주 기거하지도 못하여 병석에 오래 드러누운 경우"라면 "정성을 다해 보살펴야" 한다고 그녀는 언급한다. 둘째로 남편이 오랜 동안 감옥에 있다 하더라도 "아내 된 사람은 여전히 그를 기다림이 옳겠으며 (셋째로—필자) 망명하고 없다 하더라도 역시 애인 된 여자는 그 사랑하는 남편이 돌아오기를 손꼽아 기다리고 앉아야 옳을 것"이라고 그녀는 지적한다. 그러나 이어서 그녀는 "주의자도 인간이고 사상가노 농물"이라는 사실을 강조한다. 누구나 수절하는 것이 옳다는 것은 "번연히 알지만", "춘추의 계절 따라 젊은 몸을 휩쓸고 도는 그 생리적 욕구를 어떻게 물리칠 수가 있겠"느냐고 그녀는 반문한다. 결론으로 그녀는 "인생의 본능인 성욕을 무제한하고 참으라 함은 과부에게 정조를 강요하는 시대에 뒤떨어진 도덕이나 조금도 다를" 바 없다고 말한다(정칠성 1930: 39).

유영준 역시 장기형을 받거나 망명한 남편의 아내가 "아무리 동지도덕과 의리가 깊다 하더라도 청춘이 백발이 될 때까지 돌아오기를 기다리는 것"은 불가능할 뿐 아니라 결코 옳지 않다고 주장한다. 성의 본능을 억압해 가면서 독신으로 생활의 방도를 마련할 수 없는 현실에서 입옥자의 아내가 수절하지 못하는 것은 당연한 일이며, 정조를 지키는 것이 "오히려 의외의 사실"이라고 그녀는 지적한다. "오늘 감옥에 갔다고 내일 딴 사나이를 찾는다는 것은 사회주의자뿐 아니라 보통 인간으로서도 도의상 못할 노릇"이지만, "마음에 없는 인종忍從을 계속한다 함은 과부에 정조를 강요하는 봉건사상"과 다를 바 없다고 그녀는 언급한다(유영준 1930b: 40).

이처럼 이들 사회주의 여성은 시련에 빠진 배우자를 둔 여성의 상대방에 대한 신뢰를 원칙에서는 인정하면서도 자신의 성 본능을 억압하는 것은 남편을 아내의 상전으로 보거나 아내를 남편의 소유물로 보는 봉건사상의 표현이라고 비판한다. 남성인 송봉우의 의견을 제외한다면 이 문제에서 가장 당위와 원칙을 고수한 사람은 이덕요였다. 이에 비하여 허정숙이나 정칠성, 유영준 등은 어느 경우이건 인간의 본능인 성욕을 아무런 조건 없이 억제하는 것은 인간의 본성을 억압한다는 점에서 과부에게 정조를 강요하는 봉건 시대의 도덕과 다를 바 없다는 의견을 보였다. 이와 아울러 이들은 정칠성의 경우를 제외하고는 생활 방도와 경제 관계에서 여성이 남성에게 실제로 의존하고 있는 식민지의 현실을 고려할 것을 주장했다.

자유로운 성의 딜레마와 자기모순

나아가서 위의 특집 기사에서 여성 사회주의자는 자유로운 성에 대한 생각의 단편을 언급한다. 정칠성은 남편이나 애인이 체포, 투옥되어 있는 동안에 생리 욕구를 참지 못하고 다른 남자를 찾는다 하더라도 "인간적 동정"으로 이해할 수 있다고 말한다. 그러나 이런 경우에도 원래의 연인이 출옥하게 되면 "응당 그 품에 다시 도로 가 안겨야 옳을 것"

이라고 그녀는 생각한다. 그렇다면 남편이 없는 동안에 그녀의 '부정행위'는 어떻게 정당화될 수 있는가? 이에 대한 그녀의 대답은 그동안의 "과정적 행위는 의식적으로 또 소극적으로 한 일임에 불과하게 되어야 옳을 것"이라는 것이다(정칠성 1930: 39~40). 다소의 추상과 모호한 방식으로 표현하기는 했다 하더라도 그녀가 전하고자 하는 바는 어느 정도 명확하다. 즉 동지이자 연인으로서 남성은 여성의 그러한 행위를 인간의 차원에서 기꺼이 이해하고 포용해야 한다는 것이다.

위의 특집에서 가장 원칙에 충실하고자 한 이덕요에게서도 이와 비슷한 주장을 찾아볼 수 있는 것은 흥미롭다. 동지로서의 연인에 대한 사랑이 아직 식지 않았다면 언제까지나 수절을 해야 한다는 당위의 표명에도 불구하고 그녀는 만약 성욕을 정 참지 못하겠다면 "예전 사랑하던 분을 그대로 사랑하면서 그때그때 다른 사내와 관계를 맺어 갈 수도 있"다고 언급한다(이덕요 1930: 39). 비록 자신은 그것을 실행에 옮기지 않았지만 연인을 그대로 사랑하면서 다른 사내와 관계를 맺을 수도 있다는 생각은 정칠성이 언급한 바로서의 "과정적 행위에 대한 인간적 이해"와 통하는 바가 있다.

이러한 인식은 1920년대 후반 《동아일보》와 《중외일보》 지상을 통해 전개된 일련의 논쟁에 참여한 유영준에게서도 찾아볼 수 있다.[33] 논쟁에 참여한 세 사람의 입장을 거칠게 말하면 보수주의의 논자가 최활이라고 한다면 광산은 자유주의에 가깝다고 할 수 있으며, 유영준은 사회주의 시각에서 논의에 참여하고 있다. "이성과 육교肉交가 있는 여자는 처녀라고 하지 말라"거나 "부부의 약속이 있는 남녀가 육교의 허물이 있거든 거룩한 예식을 하지 말라"는 최활의 의견을 유영준에 못지않게 광산이 비난하는 것은(광산 1927(1)) 이러한 맥락에서 이해된다. 그러나 자유주의자로서 광산은 사회주의자인 유영준과 결코 화해할 수 없었다. 광산은 정조에 관한 유영준의 의견을 반박한다. 정조에 대한 유영준의 의견이 "별안간 독자들의 동공을 크게 만들고 입을 벌리게" 했다고 광산은 적었다. 문제의 이 구절은 《중외일보》 지상에 유영준이 기고한 글의 일부로 광산은 자신의 글에서 다음과 같이 그 내용을 인용하고 있다(광산 1927(3)).

현대에 있어서 여자가 종래와 같이 안방 구석에만 앉아서 먹고살 수 없는 이상 남성을 많이 접촉하지 않으면 안 될 것도 사실이오 이성의 접촉이 많으면 자연히 정조 파멸이 늘어갈 것은 단순히 생리적 요구에만 의할 뿐 아니라 정조에 대한 근본적 관념의 표준이 달라진 것이 큰 원인이겠다. 이것을 성도덕의 부패라고 탄식하는 이가 있으나 이것은 부패도 아니오 타락도 아니다. 편협무쌍하던 남성 본위의 성도덕으로부터 인간을 본위로 한 공평하고 순리적인 성도덕으로 진보하는 것이다.

"문명인의 생활은 일부일처제로 되지 않을 수 없"으며, 정조는 "신성한 연애의 옹호자임과 동시에 또 순진한 연애에는 반드시 정조가 반행伴行하지 않을 수 없다"(광산 1927(4))는 광산의 의식 세계는 "정조에 대한 근본적 관념의 표준이 달라"졌다는 유영준의 말을 이해할 수 없었으며, 또 수긍하려고 하지도 않았다. "현금 여성계의 풍기가 비상히 문란해진 사실은 확인하면서도 설마 여자들의 정조에 대한 관념이 일반이 탄식하는 바와 같이 그렇게까지 타락하였으리라고는 생각지 않았"다고 하면서(광산 1927(3)) 그는 유영준의 주장이 "타락적이며 소극적"이라고 규정한다.[34]

유영준의 말대로 정조 관념 자체가 달라진 것이라면, "매소부들도 성도덕으로 보아 하등 비난할 점이 없다"고 지적하면서, 그는 그럼에도 불구하고 남녀평등의 성도덕을 주장하는 '신사상가'도 기생을 직업부인으로 존경하지 않으며 "자유연애를 실행하는 신여성으로 대우"하지 않고 "정조 파멸자로 성모輕侮 하는 것은 무슨 까닭이냐고 되묻는다. 나아가서 그는 여성에게만 정조를 요구하는 것이 "확실히 틀린 사상"이라고 공감을 하면서도, 성의 자유에 대한 유영준의 주장을 자신의 방식으로 비틀어 제시한다. 그는 자유로운 성의 주장을 "남자가 간음하니까 여자도 마음대로 간음"해도 좋다는 방식으로 왜곡한다. 이러한 점에서 "자유연애다 거짓이 없다 순직하다 하고 찬미하는 소위 자연주의자 향락주의 같으면 몰라도 그렇지 않은 보통 인간으로는 누구든지 반드시 이것은 부패이며 타락이라고 개탄"할 수밖에 없다는 것이다(광산 1927(5)).

이에 대하여 유영준은 먼저 남자가 수천 년에 걸쳐 정조 문제로부터 자유로울 수 있었던 것은 금력의 지배 때문이라고 진단하면서, 봉건 관습과 금전, 외모, 신분과 같은 이유로 말미암아 여성이 정조를 잃게 된다고 지적한다.[35] 이러한 점에서 그녀는 여성의 '정조 파멸'은 "자동적이 아니요 피동적"이라고 말한다. 즉 자신의 주체 의지와 판단보다는

신여성,
개념과 역사

바깥의 억압 요인들이 더 작용한 결과로 보아야 한다는 것이다. 그리고 이 경우 여성은 상대방이 "동경하는 인격자가 아"니라는 판단이 들면 "차라리 다시 이상적 인격을 찾"을 것을 권유한다. 관습이나 주위의 시선을 의식해서 할 수 없이 그냥 사는 것은 "인간 본위"의 정신에 어긋난다고 그녀는 지적한다(유영준 1927(1)). 이러한 그녀의 주장에는 남녀의 사랑은 인본주의와 이상주의의 요소에 입각해야 한다는 생각이 녹아 있다.

나아가서 그녀는 금전이 지배하는 남성 중심의 식민지 현실을 직시하면서, 이로 인해 "불행에 우는" 여성의 수가 늘어간다면 남성의 "죄악"에서 기인하는 풍조가 남성만이 아니라 "여성에게도 밀려올 것"이라고 경고한다. 현실에서는 이러한 남성 본위의 행태를 어쩔 수 없이 받아들이고 있지만 여성이 그에 반발하는 시기가 온다는 것이다. 그렇다고 하여 이러한 주장이 결코 "기녀 시인론"을 의미하는 것은 아니라고 그녀는 덧붙인다.[36] 그녀가 보기에 광산이 신랄하게 비난한 바 있는 기생은 "생활고에 빠진 가련한 여성"에 지나지 않는다. "그 기계적 생활을 정신적 생활로 보는 남성들이 수천 년을 두고 계속적으로 밟아 버린 것을 보면 그 죄악은 말할 수 없"다고 하면서, 그녀는 "문명에 위반"되는 남성의 이러한 행태를 "편협무쌍한 도덕"으로 맹렬하게 비난한다(유영준 1927(2)).

《동아일보》의 이 논설에서 유영준은 앞의 《중외일보》에서 설파한 정조에 대한 급진주의의 해석을 더 이상 언급하지 않는다. 다만 여성의 성에 대한 남성의 금전 지배가 여성이 경제력을 가지게 되는 경우 정반대의 상황에 부딪힐 것이라는 언급을 통해 사회주의의 방식으로 해석할 단서를 희미한 방식으로 내비치고 있을 따름이다. 전체로 보면 이글에서 유영준은 정조에 관한 심도 있는 논쟁을 짐짓 회피하는 대신에 남녀평등과 자유연애에 대한 자유주의의 주장을 사회주의 입장에서 해석하고 제기하는 방식을 택함으로써 자신의 주장을 정당화하는 전략을 구사하고 있다.

유영준은 정조는 여성과 남성 모두에게 적용된다고 주장한다. "남성이 여성 보기를 동일한 인간으로만 보았으면 어찌 정조의 파멸이 있겠느냐"고 반문하면서 그녀는 "성세 독립만 된다면 광산 선생의 말과 같이 동정녀로 살고 갈 여성이 배출할 것은 사실"이라고 단언한다.[37] 여기에서 그녀는 정조와 동정의 주제를 근본에서 도발하는 문제 제기를 더 이상 시도하지 않는다. 그녀가 말하는 정조와 동정은 자유주의자로서 광산이 말하는 정조, 혹은 사회 통념으로서 받아들여진 보수주의 입장에서의 그것과 별다른 차별성을 가지지 않는다. 그것의 파괴와 부정이 남성과 여성의 어느 쪽에서 야기된 것인가에 대한 의견의 차이는 있을지언정[38] 정조와 동정의 개념 자체는 그대로 용인하고 있는 것이다.

물론 그녀는 "자유연애라는 미명하에서 여성만 보면 흑작질 하는 변태성욕자"들의 행태를 고발하면서 "문명한 인간 사회"에서 성 문제는 "각 개인에게 방임하는 것"이라고 주장한다. 이는 앞의 《중외일보》에서 보인 정조에 대한 해석을 다른 형태로 표현한 것으로 나혜석의 주장과도 통하는 바가 있다. 그러나 곧이어 그녀는 "비록 법률이 성 해방을 할지라도 색마"가 아닌 다음에야 "만족이 부부 사이에 있다 하면 그 두 사람의 내심에는 딴 사람을 생각할 여유가 없"다고 덧붙임으로써 자신의 주장을 희석시키고 만다. 정조 파멸을 가볍게 여긴다고 해서 여성이 실제로 그러하리라고 단언할 수는 없다고 유영준은 주장한다. 이는 "아직도 과부가 많고 소박맞은 부인이 많은 것으로 증명"될 수 있으며, "성적 충동을 단순한 일시적 오락장에서도 받을 만한 소질이 있게 생각하는" 남성과는 달리 여성에게 그럴 "위험은 단연코 없다"고 그녀는 말한다. "앞으로 남녀 향상이 있고 또 여성의 지식 향상 여하에 있어 자제 자행할 것"이기 때문이다(유영준 1927(4)).

이처럼 남녀동등의 정조관이나 일부일처에 근거한 사랑, 혹은 조혼의 폐해(유영준 1927(3))나 과부해방론[39]에 대한 주장에서 보듯이 유영준은 자유주의 교의를 기저에서 의식하면서 자신의 논지를 전개하고 있다. 물론 "부정녀"의 문제를 남성 사회의 책임으로 귀속시켜 설명한다거나 성 문제는 개인의 인격과 자유에 속한다는 주장은 사회주의나 나혜석과 같은 급진주의의 주장으로 이어지는 것이지만, 그녀는 이를 남성의 성의 향유에 대한 맹렬한 비난이나 사랑에 기초한 부부 관계, 혹은 여성에 의한 성의 절제와 연결시킴으로써 논지를 모호하게 하거나 사실상 은폐하고 말았다.

우리는 여기에서 성에 대한 전통 질서가 여전히 압도하는 보수 풍토를 다분히 의식하면서 광산으로 대표되는 소수 지식인 남성의 자유주의에 일정한 범위에서 호응하고자 하는 유영준의 대응 전략과 아울러 그것이 야기한 실제 결말을 읽는다. 여성 운동의 필요와 바람직한 여성상에 대한 그녀의 언급은 이러한 전략에 대한 일종의 사족이라고 할 수 있을 것이다. "여성이 다시 분발하여 손에 손을 잡고 남성의 유혹을 떠나 인간 본위 공평 순리적으로 우리가 세상의 주인공이 되어야 한다"고 그녀는 말한다. "성에 앓는 머리를 경제에 앓을 때"라고 하면서 그녀는 이웃에 관심이 없고 "사회와 몰교섭하므로 남성이 무엇인지 여성이 무엇인지 또는 내 배 부르면 남의 배 곯는 것을 모르며 내 자식 중한 외에는 타인지자를 불고하는 부동不動 물체 같은 여성"을 "남성에 추종하는 여자"로서 배척한다고 선언한다.

그녀가 원하는 여성상은 "피동적 성의 파멸을 당한 여성일지라도 또는 동정이 없는 처녀일지라두 그 기우이 씩씩하며 괴로움苦을 능히 참고 시대를 잘 알며 유복자를 업고 태산을 넘는 여성"이다. 이러한 점에서 정조를 지키는 데에만 급급하고 다른 문제에는 관심이 없는 여성은 "인종지말人種之末"로서 "우리 여성 개혁 운동"에는 전혀 바람직하지 않다고 단정한다(유영준 1927(2)). 여성 운동자의 자질과 자격에 대한 유영준의 언급이 비록 성과 계급의 문제를 동시에 연결하면서 양자를 고려하는 균형 있는 접근을 보이고 있다고는 하더라도, 이웃과 사회에 대한 관심과 시대의 괴로움을 진지하게 고민하고 행동하라는 메시지는 민족 부흥과 사회 개혁에 대한 자유주의 남성의 주장과 적절하게 조화될 수 있다.

이러한 모호성은 성과 계급의 문제(와 민족문제)에서 사회주의 여성이 당면한 모순을 드러낸다. '헌신'의 대상인 대부분의 민중 사이에 만연한 전통 질서와 가부상의 지배라는 현실에서 이들이 성에 내한 사신의 생각을 적나라하게 드러내고 그것을 설득력 있게 전달한다거나 공공의 차원에서 토론하는 것은 성급하고 무모할 뿐만 아니라 무망한 일이기도 했다. 다른 한편으로 일정한 한도 안에서 자신들의 주장에 공감하고 그것을 지지하는 소수의 자유주의 지식인 내지는 심정의 사회주의 동조자들을 견인하기 위해서는 일방으로 그것을 비판하거나 무시할 수만은 없는 일정한 배려가 필요하기도 했다. 이념을 함께하는 사회주의, 공산주의 동료라 하더라도 오랜 세월에 걸쳐 형성된 남성 지배의 이데올로기로부터 자유로운 남성은 유감스럽게도 많지 않았다. 심지어는 당사자인 여성 사회주의자 자신도 이러한 전통의 질서로부터 완전히 자유로울 수는 없었다.

이 시기 여성 사회주의자에게서 나타나는 성에 대한 딜레마와 자기모순은 이러한 상황을 반영한 것이었다. 모두가 그러하지는 않았다고 하더라도 이러한 모순을 배경으로 이들은 이념의 정언에 따른 믿음의 온전한 실천 대신에 개인 차원에서의 실행을 구체화하는 방식을 선호했다. 이른바 "붉은 연애의 주인공"들이 대중 매체의 가십거리로 등장한 것은 이러한 맥락에서일 것이다. 그런가 하면 또 다른 일부는 불가피한 현실과 타협하면서 이와는 다른 차원에서의 대안을 모색했다. 정칠성의 사례가 여기에 속한다. 연애로 인한 고민은 각 나라의 특수한 사정과 각 시대의 변천에 따라서 다르다고 할지라도 영원히 없지 못할 어려운 주제라고 그녀는 말한다. 그러나 현대 자본주의 사회에서는 그것이 특히 인간에게 적지 않은 불행을 가져온다. 모든 것을 "상품화하는 자본주의 사회에서는 순결하고 진실해야 할 애정 그것까지도 물질적 이해로 타산하지 않을 수 없게 되기 때문"이다. 동일한 인간인 이상

누구나 연애할 수 있다는 것이 연애 자체의 원리원칙이 되겠지만, 자본주의 사회에서 연애는 계급을 초월하지 못한다는 점에서 현대와 같은 과도기에 진실한 연애는 불가능하다고 그녀는 주장한다.

　정칠성은 남존여비의 봉건사상과 남성에 의한 경제 권한의 독점을 배경으로 연애에서도 여자는 자연히 불평등한 지위를 차지할 수밖에 없는 현실에 주목한다.[40] 무릇 이성 관계란 언제나 복잡하다는 점에서 그녀가 보기에 남녀가 절대 평등한 지위에 있다 할지라도 예컨대 삼각관계나 경제 관계, 사상, 혹은 감정의 원인 등과 같이 연애의 고민은 언제나 나소산 있어 왔다. 이 중에서 가장 중요한 원인으로 사회 제도를 지목하면서 그녀는 연애의 고민을 해결하는 유일한 방책은 남녀의 사회 지위가 동등하고 또한 전 인류가 보다 행복한 지상낙원 시대가 돌아오는 것이라고 말한다. 그러나 그것이 "인류 진화의 구원한 장래"에나 가능한 현실에서 연애에 대한 현실의 방안을 찾을 수 없다는 데에 그녀의 딜레마가 있었다. 이러한 점에서 그녀는 현 사회에서는 "동지 연애로서나 만족하라"고 권유한다. 그것이 의미하는 바를 자세하게 밝히지 않고 서둘러 글을 맺으면서 그녀는 그것은 진정한 의미에서의 연애는 아니며, "어떤 사업을 위한 결합", 다시 말하면 "장래 인류 사회에서의 완전한 연애를 이룰 터전을 닦기 위해서 현재의 불합리한 환경과 투쟁하는 결합"이라고 말하고 있다(정칠성 1931a: 39〜40).

　정칠성은 이와 비슷한 의견을 《삼천리》지가 주관한 대담 형식의 기사에서도 토로한 적이 있다.[41] 연애와 성욕을 분리하여 연애를 부정하는 대신에 사회 운동과 공부와 투쟁에 바쁜 운동자들이 "생리적 충동을 위하여 성욕의 만족을 잠깐 잠깐 얻을 길을 구하는 것이 더 필요"하다는 콜론타이의 주장에 대하여 정칠성은 "현실을 잘 본 말"이라고 평가한다. 성욕과 연애는 구분해야 하며, "결혼의 자유, 이혼의 자유가 아주 완전하게 없는 곳에서는 그리밖에 더 어떻게" 할 수 있겠느냐는 것이다. 그것이 여자의 정조 관념, 즉 순결성을 무시하는 것이 아니냐는 기자의 물음에 그녀는 다소 유보하는 방식으로 반응하면서도, "너무 정조를 과중 평가할 필요까지야 없을 것"이라고 답변한다(정칠성 1929b: 5~7).

정칠성이 언급하는 대안으로서의 성에 대한 추구가 어떠한 의미에서 평가될 수 있는가는 논외로 하더라도 전반으로 보아 성욕과 정조에 대한 여성 사회주의자의 의견은 정조의 엄격성을 강조한 대부분의 자유주의자와는 대조를 이루면서, 나혜석의 급진주의와는 상통하는 바가 있다. 앞에서도 말했지만 최은희는 당시 여성 사회주의자 사이에서 "배가 고프면 음식을 요구하는 것과 마찬가지로 인간의 본능을 구속하는 것은 인권을 유린하는 것"이라는 생각을 쉽게 찾아볼 수 있다고 지적한 바 있다. 급진주의자와 마찬가지로 여성 사회주의자는 성에 대한 자기결정권을 주장하면서[42] 자유로운 성과 성 해방을 실천하고자 한 것이다. 당시 사회의 인식 수준에 비추어 파격에 가까운 이러한 주장은 위선과 퇴폐의 남성 주도 가부장 지배 질서에 대한 비판을 넘어서 성의 자유와 해방에 대한 비전을 조망하고자 하는 것이었다.

계급과 성의 불평등이 존재하는 자본주의 사회에서 완전한 성의 해방과 자유는 불가능하다는 것이 이들 사회주의 여성의 판단이었다. 이러한 현실 인식은 비록 잠정이라고는 하더라도 다가올 사회주의 사회에서 계급의 대의를 달성하기 위한 수단으로서 현실의 성과 사랑을 기꺼이 용인한다는 태도로 이어졌다. 여기에서 "생리적 불가항력"(정칠성 1929b: 7)의 차원에서 기계와 같이 정조에 접근하는 태도가 나왔다.

이미 언급한 대로 "사랑하던 분을 그대로 사랑하면서 그때그때 다른 사내와 관계를 맺"을 수 있다는 이덕요의 언급은 사랑과 성욕을 각각 정신과 육체의 영역으로 분리하여 후자에 정조를 귀속시키는 사고방식을 보이는 것으로, 여기에서 정조를 지키는 것과 사랑한다는 것은 별개의 문제로 성립될 여지를 남기게 된다. "과성의 행위에 대한 인간의 이해"로서 연인 부재중의 행위를 옹호한 정칠성 역시 공리와 도구의 관점에서 정조를 이해하는 것으로 해석될 수 있다.

사랑의 이상보다도 정조의 불변성을 중요시한 보수주의자나, 정조에 앞선 사랑의 의미를 강조하면서도 사랑이 지속되는 한은 정조를 지켜야 한다는 자유주의 진영에서는 이러한 주장이 실제로는 정조 경시 내지는 무시론으로 귀결된다고 해석하여 이를 비판해 왔다. 자유주의자나 보수주의자는 이러한 차원에서 정조의 문제를 이해하고 사회주의 여성을 비판하고자 했다. 앞에서 말한 유영준의 논쟁에서 최활의 비판이나 광산의 반응이 적절한 예가 될 수 있을 것이다. "인간을 본위로 한 공평하고 순리적인 성도덕으로의 진보"를 주장한 유영준의 의견에 이들은 결코 동의할 수 없었다. 유영준을 비롯한 사회주의 여성의 주장에는 자연으로서 인간의 본능과 욕구에 대한 긍정과 함께 성의 평등과 해방을 통한 인간성에 대한 존중이라는 메시지가 있다. 이들이 전달하고자 하는 정조 문제의 핵심은 이러한 관점에서 이해될 수 있었다.

이러한 의도에도 불구하고 정조에 대한 이들의 주장에는 인간 및 도덕의 요소와 아울러 공리와 도구에 의거한 인식이 혼효되어 있었던 사실을 부인할 수는 없다. 이는 비단 식민지 조선에만 한정되지 않고 러시아의 경우에도 찾아볼 수 있는 현상으로,[43] 성의 자유에 앞서 계급 규율을 강조한 조야한 형태의 사회주의자와 달리 이들은 여성의 입장에서 사회주의 성 평등과 성 해방의 문제를 제기하고자 했다. 이 점에서 이들은 나혜석과 같은 급진주의와 통하는 면이 있지만, 자신의 삶을 내걸고 이 문제를 제기하고자 했던 나혜석과는 달리 사회주의 여성은 성에 대한 쟁점을 전면화하고 결정화하는 방식을 택하지는 않았다. 사회참여나 민족에 대한 기여라는 차원에서 그것을 정당화하고자 했던 전략에 의거한 접근은 의도한 것이건 그렇지 않은 것이건 간에 성의 문제를 희석시키고 모호하게 하여 때로는 그것을 은폐하는 결과를 가져왔다고 할 수 있는 것이다.

新女性

7장

신여성의 미국 체험과 인식

1920년대 전반기 일제 강점기의 식민지 피지배 민족에게 해외 경험은 결코 쉬운 일이 아니었다. 식민지민이 해외로 나갈 수 있는 경우는 국제회의나 경기에 참석하거나 혹은 유학과 같이 목적이 뚜렷한 공식의 경우에 한정되었으며, 개인 차원에서는 피지배 민족의 상류·지도층에 속하는 경우와 같이 신원이 확실한 경우에만 가능했다.[1] 여성의 지위가 보다 열악했던 이 시기에 여성으로서 해외에 나간다는 것은 더욱 어렵고 드문 기회였다. 이 시기 식민지 피지배 여성에서 해외 경험을 한 여성은 매우 드물었으며, 선택받은 소수의 이들은 당연히 근대 교육을 받은 신여성의 범주에 속했다.

예를 들면 이 시기의 신여성을 대표하는 나혜석이 1927년 6월부터 1929년 3월에 이르는 1년 10개월 동안 유럽과 미국 등지를 여행할 수 있었던 것은 일본 외무성 관리로서 안동 부영사로 근무한 남편 덕분이며, 황에스터黃愛施德와 함께 미국 유학을 한 대표 인물로 흔히 거론되는 김마리아와 박인덕은 기독교 선교사의 도움을 받아 유학생 신분으로 미국에서 공부했다.[2] 그런가 하면 사회 운동과 여성 운동에서 활발한 활동을 펼친 여류 사회주의자 허정숙이 미국을 비롯하여 유럽 지역을 1년 남짓 여행할 수 있었던 것은 보성전문학교 교장이고 동아일보사의 중역이자 조선변호사협회 회장을 지낸 아버지 허헌의 영향력이 있었기에 가능한 일이었다.

이 장에서는 식민지 시기 미국 유학을 대표하는 몇몇 신여성이 남긴 미국 견문록, 여행기 등을 중심으로 이들의 미국 체험과 그에 대한 인

나혜석의 세계 여행 남편 김우영과 함께 유럽 여행길에 나선 나혜석(1927년). 그녀는 일본 외무성 관리였던 남편 김우영과 1년 10개월간 유럽과 미국 등지를 여행하는데, 당시 이와 같은 여성의 해외 경험은 근대 교육을 받은 신여성 중에서도 극히 소수만이 가능했던 일이다.

식을 분석해 보기로 한다. 이 시기에 미국 유학이나 여행의 경험을 가진 여성은 남성에 비해서 비중이 훨씬 더 떨어지는 것이었으며, 절대수로 보더라도 매우 한정된 소수에 불과했다.[3] 이들 중에서 특히 김마리아와 박인덕, 그리고 허정숙의 세 사람에 초점을 맞춰 분석해 보고자한다. 이들이 신여성을 대표한다는 점과 아울러 미국 체류와 관련하여 남긴 자료들이 있기 때문이다. 이념으로 보면 김마리아와 박인덕은 자유주의·민족주의 계열에 속하며, 허정숙은 사회주의·공산주의자로 분류할 수 있다. 같은 민족주의 계열이라고는 하더라도 김마리아와 박인덕은 1930년대 이후 항일과 친일의 범주에서 각각 다른 길을 걸어갔다. 이들이 걸어갔던 상이한 삶의 궤적에 대한 검토는 동일한 시대 상황에서 출현한 신여성의 다양한 행로와 아울러 민족 및 이념과 관련된 각각의 입장의 차이를 보다 분명하게 드러낼 수 있을 것이다.

왜, 어떻게 가게 되었는가

김마리아

김마리아(1892~1944)[4]는 1919년 3·1운동 당시 이른바 애국부인회 사건의 주모자로 널리 알려진 인물이다. 우리나라 최초의 교회(소래교회)가 세워진 황해도 장연군 대구면 송천리의 유서 깊은 기독교 집안에서 태어난 그녀는 고향에서 소학교를 마치고 서울의 연동(정동, 정신)여학교에서 공부했다. 1910년에 이 학교를 졸업한 그녀는 2년 전에 같은 연동여학교를 졸업하고 광주수피아여학교 교사로 부임한 언니를 따라 광주에서 교사로서 사회 경력을 시작했다. 1912년에는 일본 히로시마廣島여학교에 유학했으며, 1년의 유학 생활을 마치고 정신여학교의 교장인 루이스Margo Lee Lewis 선교사의 초빙을 받아 모교에서 가르쳤다. 그러다가 1915년 5월 루이스의 주선으로 일본 도쿄의 조시가구인女子學院 본과에 입학했다.

도쿄에서 그녀는 도쿄여자유학생친목회, 조선유학생학우회에서 활동하면서《여자계》의 발간 등에 참여했으며 1917년에는 도쿄여자유학생친목회의 회장으로 선출되었다.[5] 1919년 1월에는 조선의 사수독립을 목적으로 도쿄에서 조직된 조선청년독립단에 가입하고 2·8독립선언대회에 참가하여 일본 경찰에 체포되었다. 곧이어 2월 중순 귀국, 3·1운동에 참여하여 3월 6일 경찰에 체포되었다가 8월 4일 경성지방법원의 예심에서 면소, 방면되었다. 이후 그녀는 항일 여성 운동의 활성화를 모색하다가 그해 10월에 대한민국애국부인회를 조직하고 회장을 맡아 활동하다가 11월에 다시 경찰에 체포되었다. 1921년 7월 소설처럼 상하이로 탈출[6]하는 데 성공한 그녀는 독립운동을 하면서 난징의 금릉대학(성경사범학교)에서 공부했다.

1923년 6월 21일 상하이를 떠나 7월 12일 미국 샌프란시스코에 도착하여 1932년 7월에 귀국할 때까지 그녀는 9년 남짓을 미국에서 망명 생활을 했다.[7] 미국에서의 첫 1년을 그녀는 캘리포니아 일대에서 환영식 참여와 진학 준비로 보냈다. 1924년 9월 미주리주 파크빌시에 있는 파크대학 3학년에 입학하여 1927년 5월에 문학사 졸업장과 함께 평생교사 자격증을 받았다. 파크대학에서는 1926년 12월에 학점을 모두 이수하고 이듬해 5월까지 졸업만 남겨 둔 상태였으므로 1927년 1월부터 그녀는 시카고대학교 대학원에서 연구생 자격으로 1년 동안 사회학을 공부했다. 1927년 말에는 뉴욕의 컬럼비아대학교 사범대학원에 입학하여 뉴욕으로 건너갔다. '근화회'를 조직하여 현지에서 활동하던 그녀가 컬럼비아 대학원에 입학한 것은 이듬해인 1928년 9월이었다. 이 대학원에서 그녀는 1929년 6월에 교육행정학 전공으로 석사 학위를 받았으며, 이어서

| 김마리아 |

9월에는 뉴욕신학교 종교교육과에 입학하여 1932년에 학사 학위를 받았다. 이해 6월 23일에 그녀는 미국을 떠나 캐나다 토론토를 거쳐 7월 20일 경성역에 도착했다. 귀국 이후 그녀는 원산의 마르다 윌슨 여자신학원에 부임하여 부원장 겸 교사로서 재직했다(박용옥 2003: 384~6).

조선청년독립단과 3·1운동에의 참여, 대한민국애국부인회의 조직에서 보듯이 그녀는 고국에서부터 열렬한 민족 독립운동가로 활동했고, 1921년 상하이로 망명한 이후에도 임시정부 등에서 독립운동을 계속했으며,[8] 미국에 머무는 동안에도 재미대한민국애국부인회를 조직하여 회장을 맡는 등의 활동을 했다.[9] 철저한 민족주의자로서 독립운동에 참가했다는 점에서 귀국 이후 그녀는 신학원에서의 성경 교수조차도 금지하는 취직 정지 명령을 받을 정도로(박용옥 2003: 397~8·409) 일제

의 심한 감시와 통제를 받았다. 이러한 사정으로 그녀는 1944년 3월에 죽을 때까지 정치 운동과는 일정한 거리를 두면서 신학교에서 후진 양성에 전념했다.[10] 비록 상황에 의해 강요되었다고는 하더라도 민족주의에 기반을 둔 자유주의와 기독교 종교인이라는 그녀의 두 가지 정체성에서 후반부에는 거의 줄곧 후자로서의 삶을 살았다고 해야 할 것이다.

허정숙의 경우는 조금 달랐지만,[11] 그리고 박인덕도 어느 정도는 그러했지만 이들과는 달리 김마리아는 미국에서 생활하는 데 심각한 경제의 어려움과 인종 차별에 봉착했다.[12] 파크대학의 입학 원서에서 그녀는 직업 경력 난에 필사원clerical과 가사 놀보기를, 현재의 직업으로는 도서관 사서라고 썼다.[13] "남들은 학비를 도와주지만 나는 쫓겨 간 사람이니 다시 못 돌아가리라고 보아서 누구나 희망 없는 사람이라고 본 탓인지 도와주는 이가 없어"서 무척이나 힘든 고학 생활을 했다고 그녀는 회상했다.[14] "아침과 저녁이 문제가 되리만큼 절망한 경제 공황"의 상태에서 "남의 집 종살이부터 여급의 신세며 점원, 행상 등으로 양키 천하에서 갖은 경멸과 천대"를 받았으며, "같은 조선 사람들이 백인 집 종살이할 때 일어나던 델리킷한 심적 고민이란 나만이 알 수 있는 영원한 비밀"이라고 그녀는 고백하고 있다(김마리아 1933: 43~4).

박인덕

박인덕(1897~1980)[15]은 그녀가 살았던 당대에도 극단의 평가가 엇갈렸지만, 결혼과 이혼 및 친일 경력에 가려 모순에 찬 자기 정체성의 전체가 완전하게 평가되지 않은 인물이다. 이화학당을 3회로 졸업한 그녀는 뛰어난 미모와 재주로 이름을 떨치던 신여성을 대표하는 한 사람이었다. "노래 잘하는 박인덕, 인물 잘난 박인덕, 연설 잘하는 박인덕"이라는 말에서 보듯이 그녀는 아이로부터 어른에 이르기까지 동경의 대상이었으며, 그녀의 자태와 말소리와 재주는 "대리석에 조각하여 놓은 부조浮彫 모양으로 아침 이슬을 머금은 듯한 한 송이 백합꽃"으로 칭송되었다.[16] 대학을 졸업하고 이화학당에서 교사 생활을 하던 그녀가 결혼한 사건은 선교사들과 주위의 기대를 저버린 행위로 해석되었다. 여론의 비판과 뒷말을 배경으로 하루 14시간 이상의 시간 교수와 개인교수를 하면서 가정 생활을 병행해 갔던 6년 동안의 결혼 생활을 그녀는 몸은 몸대로 고단하고 "마음도 또한 그 이상으로 피곤하고 우울하고 괴"로웠던 시기로 회상했다(박인덕 1938: 211).

이 시기에 그녀는 배화학교에서 영어와 음악 과목을 맡아 가르쳤다. 일찍이 그녀는 현대 문명을 이해하고 출세를 하기 위해서는 영어가 중요하다는 사실을 깨닫고 있었으며, 어렸을 때부터 영어에 특별한 취미를 가졌다. 유학을 위해 미국으로 가기 직전의 신문 인터뷰에서 그녀는 "영어에 헌신하기 위하여 영어의 조국을 찾아가 취미가 진진한 영어를 근본적으로 연구"하기 위하여 미국 유학을 갈 생각이라고 언급했다. 이처럼 그녀가 "현재 세계어로 화하여 가는 영어"의 중요성을 일찍이 깨닫고 성공을 위한 수단으로 영어에 관심을 가진 것은 미국 유학 생활에 대한 적응을 쉽게 하고, 나아가서 미국과 유럽 각 지역의 순회 종교 강연에 참여하는 기회를 제공했다.

1926년에 그녀는 "지옥에서 사는 것"과 같은 생활로부터 벗어나기 위해서 미국 유학이라는 결단을 내렸다. 같은 해 8월 2일 조선을 떠나 일주일 뒤인 9일 요코하마에서 배를 타고 19일에 하와이를 거쳐 24일 샌프란시스코에 도착했다. 그녀는 같은 해 9월 15일 조지아주의 웨슬리안여자대학 3학년에 편입하여 2년 만인 1928년 6월에 졸업했다.[17] 미국 대학에서 공부하는 사이에 "완전히 웃을 줄 아는 사람이 되었다"는 언급에서 보듯이(박인덕 1938: 211), 미국 생활은 그녀에게 자신감과 더불어 자아 정체성의 형성에 좋은 영향을 미쳤다. 학사 학위를 받은 다음

| 박인덕 |

컬럼비아대학교의 사범대학에서 석사 학위를 위한 여름학기 과정을 마친[18] 그녀는 1928년 9월부터 만국기독교청년회의 초청을 받아 학생선교회 순회간사巡廻幹事로서 미국 전역과 캐나다에서 순회강연을 했다.[19] 1931년 봄에는 영국에서 각지 중요 대학과 단체의 초청을 받아 순회강연을 했다. 이어서 같은 해 6월 그녀는 영국 런던을 떠나 유럽과 중동 및 중국을 거쳐 10월 6일 여의도 비행장을 통해 귀국했다.[20]

이와 같이 그녀는 1926년 8월부터 1931년 10월에 이르는 5년 2개월 동안 미국 유학과 유럽, 중동, 아시아 등지를 순회 여행했다. 그녀의 두 번째 해외 체류는 4년 후인 1935년으로 이어졌다. 1935년 12월 28일부터 이듬해 1월 2일까지 미국 인디애나 주의 인디애나폴리스에서 4년마다 열리는 세계기독교대회에 참석해 달라는 초청을 받은 것이다.[21] 그

리하여 1935년 11월 4일 요코하마에서 출발하여 미국에 도착하여 회의에 참석하고, 뉴욕, 워싱턴, 플로리다 등지로 순회강연을 하면서 여행했다(박인덕 1936: 108). 이때에도 그녀의 인기는 여전했던 것으로 보인다. "조선 농촌 여자 기독교 운동 현상에 대한 강연 행각으로 비등적 인기 가운데 전 미주를 순회"하고 멕시코와 캐나다 등지에 진출하여 명실상부한 세계 일주 여행을 한 것이다.[22]

가난한 집안에서 태어나 자수성가한 인물로서 박인덕은 조선에서부터 고학생 생활을 하면서 학교를 다녔다.[23] 이화학당에서도 그녀는 교장의 주선으로 미국에서 한 후원자의 도움을 받아 학교를 졸업했다.[24] 졸업 이후 이화학당에서 촉망받는 졸업생이면 미국으로 가는 것이 "다시없는 출세요 또한 성공"으로 여겨졌던 분위기에서 그녀는 결혼 스캔들로 인한 비난 때문에 유학 자금도 스스로 마련해야 했다.[25] 요코하마에서 미국행 배를 탔을 때도 "프로(프롤레타리아-필자)의 덕택으로 3등 선객의 틈에 끼어서" 갔으며 미국에 도착해서도 백화점 여점원 등의 일을 하면서 고학을 했다.[26] 이 시기를 그녀는, "그때는 가난하여 고학하였고 또 학비를 받아 가며 기숙사 생활을 하는 처지"에 자신의 성격을 "예수교 사회 인사의 습관에 맞추려 무한히 애를 썼"다고 회상했다.[27]

허정숙

허정숙(1902~1991)[28]은 중국 상하이영어학교와 일본 고베여자신학교에서 수학하고 1920년대 전반기에 최초의 《동아일보》 여기자가 되었다. 아울러 여성동우회와 조선청년총동맹 등에서 활동한 사회 운동가였다.[29] 박인덕과 비슷하게 그녀 역시 영어 실력은 상당했던 것으로 보인다. 상하이영어학교를 다녔을 뿐 아니라 인도 국민회의 최초의 여성의장으로 여성 해방 운동과 여류 시인으로 유명한 사로지니 나이두Sarojini Naidu의 "시가詩歌를 성盛히 유려한 필치로 영문에서 번역"했다는 사실을 통해서도[30] 그녀가 영어에 능통했다는 사실을 짐작할 수 있다.

1926년 5월 30일에 그녀는 아버지인 허헌의 통역을 겸하여 그와 함께 세계 일주 여행을 떠났다. 그녀의 미국행은 선뜻 내켜서 한 것은 결코 아니었다. 이 점에서 비록 망명의 연장선 위에서 이루어졌다고는 하더라도 뭔가를 배울 것을 기대하고 미국으로 건너간 김마리아나, 삶의 전기와 성공의 발판을 마련하기 위한 수단으로 미국행을 갈망한 박인덕의 경우와는 구별된다. 그녀 자신의 진술에 따르면 어렸을 때부터 자신은 미국에 대해서는 호감이 없었으며, 여러 차례 유학의 기회가 있었음에도 가지 않았다고 한다. 그러다가 "우연한 일기회로 위대한 포부나 아름다운 동경도 없이 기계적도 아니요 의식적도 아닌 먼 길을 떠"나게 되었다는 것이다.

자의반 타의반의 "기계적도 의식적도 아닌" 미국행을 떠나던 1926년 5월의 조선은 사회주의자의 파쟁과 대중 운동의 침체, 그리고 치안유지법의 실시와 이른바 제1차 조선공산당의 검거 등을 배경으로 사회 운동의 분열과 침체가 더해 가던 시점이었다. 그녀의 표현을 빌리자면 이 시기에 조선 사회는 "내외의 큰 타격으로 동요 상태에 있었고 일본에 있는 우리 사회에는 상애회의 무리한 습격으로 대혼란 상태에 있었"다. 이러한 환경에서 떠나가는 자신에게 "양행洋行의 기쁨이나 외국

유람의 즐거움이라는 것은 없었으며, 그저 돌에 맞은 듯한 무거운 머리와 수습할 수 없는 혼탁한 정신을 가지고 여정에 올랐다"고 그녀는 적었다(허정숙 1927: 74).

아버지와 함께 미국에서 6개월을 머무르면서 그녀는 컬럼비아대학에서 수학했다. 이와 아울러 "국제적 무슨 단체에 미국의 여류 지도자 모씨를 만나 미국 사회 운동사를 많이 연구"했다고 하는데(초사 1931: 14), 아버지 허헌이 미국에 체류하는 동안에 뉴욕에서 주지사 선거를 참관하고 워싱턴에서 백악관의 쿨리치Calvin Coolidge 대통령을 방문하고 면담하는 등의 활동을 했던 점을 감안해 볼 때[31] 그녀 역시 사회 운동과 정치계의 주요 인물을 만났을 것으로 짐작된다. 미국에서의 생활을 마치고 그녀는 아버지와 함께 영국, 아일랜드, 네덜란드, 벨기에, 프랑스, 스위스, 폴란드, 오스트리아, 독일, 러시아, 중국 등을 여행했다.[32] 그녀가 해외 체류를 마치고 귀국한 것은 1년 후인 1927년 5월이었다. 그녀가 해외에 체류한 기간은 김마리아가 13년, 박인덕이 두 번에 걸쳐 6년 남짓을 머물렀던 것에 비하면 상당히 짧은 1년 정도에 지나지 않았다.[33]

무엇을 보았는가: 서양 문명에 대한 인식과 평가

낙후한 식민지를 떠나 미국에 도착하여 발전된 선진 문명을 접하게 된 이들 신여성은 공동으로 일종의 문화 충격을 받았다. 각각의 입장이나 이념의 지향이 다름에도 불구하고 이들 세 여성 모두는 미국 생활이 가지는 장점이나 긍정의 면을 서술했으며, 여기에는 때때로 일정 정도의 경이와 찬사가 뒤따랐다. 김마리아는 "맛있는 음식을 대하며 부드러운 의복을 입고 화려한 자연과 인조적 경개를 구경하며 폭신폭신한 침석"에서의 생활을 언급했으며(김마리아 1925(2)), 박인덕은 해수욕과 수영과 궁술을 하는 웨슬리안대학에서의 생활을 자랑삼아 소개하고 있다(박인덕 1927(2)). 미국에 대한 비판의 시선을 거두지 않았던 허정숙조차도 지면 관계로 생략한다고 했지만, 미국 문명에서 "경탄할 것이나 칭송할 것이 있"다는 점을 인정하고 있다(허정숙 1927. 76).

그럼에도 불구하고 이들 세 사람의 입장은 조금씩 차이가 있었다. 민족 정서가 강한 토착의 요소가 있다고는 하더라도 김마리아는 기독교 가정에서 태어나고 교육받은 배경에서 서구와는 일정 정도의 기본 친화력이 있었다. "오 분 십 분은 시간으로 계산하지 않았"던 이전의 생활과 달리 "반 분도 회계하게" 되는 미국의 대학에서 바쁜 일상을 보내면서 그녀는 고국의 친구에게 보낸 편지에서 미국의 학생들은 "일 분도 놀지 않고 부지런히 공부"한다고 적었다. 특히 그녀는 근로를 중시하는 이들의 생활 태도에 주목했다. "학과만 필하면 공장에 들어가 남자는 남자의 하는 일 여자는 여자의 하는 일, 원망과 시비가 없이 하니 참으로 본받을 만하다"고 언급했을 때 아마도 그녀는 이와 대조를 이루는 조선의 상황을 떠올렸을 것이다. 그러면서도 그녀는 "일하는 시간에는 일꾼 같으나 씻고 나서면 신사숙녀들"이 되는 이들의 생활 방식을 부러워했다.[34]

오랜 미국 생활에 익숙해진 그녀는 머리 모양도 서양식으로 바꾸어 굽슬굽슬한 짧은 머리에 앞머리는 눈썹 위로 이마를 덮었다. 부르디외의 아비투스 개념을 빌리지 않더라도 이러한 점에서 미국은 박인덕과 마찬가지로 김마리아에게 "제2의 고향"이었다(박용옥 2003: 333·390). 한편 일종의 망명객 신분으로 어려운 경제 형편과 인종차별 등에 민감하게 반응했던 김마리아에게 미국 생활은 동경이나 경이보다는 괴로움이나 어려움, 그리고 아픔으로 표현되는 어떤 것이었다(김마리아 1925(2); 1933). 이러한 점에서 그녀는 소극의 적응형이라고 할 수 있었다.

이와는 달리 박인덕은 적극 추구형이었다. 웨슬리안대학 도서실의 한 모퉁이에서 책을 펴 놓고 앉아 있으면서도 "어떤 계안計案을 써야 우선 내 몸 담겨 있는 북미주의 역사지, 대도시, 저명한 대학 들을 볼까 하고 쉴 새 없이 궁리"하던 그녀는 1927년 12월 4년마다 개최되는 전미주학생선교대회의 디트로이트회의에 참석하게 됨으로써 기회를 잡았다(박인덕 1930: 123). 이후 두 차례에 걸친 미국과 유럽의 순회강연이나 1935년의 두 번째 미국 방문은 이 단체와의 인연에서 비롯되었다.

이러한 이유로 박인덕은 다른 두 여성보다도 적극과 긍정의 방식으로 미국 문명을 인식했다. 김마리아처럼 미국 사회의 밑바닥에서 차별과 고통을 겪지 않은 그녀는 동경과 찬사를 수반한 피상과 무비판의 평가로 이끌렸다. 예를 들면 그녀는 자신이 관찰한 미국 대학생의 장점으로 5가지를 들었다. 자신의 재능을 충분히 발휘할 수 있다는 점, 건강한 신체와 건전한 정신을 가지고 있다는 점, 노래를 즐기고 느낄 수 있다는 점, 남녀가 맘껏 유쾌히 같이 놀고 배운다는 점, 일을 의무로 생각하지 않고 연극이나 유희로 본다는 점 등이 그것이다(박인덕 1930: 126). 다른 글에서 그녀는 마지막의 일에 대한 평가와 관련하여 미국인들의 문화생활에서는 어떠한 노동도 "힘드는 줄 모르는 유희적 노동"이 된 다고 하면서 감탄을 보내고 있다(박인덕 1927(2)).

사실 타자(미국)에 대한 지나친 이상화는 자신(조선)에 대한 부정과 밀 접한 연관을 갖는다. 오리엔탈리즘의 문제의식에서 보면 자신의 부정 은 타자의 현존을 통해 극복될 수 있는 것으로, 이 경우 자아는 끊임없 는 타자와의 교류를 통해서 스스로를 확인받고자 하는 경향을 갖는 다.[35] 실제로 1931년 귀국한 이후 1935년에 다시 도미하기까지 식민지 에서의 생활을 박인덕은 "너무나 울적하고 쓸쓸하고 낙망되는" 어떤 것으로 묘사했다.[36] 반면에 다시 미국으로 가는 것은 "정신의 피로"를 "새로이 깨끗하게 씻"고, "새로운 정신적 양식을 얻을" 수 있는 재충전 의 기회로서 "가장 큰 희망과 행복의 기쁨을 주는 것"으로 기대했다. 의미 내용은 달랐다고 하더라도 김마리아와 비슷하게 박인덕에게 미국 은 "제2의 고향"이었다(박인덕 1936: 77). 비록 미국 편향으로만 쏠리지 는 않았다는 점에서[37] 오늘날의 그것과는 다르다고는 하더라도 그녀의 미국관은 오리엔탈리즘 사고방식의 전형을 보인다.

위의 두 사람과는 달리 허정숙은 미국 문명에 대하여 일정한 거리를 두면서 비판하는 태도를 유지했다. 그녀는 거대함과 그 배후에서 작용 하는 물질에 대한 추구로 미국 문명의 특징을 요약했다. "돈의 힘이 아 니면 유지할 수 없는 것이 이 나라로서 교육, 정치, 경제, 법률, 종교의 무엇이든지 다 돈을 변해辯解하고 옹호하는 금전만능의 사회에서 우리로서는 능히 상상도 못할 온갖 세상의 죄와 악이 유유히 감행"되고 있다고 그녀는 보았다. 자본주의 문명이 고도로 발달한 대표 국가로서 미국은 자신의 주의를 옹호할 만한 이론과 구실을 철저히 갖추고 있다고 그녀는 주장했다. 어느 사물을 대하든지 자본주의 냄새가 나는 이 나라에서 조금이라도 감각이 있다면 "이 문명의 발호에 두통을 앓지 않는 사람이 없을 것"이라고도 언급하고 있다. 돈에 "눈이 가려 이 사실을 모르지만 돈에 미치지 않은 사람, 정기正氣로 정의로 살아 나아가려는 사람의 눈에는 이 사실들이 명백히 보일 것"이라는 것이다.[38]

마지막으로 재미 한인에 대하여 이들 신여성은 어떠한 의식을 가지고 있었으며, 또 어떻게 평가했을까? 미국으로 건너간 첫해인 1923년에 자신을 환영하는 자리에서 김마리아가 행한 연설 내용은 낙관하는 전망을 잘 보이고 있다. 1919년부터 "분열이 되어서 당파가 갈"린 재미 한인 사회의 실상에도 불구하고 그녀는 "남은 무엇이라고 전하든지 나는 이것 역시 독립운동을 위해서 그리 된 것이라고 인정하고 원망하지 않"는다고 하면서, 이것으로 "대동단결의 절대 필요를 철저하게 깨달았"으므로 "서로 양보하고 자기를 희생해 가면서 단합하고 연후에 대내의 혁명 대신에 대외 혁명에만 전 세력을 경주"하고 분발하기를 바란다고 말했다. "여러분께서는 원동을 향하여 독립이 언제나 돌아오나 하고 바라시지마는 원동에서는 미주를 향하여 독립은 미주로부터 오려니 하고 고대"한다고 하면서, 그녀는 재미 한인들이 분열과 반목을 털어 버리고 의식 단결과 자주 활동에 힘쓸 것을 격려했다.[39]

그러나 9년 남짓에 걸친 미국에서의 생활을 마치고 조선으로 돌아오면서 그녀는 이와 대조를 이루는 현실에 대한 불안과 장래에 대한 의혹을 표명했다. 캐나다에서 바쁘게 귀국하면서 들른 하와이에서 현지를 대표하는 애국 부인 단체인 구제회가 둘로 나뉘었다는 사실을 알게 된 그녀는 "미약한 힘이 더군다나 갈려졌다는 것을 슬퍼하지 않을 수 없었다"는 쓰라린 심정을 피력했다. 귀국 전날 요코하마에서 샌프란시스코의 선배에게 보낸 편지에서 그녀는 동북아의 정세가 급박하게 변화하고 있는 현실에서 "개인이나 단체가 정신을 가다듬어야 할 것임에도 사욕을 만족시키는 분주한 경향"에 있다고 비판하면서, "아무리 생각해노 우리는 대제로 신경마비에 걸리지 않았는가도 싶"어 "장래가 캄캄하"다고 적었다(박용옥 2003: 393~4). 9년에 걸친 미국에서의 경험은 1920년대 초반의 낙관 정서를 어느덧 회의와 비관의 분위기로 바꾸어 놓았으며, 이는 귀국 이후 그녀의 삶이 걸어갈 방향을 예고하는 것인지도 몰랐다.

이와는 달리 재미 한인에 대한 박인덕의 서술은 매우 긍정에 차 있고 또 일방의 긍정 일반이 흔히 그러하듯이 피상에 머물렀다. 실업계에 있는 조선인의 이름을 상세히 나열하면서 그녀는 재미 조선인의 생활이 조선에 있는 "일반 동포의 생활 정도보다 훨씬 낫다"고 평가했다. 아울러 문화 운동과 정치계의 인물들을 거론하면서 그녀는 이들의 활동은 "우리 조선 사람을 위해서 부절의 노력을 보여 주는 것"이라는 점에서 "그들에게 감사를 표하는 동시에 그들의 뜻에 어기지 말고 분투·노력하자"고 다짐했다(박인덕 1931: 91).

재미 한인에 대한 허정숙의 의견은 박인덕과 달랐으며, 어느 편인가

하면 오히려 김마리아 쪽에 가까웠다. 그러나 두 사람에 비해 체류 기간이 훨씬 짧았음에도 허정숙은 재미 한인에 대한 통찰력 있는 관찰에 의거하여 심층 분석을 제시했다. 그녀가 보기에 미국은 일자리가 많아서 "아무리 게으른 인간이라도 밥을 굶을 수가 없"다는 점에서 "놀기 좋아하는 사람에게는 더없이 좋은 곳"이었다. 조선과 같이 일자리를 구할 수 없었다면 재미 한인들도 "경제적 압박의 고통을 맛보았"겠지만, 노동을 해서 쉽게 돈을 벌 수 있기 때문에 "다른 사람(즉 미국인 일반)과 같이 자유스럽게 살 수 있"다고 그녀는 지적했다. 또한 노동의 종류와 제도가 조선과 달라 노동의 피로나 심신의 고통을 느끼지 못하기 때문에 이들은 노동을 하면서도 "미국 중산 계급의 사람만큼 생활할 수 있"다고 보았다.

물론 그렇다고 하여 재미 한인들이 고통이나 고역으로부터 면제된 것은 아니라고 그녀는 지적했다. 단지 조선과 환경이 다르기 때문에 이들이 보다 나은 조건에서 일하고 있다는 것이다. 이와 같이 생활 정도가 높은 자본주의 국가에서 사는 까닭에 이들의 "사상도 환경화하여 자본주의를 구가하게 되었"다고 그녀는 분석했다. 자연 환경의 지배로 이들의 사상 역시 자본주의화하게 되었다는 것이다. 그러므로 이들 대부분은 자본주의 제도로 고통을 받는 조선인과는 "배치되는 사상"을 가지고 있다고 그녀는 주장했다. 때에 따라서는 이들에 대하여 "한심한 느낌이 드는 때도 있었"다고 고백하면서도 그녀는 이들 역시 자본주의 제도의 피해자로 보아야 한다고 주장했다. "경제적 압박으로 이국에 유리流離하며, 또 그 자본가들에게 사역을 당하는 무리들임을 생각할 때에는 동정의 눈물과 함께 이 제도에 대한 증오를 다시금 느끼지"
않을 수 없다는 것이다.

이와 함께 허정숙은 조선 사회와 비슷하게 미주 한인 사회 역시 분파
를 이루고 있다는 사실에 주목했다. 자세히 언급하지는 않았지만 그녀
는 미주 한인 사회가 셋으로 분열되어 있다고 보았다. "표면으로는 갈
등이 없는 듯하면서도 역시 분립된 단체가 있고 암암리에 쟁투가 있는
것을 볼 때에는 한심"한 생각이 든다는 심경을 그녀는 토로했다. "파쟁
은 내외지內外地(즉 조선과 미국-필자) 똑같다는 생각이 들 때에는 자못
가슴이 서늘하고 우리의 상태가 허무한 듯하여 창연悵然한 삼을 금할
수 없었"다는 것이다. 김마리아와 비슷하게 그녀는 미국 동포의 사례는
다시금 새삼스럽게 "우리는 어디로나 성심진의誠心眞意로 단합하지 않
으면 안 되겠다는 절실한 교훈"을 준다고 언급했다. "앞으로는 이런 교
훈의 성과가 불원간에 보이리라는 일루의 희망을 가지고 돌아왔다"는
언급에서 보듯이(허정숙 1927: 76~7) 1927년 5월에 귀국한 이래 그녀는
민족단일 전선으로서의 신간회와 근우회 운동에서 맹렬하게 활동했다.

무엇을 할 것인가: 교육 대 혁명

미국(과 유럽)에서의 새로운 문명에 접촉한 이들 세 여성은 선택과 제한
의 방식으로 그에 대한 관심을 표명했다. 이들은 미국 문명의 특정한
측면에 주목하고자 했으며, 대개의 경우 그것은 자신이 몸담고 있는 식

민지 사회의 모순에 대한 반응이자 대응으로서의 성격을 가지고 있었다. 다시 말하자면 이들 세 여성은 미국 문명의 다양한 양상 중에서 스스로가 보고자 하는 부분을 선택, 강조했으며, 그것은 본국에서 자신의 관심과 아울러 다시 돌아가서 하려고 했던 일과 밀접한 관련을 가지고 있었다는 것이다.

예를 들면 허정숙은 미국 문명의 핵심을 물질과 금전에 대한 추구로 요약했다. 이는 경제를 다른 무엇보다도 우선시한 사회주의 이념의 원칙에 충실한 해석이었다. 그리고 그에 대한 극복과 대안으로 그녀는 비록 명시하여 표현하지는 않았으나 사회 운동과 계급 투쟁의 중요성을 강조하고자 했다. 다른 말로 하자면 그녀는 미국 체험을 통해서 자본주의 사회의 현실과 미래에 대한 자신의 신념을 더욱 굳혔으며, 이러한 신념에 따라 귀국 이후에는 근우회 운동과 나중에는 중국에서의 민족 혁명 운동에 헌신했다.

자유주의 성향의 김마리아와 박인덕은 이와 대조되는 반응 양상을 보였다. 비록 두 사람의 지향이 서로 다르다고는 하더라도 이들은 혁명보다는 교육의 길을 선택한 사람들이었다. 민족주의의 전형으로서 김마리아는 독립을 위해서는 먼저 교육을 통해 민력을 키우기 위한 일정한 준비가 필요하다는 민족주의 계열의 실력양성론과 준비론에 공감했다. 그리고 이러한 맥락에서 민족의 조직과 단결을 강조했다. 그녀의 이러한 생각은 3·1 만세 시위의 과정에서도 표출되었다. 즉 여학생들을 조직하여 시위에 동원하고자 했던 황에스터나 박인덕, 나혜석 등의 민족주의 여성과 달리 그녀는 "나가서 한 번 만세를 부른다고 독립이

되는 것이 아니므로 일제히 나가지 않아도 된다"고 하면서 참여하고 싶은 사람은 "개별로 나가서 만세를 부르는 것이 좋겠다"고 주장한다(국사편찬위원회 1991: 25; 박용옥 2003: 162).

상하이로 망명한 이후 그녀가 임시정부 활동보다는 난징의 금릉대학에서의 공부에 더 열중하면서 미국 유학을 준비했던 것도 기존의 정치 운동의 한계에 대한 자각과 아울러 다른 방식의 대안을 모색하는 과정의 일환이었다. "동포를 살리는 길이 정치 운동에만 있지 않는 것을 실제 경험으로 깨닫는 동시에 우리 사람은 누구보다도 더 알아야겠다"고 생각했다는 것이다.[10] 미국에서도 그녀는 앎에 대한 신념을 잃지 않았다. 미국으로 건너간 직후인 1923년 8월 5일 다뉴바 대한여자애국단이 주최한 환영회에서 행한 연설에서 그녀는 5개월의 난상 토론 끝에 결렬되어 버림으로써 자신에게 깊은 환멸을 안긴 임시정부 주최의 국민대표회의의 소식을 전하면서 그것이 우리에게 "단합하기를 공부할 것"이라는 통절한 교훈을 주었다고 언급하면서 민족 단결과 아울러 인재와 경제력의 충실을 강조했다. 그에 대한 자각이 없는 독립은 "법리상이요 명의상이요 실제적이 못 될 염려가 없지 않"다고 그녀는 주장했다.[41]

김마리아가 보기에 조선이 식민지로 핍박을 받고 조선 민족이 잘살지 못하는 것은 다양한 방면에서 활동하는 인재가 없고, 금전이 없으며, 나아가서 자기의 천직을 다하는 사람이 없기 때문이었다. 그녀가 찬사를 아끼지 않은 미국민의 근로와 근면의 생활 태도와는 대조되게 조선 사람은 말과 글로만 일을 하지 "실천궁행하는 이가 없"다는 것이다(김마리아 1925(2)). 일찍이 연동여학교 시절부터 그녀는 교육을 통하

신여성,
개념과 역사

여 이러한 생각과 생활 태도를 몸에 익혀 왔다. 이화여학교와 비교할 때 연동여학교는 지식 교육보다는 전도와 생활 교육에 보다 비중을 두었고, 일하면서 공부한다는 이른바 반공半工 교육을 실천했다(박용옥 2003: 103). 미국에서 그녀가 처음으로 다닌 파크대학 역시 이러한 교육 방침에 의해 설립·운영된 학교였다. 하루에 3시간 정도씩 교내 노동을 하여 숙식비와 학비를 스스로 벌게 하는 자력학생제도를 운영하는 이 대학에서 그녀는 가난으로 배움의 기회를 갖지 못하는 조선의 현실을 떠올렸다. 조선의 친구에게 보낸 편지에서 그녀는 "너 나 할 것 없이 다 일하니 노동도 신성해 보이는 유쾌"한 대학 생활을 언급하면서 "우리나라에는 이런 학교가 절대 필요함을 알고 실제로 체험코자 들어왔다"고 적었다.[42]

　미국에서 조선 독립을 목적으로 근화회를 조직하여 활동하기도 했지만 이러한 정치 활동보다는 오히려 그녀가 종교나 봉사 활동에 역점을 두었던 것 역시 사회의 각 방면에서 자신의 천직을 가지고 실천할 수 있는 인재를 길러 내는 교육의 역할을 중요시했기 때문이다. 이는 10년의 법정 시효를 염두에 둔 그녀가 귀국 이후를 감안하여 독립운동과 같은 정치 운동에는 관여하지 아니하고 오직 종교 운동에만 종사할 것이라는 뜻을 내비친 것이라고 할 수도 있겠지만, 실력 양성을 중심에 둔 그녀의 원래 성향과 신념을 반영하는 것이기도 했다.[43] 조선으로 돌아온 이후 그녀의 원래 구상은 원산의 여자신학교에서 1~2년 정도만 몸을 담고 있다가 평소에 생각해 온 여성 교육 사업을 실천에 옮기는 것이었다. 그러나 귀국 초부터 일제의 강압과 감시가 잠시도 멈추기 않았기 때문에 자신의 꿈을 펼칠 기회를 접어야 했다. "조롱 속의 새가 되어 제한된 범위 내에서 최대한의 활동"을 하면서[44] 결국은 원산의 성경학교에서 후학 양성으로 여생을 보낸 것이다.

김마리아와 비슷하게 박인덕 역시 자신의 천직과 소질에 따른 직업 활동을 강조했다. 미국으로 건너가기 이전에 교사를 했고, 미국 여성의 직업 모델로 교사직을 언급했으며,[45] 귀국 이후에도 교육 활동에 종사한 사실에서 보듯이 그녀는 일관되게 교육의 중요성을 강조했다. 김마리아가 미국에서의 실용 교육에 깊은 인상을 받은 것과 비슷하게 박인덕은 미국에서 조선의 현실에 적합한 고능 교육의 모델을 찾기 위해 고심했다.[46] 특히 그녀가 일종의 평생교육 개념에 입각한 성인 교육(장년교육)에 깊은 관심을 가진 것은 식민지 현실에 적합한 교육 모델을 모색하고자 하는 시도의 일환으로 해석될 수 있다.

그녀에 따르면 장년 교육의 근본 목적은 취직이 아니라 "생활 전체에 심각한 의미를 붙여서 한번 잘 살아 보자는" 데 있었다. 그러나 그녀는 장년 교육의 모델을 미국이라기보다는 유럽에서 찾았다. 영국과 덴마크, 그리고 독일의 사례를 언급하면서 그녀는 영국의 노동자 운동과 덴마크 농민 운동이 성공할 수 있었던 비결은 곧 장년 교육에 있다고 주장했다(박인덕 1935: 115). 1932년에 그녀가 조선기독교청년회연합회를 통하여 《정말국민고등학교丁抹(덴마크)國民高等學校》라는 책을 출간한 것도 이러한 관심의 연장선에서였다.[47] 이러한 믿음에 따라 귀국 이후 교육과 저술, 그리고 농촌 사업으로 보낸 그녀는 본격으로 친일의 길을 걸으면서 현대의 "현명순량賢明順良한 주부를 양성"하기 위하여 "학술,

신여성,
개념과 역사

기예, 예법"에 중점을 둔 덕화여숙德和女塾을 1941년에 창설했다.[48]

나는 누구인가(1): 조선인으로서의 나

특정 문화에 속한 사람이 다른 문화와의 대면을 계기로 자의식과 자아 정체성을 재정의하는 과정은 일반으로 나타나는 현상이라고 할 수 있다. 여기서 자아와 타자의 준거 기준은 민족이라는 범주 안에 설정된다. 이러한 점에서 민족에 준거를 둔 자기 정체성은 서구(와 일본)에 대한 자기 인식과 밀접한 관련 아래에서 형성된다고 말할 수도 있다. 김마리아와 박인덕은 이 점에서 극명하게 대비되는 흥미로운 사례를 제공한다.

엘리트를 사자형과 여우형의 두 가지 유형으로 구분한 바 있는 파레토Vilfredo Pareto에 의거하면 김마리아는 집단과 전통에 대한 헌신이 강한 보수의 사자형의 전형이었다. 김마리아는 어릴 때부터 가족과 교회를 중심으로 한 소규모 공동체의 친밀성과 정서에 익숙한 환경에서 자라났다. 이를 잘 보이는 일화가 있다. 김마리아는 세 살 때인 1894년에 아버지를 여의었다. 1905년 그녀가 열네 살 되던 해에는 어머니마저 돌아가셨다. 임종을 앞두고 어머니는 세 자매 중에서 막내딸인 김마리아는 "기어코 외국까지 유학을 시켜 달라"는 유언을 남겼다. 어린 딸이 마음에 걸리기도 했지만 어릴 때부터 명석한 딸의 자질을 알아보았기 때문일 것이다. 1906년 서울로 올라 와서 앞서 연동여학교에 입학한 두 언니와는 달리 그녀가 이화학당에 입학한 것은 이러한 고려가 작용했을 것으로 짐작된다. 그러나 언니들과 가족이 그리웠던 그녀는 한 달도 채 되지 않아 결국은 언니들이 다니는 연동(정신)여학교로 옮기고 말았다(박용옥 2003: 94~6).

같은 기독교 계통의 학교였지만, 정신여학교는 "미국형 숙녀가 아닌 한국인 신자"로 교육하는 것을 방침으로 삼았다. 한글과 한문, 성경은 가르쳤지만 영어는 가르치지 않았으며, 한국인으로서의 생활 교육을 철저하게 가르쳤다.[49] 이러한 환경에서 교육받은 그녀는 가족에 대한 헌신을 자연스럽게 민족의 차원으로 진이시킬 수 있었다. 일본 유학에서도 조선인으로서의 정체성이 강했던 그녀는 학급 기념사진을 찍을 때도 한복을 고집했으며, 미국 유학에서 돌아온 이후에도 한복을 즐겨 입었다(박용옥 2003: 151·414~5). 3·1운동이 일어나면서 정신여학교 선교사들의 미온의 태도에 대하여 학생들이 항의하고 동맹 휴학을 하던 때에도 일본에서 돌아온 그녀는 자신의 후견인 역할을 한 루이스 교장의 기대를 저버리고 학생들의 항일 시위를 지지했다(박용옥 2003: 148~9·157~8).

애국부인회에서 활동하면서 임시정부에 군자금이나 취지서를 보낼 때에도 그녀는 마리아라는 세례명보다는 '무궁화 밭, 무궁화 동산'이라는 의미의 김근포金槿圃라는 이름을 썼다(박용옥 2003: 209). 애국부인회 사건으로 검거된 이후 "어째서 대일본제국의 연호를 쓰지 않고 서력 연호를 쓰느"냐는 검사의 질문에 대하여 "일본 연호를 배운 바도 없고 알고 싶지도 않"다고 대답한 것은(박용옥 2003: 233~4) 그녀의 강한 항일

신여성,
개념과 역사

의지를 보이는 것이었다. 이 사건으로 일제 경찰의 잔인한 성고문까지
받은 그녀는 평생을 독신으로 살면서 그 후유증으로 시달렸다(한국정신
문화연구원 1999: 104; 박용옥 2003: 227~8). 이처럼 독립을 위해 조국과
'결혼'한 그녀는 미국의 유학생 사회에서 "한국의 잔다르크"로 널리 알
려졌다.[50] 일제에 대한 항거와 민족에 대한 헌신의 상징이 된 것이다.

　김마리아와 달리 박인덕은 파레토가 말한 조합의 잔기가 강하여 타
협과 절충에 능하고 수완이 풍부한 여우형에 가까운 지식인이었다. 이
미 보았듯이 이 장에서 다루고 있는 세 여성 모두 정도의 차이는 있었
다 할지라도 미국 문명에 대한 동경과 경이, 그리고 그로 인한 충격과
아울러 그에 대한 반작용으로 낙후한 조선인의 일원으로서의 자신에
대한 자각과 의식을 가지고 있었다. 그러나 일부 찬사가 있었다 하더라
도 기본으로 미국 문명에 대하여 별다른 호감을 느끼지 않은 김마리아
나 그것을 비판하는 태도를 보인 허정숙과는 달리 박인덕의 경우는 그
에 대한 동경과 이상화가 뚜렷이 나타났다는 점에서 차이가 있었다. 그
리고 이 경우 타자와의 동일시가 크면 클수록 자기의식과 정체성에 미
치는 영향은 심각하고 또 지속하여 작용하는 경향이 있었다.

　웨슬리안대학에서 공부하던 당시 박인덕은 자신의 사회와 비교할 때
미국의 생활이 멀게 느껴지는 것은 전자가 우월하고 고급이기 때문만
은 아니라고 언급했다. "우리의 생활이 너무도 향상되지 못한 탓"에
"남들의 잘사는 것을 보고는 부럽다기보다 오히려 고통을 받게" 된다
는 것이다(박인덕 1927(2)). 나중에 귀국하여 미국 생활을 회고하면서 그
녀는 자신이 다녀 본 다른 어느 나라보다도 조선이 "못나고", "뒤떨어

졌다"는 사실은 자신에게 "무한한 쇼크를 던져 주"었다고 적었다(박인덕 1931: 89).

자신이 못나고 뒤떨어졌다는 사실에 대한 인식은 모순에 찬 복합 반응의 양상을 보인다. 즉각의 반응은 자신이 속한 민족에 대한 동정과 연민이었다. 위에서 인용한 글에서 박인덕은 곧이어 "자기가 낳은 자식이 눈이 멀었다든가 귀가 먹었다든가 또는 한편 다리가 병신이 되어서 남에게 뒤떨어진 불구의 자식이란 말을 들을 때 불쌍하고 가엾고 애처롭게 생각하듯이" 자신이 조선 땅을 밟으면서 무엇보다 먼저 "가엾은 소선아! 애처로운 내 땅아!" 하고 부르짖었다는 심경을 토로했다. 자신이 사랑하는 조선은 "언제나 한 모양으로 쓸쓸한 꿈속에서 깰 줄 모른다는 것을 절실히 느꼈다"는 것이다(박인덕 1931: 89).

낙후하고 가난한 조선의 현실에 대한 연민과 공감은 김마리아 역시도 표현한 바가 있다. 미국으로 건너간 초기 미주리주의 파크대학에서 공부하던 당시 그녀는 조선에서 홍수와 가뭄으로 기근과 자살자가 속출한다는 신문 기사를 접하고 "깊은 겨울 찬바람 깊은 눈 속에서 헐벗고 굶주려 울고 떠는 동포의 참혹한 형상이 눈앞에 보"인다고 호소했다. 풍요롭고 안락한 미국의 생활을 즐기기에는 "멀리 본국과 서북간도와 원동에 계신 동포 형제들의 정형이 먼저 눈에 보이며 남들이 자는 밤에 뜨거운 눈물로 베개를 적심도 수가 없"었다는 것이다(김마리아 1925(1, 2)). 박인덕 역시 미국 체류 당시에 수해로 인하여 "수만의 형제가 기아에 운다 할 때에 고단한 몸을 남북 아메리카로 끌고 다니면서 연설을 하여 한 푼 두 푼의 의연을 거두어 조선에 보"냈다.[51]

일찍이 박인덕은 미국으로 가는 길에 들른 하와이 현지 주민들의 생활을 "유쾌와 쾌락과 희열"로 묘사한 바 있다. 이와 대조를 이루는 조선 민족의 현실은 "남다른 설움을 가진" 정반대의 어떤 것이었다.[52] 나중에 그녀는 필라델피아에 있는 자유종을 관람하던 당시에도 이와 비슷한 느낌을 술회했다. 100여 년 전에 자유종은 높다란 종각에 매달려 있었을 것이지만 자신이 본 자유종은 "자유를 잃어버린 것같이 낡은 집안에 쓸쓸히 그 큰 몸 덩어리를 들여 놓고 있었다"고 그녀는 서술했다. 그것이 "너무나 크고 위대해 보였던 까닭"인지는 몰라도 자신의 가슴은 "그저 텅 빈 것 같기도 하고 또 꼭 막힌 것 같기도 했"다는 것이다. 자유를 잃은 식민지민으로서의 자신에 대한 비애와 연민의 감정이 이입되어 있는 것을 쉽게 알 수 있을 것이다. 이러한 그녀가 민족의 자유와 독립에 대한 바람을 자유종에 투영한 것은 자연스러운 일인지도 몰랐다.[53]

1939년 독일에 의해 폴란드의 수도인 바르샤바가 함락되었다는 보도에 대한[54] 박인덕의 감상문 또한 자민족에 대한 연민을 잘 보이고 있다. 1931년 파리와 베를린을 거쳐 폴란드를 방문한 당시 이 나라의 분위기를 그녀는 다음과 같이 회상했다. 즉 "걸음걸이하며 일거 운동이 모두 분주하고 열정적이었으며 산천은 퍽 아름답고도 신선한 새 호흡을 하고 있었"다는 것이다. 유럽의 어느 나라에서도 보지 못한 "신흥 기분과 건설의 힘과 싱싱한 희망에 넘치던" 이 민족으로부터 그녀는 강렬한 인상을 받았다.

그들은 모두가 폴란드의 밥, 폴란드의 말, 폴란드의 문화, 폴란드의 집, 폴란드의 생활, 분해된 폴란드를 다시 찾고 세우고자 폴란드, 폴란드 하며 애쓰는 것이 어디를 가든지 볼 수 있어 식당에 들어가서도 보이의 설명이 이것은 폴란드 커피요, 이것은 폴란드 고유의 음식이요 하며 폴란드를 강조, 자랑하려 하며 폴란드 폴란드 하는 것이 듣는 사람의 가슴을 쿡 찔렀습니다(박인덕 1939).

이처럼 그녀는 "숨죽었던 폴란드의 얼과 피와 전통 풍속을 다시 찾고 기르기에 열중하는 듯한 (폴란드에 대한−필자) 숭고한 인상"을 부각시키면서, 거기에는 "긴 밤과 어둠과 결박에서 뛰어나온 비통한 희열이 넘치고 있었"다고 묘사했다. 전시 체제로 이행하면서 일본에 대한 극단의 동화를 강요당한 시대 분위기에서 그녀는 전통에 대한 폴란드인의 열정과 자유를 위한 비통한 희열을 조선의 현실에 투영하고자 했다. 독일이 행사한 무력에도 불구하고 폴란드 민족의 "애국열과 자유를 사랑하는 굳은 의지만은 꺾지 못하리라"고 그녀는 적었다. 설령 "전하는 슬픈 소식대로 일시의 불행이 있다 하더라도 세계 어느 나라에서도 볼 수 없는 그들의 피는 다시 뛰는 때가 있을" 것이라고 그녀는 굳게 믿은 것이다. 이러한 감정과 정서가 있었기 때문에 그녀는 일찍이 김마리아, 나혜석 등과 함께 3·1 만세 시위에 참여하여 옥고를 치렀으며(박용옥 2003: 159~60·177), 미국으로 건너간 이후에도 김마리아, 황에스터 등과 함께 근화회를 조직하여 활동한 것이다.[55]

그러나 자아에 대한 즉각의 반응이 그에 대한 연민과 동정이라면 그와 정반대되는 혐오와 부정은 그 다음의 반향이었다. 박인덕이 이 시기이후 적극 친일의 길로 나섬으로써 민족을 부정하는 길을 걸었던 것은 타자를 통한 자아 정체성의 모순을 잘 드러낸다. 미국과 일본의 대립이 격화되어 간 1940년 후반 미국에서의 흑백 문제와 인종 문제를 언급하면서 그녀는 미국에서 황인종에 관심을 가지는 이유는 일본인이 섞여 있기 때문이며, 이들 재미 일본인의 배후에는 일본 제국이 있다고 언급했다. 미국과 일본의 관계에 대하여 그녀는 1937년의 중일전쟁 이후 미국은 일본에 대하여 더욱 의심을 품게 되지만 "일본 제국의 흥아興亞에 대한 진의眞義를 인식하는 때에는 일미 국교도 가장 친밀하게 되고 따라서 아메리카 서방에 있는 일본인의 문제도 완화되리라"고 낙관하는 전망을 제시했다(박인덕 1940b: 79). 그녀의 이러한 기대에도 불구하고 일본은 미국과 전쟁 상태에 들어갔으며, 그녀는 "개인 본위가 아닌 국가를 위"한 희생을 강조하면서(박인덕 1941: 36) 적극 일본 제국의 편에 섰다.

나는 누구인가(2): 여성으로서의 나

자신의 사회보다 여성의 지위가 더 높고 여성 해방 사상이 진전되어 있는 듯이 보인 미국 사회의 현실 앞에서 이들 신여성은 여성으로서의 자신에 대한 새로운 의식과 아울러 남녀평등과 여성 해방에 대한 자신들의 의견을 재조정했다. 김마리아의 경우 여성의 평등과 사회 참여는 민족의 독립이라는 과제와 밀접하게 연관되어 있다. 3·1운동을 계기로 조선의 독립운동에 남성이 참여하는데 여성이라고 "그대로 바라만 보고 있을 수는 없"다는 언급에서 보듯이 그녀의 여성관은 민족이라는 대의에 대한 헌신을 매개로 여성이 자의식을 획득할 수 있었던 찬양회 전통의 연장선 위에 서 있었다.[56] 독립운동에서 여성 단체는 남성 단체와 긴밀한 연락을 취해야 하며, 만약 남성 단체가 활동할 수 없는 경우에는 여성 단체가 대신하여 독립운동을 해야 한다는 지론에서 애국부인회의 조직을 주도한 그녀는 이 단체의 취지문에서 "국민성 있는 부인"의 봉기 있는 분거奮擧와 이상을 목표로 한 난합을 속누했다(박용옥 2003: 160~1·204~5).

이미 말했듯이 1928년 1월 미국에서 그녀가 근화회를 조직한 것도 남성이 중심이 된 재미 한인 사회의 분위기를 의식한 것이었다.[57] 미국에서의 남녀평등에 민감하게 반응한 것은 재미 한인 남성보다는 오히려 유학생 여성으로서의 김마리아였다. 미국에서의 여성 해방을 그녀는 실용의 방식으로 이해했다. 여성은 "남녀동등, 여자 해방을 말함보다 실지로 남자와 같은 학식을 가졌으며 같은 일을 하"는 것이 중요하다는 것이다(김마리아 1925(2)). 즉 남녀평등이나 여성 해방을 주장하는 입장을 은연중에 비판하면서 여성도 남성과 동일한 교육이나 직업을 추구하는 것이 중요하다는 점을 강조한 것이다. 이처럼 미국 체류 중에는 '평등'이 아닌 '동등'의 개념으로 여성 해방을 이해했음에도 불구하고 귀국 이후 그녀의 생각은 보수의 방향으로 선회했다.

1935년 한 잡지사와의 인터뷰에서 그녀는 남성이 바깥에 나가서 남성의 일을 해야 하는 것과 마찬가지로 여성은 "자신의 직분을 지켜 집안을 잘 다스리고 아들딸의 교육에 정신을 쓰"되, "그러고도 남는 시간이 있다면 그때에 사회 일도 민족의 일도 함이 좋"을 것이라고 언급했다. 여성 해방을 주창한다고 해서 "여자의 천분을 버"려서는 안 된다는 것이다. 자신의 일도 다 못하면서 어떻게 더 큰 사회나 민족의 일을 할 수 있겠느냐고 반문하면서 그녀는 남성이 가사 일을 하고 여성이 사회 활동을 한다고 해서 여성의 자유와 평등을 보장하는 것은 아니라고 주장했다. 이러한 점에서 자신은 "여자는 여자의 일을 먼저 하라고 외친"다는 것이다.[58]

이처럼 여성의 직분과 의무를 강조했다고 해서 남녀평등의 이념을 그녀가 원천에서 부정하지는 않았다. 독실한 기독교 신자로서 그녀는 "하나님께서 태초에 우주를 창조하신 후에 일남일녀를 창조하시고 인권에 대한 차별이 없이 아담과 하와에게 만물을 주관하라고 명하셨으며 예수께서도 부부는 한 몸이라 가르치셨고 여자를 열등시한 일은 한 번도 없었다"고 주장했다. 사도 바울 역시 "예수 그리스도 안에는 남자와 여자의 구별이 없다"고 했다는 말을 덧붙이면서, 그녀는 이러한 사실을 고려하지 않고 전체로서 성경의 의미를 해석하지 않는 경향을 경계했다.[59] 원리 차원에서의 이해와 주장에도 불구하고 그녀는 남성에 대하여 여성 해방이나 여권 운동을 주장하는 것은 적절치 않다고 보았다. 왜냐하면 "우리 여자가 본시 누구에게 구속된 것이 아니었고 권리가 없는 것이 아니었기 때문"이라는 것이다.

비록 여성이 인류의 어머니임에도 조선의 현실에서 여성의 현 수준이 남자보다 못한 것은 사실이라는 점을 그녀는 기꺼이 인정했다. 그러나 그렇다고 하여 여성이 남자에게 꿀릴 것도 없고 남성이 자랑할 것도 못 된다고 그녀는 덧붙인다. 남성은 4천 년의 교육을 받았지만, 여성이 교육을 받은 것은 불과 30~40년에 지나지 않기 때문이라는 것이다(김마리아 1934: 10; 박용옥 2003: 468). 이러한 점에서 그녀는 원칙으로 남녀평등의 의의를 인정하면서도 급진 여성 해방이나 남녀평등을 위한 운동보다는 교육을 통한 점진의 방식을 통해 그것이 추구되어야 한다고 주장했다. 그리고 자신이 살고 있는 과도기 현실에서는 사회보다도 오히려 가정에 대한 여성의 책임이 우선해야 한다고 생각한 것이다.[60]

평생을 독신으로 살아야 했던 내면의 아픔과는 별개로, 그녀는 여성의 독신 생활에 대하여는 유보의 제한을 두면서도 크게 개의치 않는 태도를 보였다. 여성은 무엇보다도 먼저 현모양처가 되어야 한다고 그녀는 생각했다. 그러나 만일 자신이 혼자 사는 것이 좋다고 판단한다면 그것도 또 다른 선택으로 인정할 수 있다는 것이다. 그녀 자신은 이를 "여자로 태어나서 시집가는 것도 좋고, 시집 안 가고 저 혼자 늙다가 죽는 것도 좋"으며, "'결혼한 인생'은 좋고, '결혼하지 않은 인생'은 불행하다고는 생각지 않"는다고 표현했다. 따라서 자신과 같이 "혼자 몸으로 독신 생활하는 것도 좋고, 독신 생활 아니 하는 것도 좋"다는 것이다.[61]

봉건의 가부장제와 결혼 제도의 모순을 뼈저리게 체험한 박인덕은 김마리아에 비해 남녀평등과 여성 해방에 대한 인식에서 보다 진전된 양상을 가진 것처럼 보인다. 자신의 노력으로 얻게 된 미국 유학길에서 그녀는 전제의 무능한 남편의 허락이 있어야 일본 세관원을 통과할 수 있는 현실 앞에서 분노를 표명한다. "인격의 신성함과 개인의 자유를 존중하는 기독교의 가르침 속에서 성장한" 자신이 "전적으로 남편의 손아귀에 들어 있다는 것은 부당한 일로 느껴졌다"는 것이다(Pahk 2007(1954): 104~5). 여성으로서 미국에서 여성의 현실에 대한 관찰은 그녀로 하여금 조선인 여성의 비참한 지위를 새삼 느끼게 했다. 여성을 "남성의 부속물로만 여기는 …… 남성 본위의 조선 사회 제도"에 대한 분노를 표현하면서 그녀는 "남편 되는 사람은 하루 종일 돌아다니면서 별별 짓을 다하고 밤늦게 돌아와도 아내 되는 사람은 아무 말 한마디 못하게 되어 있지만 남편 있는 여자가 남의 남자를 보고 웃기만 해도 야단"나는 "이렇게도 불공평한 사회 제도"를 조선 이외에 또 어디서 찾아볼 수 있는가라고 반문했다(박인덕 1931: 89~90).

그녀 자신의 경험을 반영하여 그녀는 서구에서의 자유결혼과 자유이혼, 어린이의 양육, 그리고 직업과 경제 활동에서의 평등과 같은 문제에 특히 민감하게 반응했다. 그러나 이 경우 그녀의 준거 기준이 미국이라기보다는 오히려 유럽이나 러시아의 사례들로 옮겨 갔던 것은 흥미롭다. 자유로운 결혼 제도로 남녀가 등록소에 가서 등록만 하면 결혼이 성립되고 이혼할 때도 한쪽의 의사만으로 성립이 되며, 또 아이를 원하지 않으면 피임 방법을 가르쳐 주고 유아의 양육을 국민육아소에서 담당하는 러시아의 사례를 그녀는 상세하게 소개했다.[62] 스웨덴과 러시아의 사례를 통해서 그녀는 여성의 사회 지위의 향상과 경제 독립을 주장했다(박인덕 1931: 90). 또 다른 글에서 그녀는 서구 여성의 직업 통계를 참고하면서 이들 여성은 남녀를 구분하지 않고 누구나 다 능력

에 따라 동등한 권리를 가지고 노동을 한다고 서술했다.[63]

그러나 남녀평등과 여성 해방에 대한 박인덕의 주장은 다분히 유보와 제한에 묶여 있다는 사실을 염두에 둘 필요가 있다. 남녀평등에 대하여 그녀는 미국 최초의 여자 의회의원으로 반전 평화 운동가로 알려진 랭킨Jeannette Rankin(1880~1973)에 대한 인터뷰에서 그녀의 생각을 전하는 것으로 자신의 의견을 표명했다. 랭킨의 주장에 따르면 가정이나 사회나 국가는 남녀의 합력에 의해 자연의 상태를 유지하는 바, 여성은 여성의 특성을 발휘하면서 남자와 같이 병행해 나아가야지 여성이 남성과 똑같이 되려고 하는 것은 결코 바람직하지 않다.[64] 여성 해방에 대해서도 그녀는 "근래에 와서는 여성 해방을 부르짖고 남녀동등을 부르짖는 것은 여성의 약점을 발로시키는 것이니 그것은 벌써 시대에 뒤떨어진 일"이라는 주장이 있다고 하면서도, 조선에서는 "여성 해방을 부르짖는 것이 가장 적당"하다는 생각을 피력했다. 그러나 곧이어 그녀는 "그렇다고 함부로 해방을 부르짖으라는 말은 아니"라는 단서를 달았다(박인덕 1931: 91). 김마리아와 마찬가지로 급진주의나 사회주의 여성의 입장과는 명확히 선을 그은 것이다. 서구 여성의 직업 활동과 가사 노동을 언급하면서도 그녀는 이들 여성이 그렇게 생활한다고 "우리도 일시로 시급히 우리 가정 제도를 파괴하고 새로운 살림을 건

| 랭킨 |

설하자는 것이 아니고 우선 어떤 정도 안에서 가능성이 있는 데까지는 편리한 점을 찾아야" 한다고 언급했다(박인덕 1928: 48).

개량주의와 실용주의에 의거해 여성 문제에 접근한 박인덕은 1940년대 이후 적극 친일의 길을 걸으면서 보다 보수화의 방향으로 나아갔다. 1941년 9월 4일 경성 부민관에서 개최된 '임전보국臨戰報國'의 대연설회에서 그녀는 "장차 대동아의 주인이 될 어린이들을 …… 많이 생산하고 양육"하는 것이 여성의 천직이라고 말했다. "우생학적으로 장차의 제국 신민은 세계의 어느 민족보다도 가장 우세하게 되어야" 한다는 점에서 "특출한 어린이들을 개인 본위를 떠나 국가를 위하여 많이 생산하고 양육"해야 한다고 주장한 것이다(박인덕 1941: 35). 또 다른 자리에서 그녀는 "남자들이 경제적, 정치적으로 대동아 건설을 하는 때에 우리 여성들은 정신적 역할을 맡아야" 한다고 주장했다. 여성은 "자연적으로 사람을 감화시키는 천품을 타고 났"다는 점에서 "대동아공영권에 들어온 사람들도 황국정신을 함양하여 우리와 같이 공존공영하도록 하는 데에는 누구보다도 우리 여성들"이 노력해야 한다는 것이다(박인덕 1942: 91). 즉 일본 제국의 병사를 양성하기 위한 모성의 역할을 강조하는 한편, 정신과 감성에 의거해 여성의 본성을 인식하면서 대동아공영권의 건설에 여성이 적극 참여할 것을 주장한 것이다.

마지막으로 여성 문제에 대한 허정숙의 의견을 검토해 보기로 하자. 위의 두 여성과는 달리 허정숙은 미국에서 여성의 지위와 권리를 결코 긍정으로 평가하지 않았다. 미국의 부인을 처음으로 대했을 때의 놀라움을 그녀는 "조금도 부족한 점이 없는 완전한 인형"이라는 말로 표현했다. 이전에 누군가로부터 일본 여자가 인형 같다는 말을 듣기도 했지만, 미국의 여성을 대할 때는 "정말로 이것이 인형"이라는 느낌이 들었다는 것이다. 일본의 인형은 흔들어도 울 줄 모르는 인형이지만 미국의 인형은 남자에게는 "임의자재任意自在한 인형이면서도 역시 감각이 있는 울 줄도 알고 움직일 수도 있는 인형"이라고 그녀는 언급했다. "아름답고 생명 있는 인형, 돈이라면 얼른 삼키는 인형은 자본주의 국가인 이 나라가 아니면 볼 수 없을 것"이라는 것이다. 자본주의 미국은 "인간인 여자를 돈 잘 아는 인형으로 제조화製造化하는 공장"이라는 것이 그녀의 의견이었다.

미국에서 여성의 권리에 대해서도 허정숙은 부정하는 태도를 보였다. 여성의 권리를 운운하지만 미국의 여성 정치인들은 가끔 의회에서 남자들의 희롱거리가 되기도 한다면서 그녀는 "이 나라의 여권은 인형에 비위 맞추는 한 수단에 불과"할 뿐이라고 단언했다(허정숙 1927: 76). 그렇다고 하여 허정숙이 미국에서 여성의 지위나 권리가 조선 여성의 그것보다도 못하다고 본 것은 아니었다. 조선의 여성은 외국의 여성에 비해 교양 정도가 낮고 경제의 구속을 많이 받고 있다고 지적했다. 성의 해방과 경제 해방에서 매우 열악한 지위에 놓여 있는 조선 여성의 현실을 독일이나 미국과 비교하면서 그녀는 그렇기 때문에 조선 여성은 오히려 더 많은 자유를 누려야 한다고 주장했다(허정숙 1930: 38).

신여성,
개념과 역사

같은 상황, 상이한 길

세 명의 신여성은 낙후한 식민지 민족의 일원으로 최첨단의 서구 문명을 접하면서 일정한 정도의 경이와 충격을 공동으로 경험했다. 그럼에도 미국 문명에 대한 이들 여성의 이해와 해석 및 수용 양식은 각각의 사회 지위나 이념 지향, 해외 경험의 동기 부여 등에 따라 현저하게 차이를 드러내었다. 이러한 사실은 다른 문명에 대한 해석과 수용이 일률과 일방에 따른 것이라기보다는 다양한 방식의 상호 작용과 상호 절충을 통해 자리 잡는 것을 의미하는 것이다. 때로는 이러한 다양성과 모순이 한 사람의 생애 주기에서 동시에 나타난다는 사실도 흥미롭다.

1920년대 초기 민족 운동의 열렬한 활동가로서 사실상 망명 형태로 미국 땅을 밟은 김마리아는 극심한 경제의 어려움과 심리의 박탈감, 인종차별 등을 경험하면서 미국에서 9년 남짓을 생활했다. 미국 문명에 대한 경이와 동경보다는 거기에서 겪은 고통과 어려움, 아픔 등에 오히려 보다 익숙했던 그녀는 미국 생활을 통하여 정치 운동과 같은 거대 담론보다는 앎에 대한 욕구로서의 지식과 그것을 구체화하여 실천하는 데에 보다 많은 관심을 기울였다. 극심한 궁핍과 억압에 시달리는 낙후한 식민지 민족의 현실에 공감과 연민을 보인 그녀는 귀국 이후 여성 교육에 전념했다. 독실한 기독교인으로 평생 독신으로 산 그녀가 강조한 바람직한 여성상은 여성으로서의 본분과 현모양처를 강조하는 것이었으며, 이는 그녀가 미국에 체류할 당시 언급했던 교육과 직업에서 남성과 같은 동등한 권리에 대한 주장보다도 후퇴한 것이었다.

박인덕은 기독교의 배경과 아울러 민족주의의 지향이라는 점에서 김마리아와 비슷한 점이 있었다. 그러나 그녀는 김마리아에게서 찾아볼 수 있는 열렬한 민족 운동에 대한 헌신이나 민족에 대한 진정성을 가지고 있지 않았다. 어려운 집안에서 태어나 자수성가한 그녀에게 영어는 세계를 이해하고 적응하기 위한 출세의 도구로서의 성격이 강했다. 타고난 재주와 미모라는 자원과 아울러 적극과 공세의 성격을 배경으로 그녀는 미국 문명에 쉽게 적응했을 뿐만 아니라 정신으로 몰입하면서 그것을 이상화했다. 이로 인해 그녀는 미국 문명에 대한 피상의 이해와 무비판의 평가라는 대가를 치러야 했다. 미국 문명의 이상화는 다른 한 편에서 민족에 대한 연민과 동정이라는 표면의 반응과 결부되었지만, 1940년대 이후 그녀의 친일 행각에서 보듯이 민족에 대한 부정은 이러한 인식을 실천한 또 다른 귀결이었다. 미국에 대한 이상화와 조선에 대한 부정의 인식이라는 전형의 오리엔탈리즘 사고방식에서 미국과 조선의 양자는 의도를 가지고 선택되고, 왜곡되고, 또 은폐되었다. 이 점은 여성 문제에 대한 인식에서도 비슷한 양상으로 나타났다. 자신의 경험과 욕구에 의거하여 박인덕은 서구의 사례 중에서 자유결혼과 자유이혼, 직업 활동의 필요 등을 선택하여 부각시켰으며, 친일의 길을 걸으면서 이는 침략 전쟁을 위한 모성의 보호와 여성의 참여에 대한 주장으로 수렴되었다.

위의 두 여성과는 달리 허정숙은 사회주의 이념의 지향을 갖는 열렬한 사회 운동가이자 여성 운동자로서 미국 생활을 경험했다. 김마리아와 비슷하게 상황에 떠밀려 자의반 타의반 미국으로 떠난 그녀는 박인덕과 비슷하게 영어에 대한 일정한 이해와 조예를 가지고 미국 생활에 적응했다. 진정 사회주의자로서 허정숙은 발전된 자본주의 제도의 전형으로 물질의 동기와 자본에 의해 지배되어 세속의 욕구와 죄악이 횡행하는 세계로서 미국을 이해했다. 그녀의 미국 체험은 자본주의 사회의 현실과 미래에 대한 자신의 신념을 더욱 강화하는 계기가 되었다. 미국에 대하여 일정한 거리를 두고 비판의 눈으로 바라보던 그녀의 태도는 재미 조선인에 대한 논의에서 보듯이 다른 신여성에게서는 찾아볼 수 없는 심층의 분석과 통찰력을 제공했다. 박인덕의 경우와 대조를 이루는 미국 여성의 지위와 권리에 대한 그녀의 비판 역시 동일한 맥락에서 평가되는 것이었다.

주석

1장 근대 여성과 신여성—개념과 실제

[1] 그녀의 출생 연도에 대해서는 1867년이라는 설도 있다. 김경일 외(2015: 384~91)의 조신성 항목 참조.

[2] 분류의 대상 인물은 《한국 근대 여성 63인의 초상》(김경일 외 2015)에 수록된 63인이다. 이 책은 1870년대부터 1910년대 중반의 약 45년 동안에 태어나 다양한 영역과 분야에서 활동한 근대 여성 인물을 선정한 것이다. 분야별 분포는 학술과 교육 분야 종사자 20명, 사회 운동가 19명, 문화예술인 17명, 전문직업인 7명이다. 선정 기준과 과정의 구체 내용에 대해서는 김경일 외(2015: 5~7) 참조.

[3] 역사의 사실로 보면 이 시기 사회주의 여성의 주류는 공산주의였지만 연구자들 사이에서의 관행에 따라 사회주의로 표기한다.

[4] 1930년대 말 《동아일보》 지상에 게재된 〈삼대 여성이 본 문화 반세기〉라는 좌담에서는 "조선의 이른바 신문화가 들어온 후로 생긴 신여성"을 3세대로 구분하여 분류한 바 있다. 1900년대와 1910~20년대, 그리고 1930년대 이후가 그것인데, 이러한 구분은 이 책의 구분과 대체로 일치하는 것이다. 또한 제1세대 여성으로 금누세, 최활

란, 제2세대 여성으로는 우봉운, 유각경, 박순천, 허영숙, 한소제, 제3세대 여성으로는 임효정, 장화순, 김복진, 모윤숙, 김선 등을 거론하고 있는데, 좌담이 이루어진 시기가 전시 동원기인 일제 강점기 말로서 당시 활동하던 여성을 대상으로 한 만큼 대부분 자유주의·민족주의 계열의 여성이 언급되고 있다. 이 책에서 논의하는 급진주의 여성들은 전혀 거론되지 않고 있으며 사회주의 계열로는 우봉운 정도가 있을 따름이다.《동아일보》1939년 1월 1일자 참조.

5 예를 들면 신여성이 주목을 받은 1920년대에 한 논자는 신여성의 '신'이 가지는 의미는 극히 애매하며, 그에 대립된 '구'와 어떻게 구별되었는지도 모호하지만, 그럼에도 불구하고 "그 관념이 정확하지는 못하면서도 어떠한 남다른 것을 느낄 수 있다"고 언급하고 있다(월정생 1925: 12). 1930년대 말의 한 대담에서도 "신여성에 대한 정의는 힘들지만 신여성과 구여성이 있는 것은 부인할 수 없다"는 지적을 찾아볼 수 있다(나일부 1938: 60).

6 공간의 측면에서 이 주제를 다루고 있는 대표 연구로는 The Modern Girl Around the World Research Group 2008이 있다. 김수진이 출간한 단행본(2009)의 제7장은 영국을 비롯한 일본과 인도, 중국에서 신여성 현상의 역사 유형을 비교하고 있다(김수진 2009: 397 이하).

7 이효재는 개화에 대한 이 시기 여성들의 의식과 자주의 반응은 참으로 조심스럽고 미약한 것으로 나타났다고 언급한다. 일반으로 여성은 계속 둔감했으며 그들과 상관없는 요원한 미래의 희망으로 보았거나 아니면 위험스러운 영향으로 보아 거부하는 태세를 더욱 굳히며 안방과 가족의 그늘 속에서 안정을 유지하려고 했다는 것이다(이효재 1972: 37).

8 하란사에 대하여 이덕주는 이러한 표현들과 함께 "1910년대 가장 '전위적인' 여성 운동가 겸 여성 해방운동가"라고 평가한다(이덕주 1987: 90; 2007: 115~6). 김성은은 하란사, 박에스더, 윤정원을 '초기 신여성', 혹은 "신여성계의 선구자"(김성은 2012: 109)로 표현한다.

9 女性史總合研究会 1982: 23~25 이하. 이 제1파 페미니즘이 공 영역에서의 여성 해

방 운동이라고 한다면 제2파 페미니즘은 히라스카 라이초우平塚雷鳥를 비롯한 《세이토青踏》 동인에 의한 사 영역에서의 여성 해방으로, 후자는 일본 여성 해방의 원점(김영순 2011: 60)으로 평가되고 있다.

10 조국에 대한 헌신에서 기시다 도시코는 민족국가의 수립이라는 과업에서 여성을 배제하는 것은 비합리일 뿐만 아니라 비윤리라고 주장했다.

11 황혜암 〈신여성사상의 결함〉, 《매일신보》 1926년 1월 1일자 및 나일부(1938: 60) 참조. 〈표 2〉에는 집계하지 않았지만, '신여성'이란 단어를 검색해 보면 1917년 1월 1일자 《매일신보》에서 1건이 나오지만 실제 내용을 검토해 보면 신여성이라는 표현 대신에 '신식 부인'이라는 말을 쓰고 있다. 이 시기에는 일본 유학생과 같이 한정된 지식인 범주에서만 이러한 근대식 표현이 유통되었을 것으로 추정된다.

12 이 개념의 사회 유통은 신문 매체의 구독 대상의 한정성과 아울러 기사의 특정성(예를 들면 특집이나 잡지 발간 등이 이루어지는 특정 시기에는 개념의 출현 빈도가 높게 반영된다) 등에 의해 왜곡되는 경향이 있다는 점을 염두에 두어야 한다.

13 당시의 유력 일간지라고 할 수 있는 3매체 사이에 나타나는 일정한 차이점도 주목된다. 먼저 조선인이 발행하는 신문이라 하더라도 《동아일보》에 비해 《조선일보》의 이에 대한 보도는 20퍼센트에 지나지 않을 정도로 빈약한 수치를 보였다. 이러한 결과를 곧바로 성차별이나 가부장제의 영향으로 연결시키는 것은 무리겠지만, 총독부 기관지인 《매일신보》보다도 빈도가 낮은 점은 주목할 만하다고 할 수 있다. 이와 아울러 두 민간 신문에 비해 《매일신보》에는 일찍이 1920년대 초반부터 이 용어가 사용되고 있다.

14 이러한 경향은 특히 《동아일보》의 경우에 두드러진다. 1920년대(1924~29)와 1930년대(1931~36)를 비교해 보면 전자가 158건, 후자가 163건으로 오히려 1930년대에 더 빈번하게 쓰이고 있다. 동일한 두 시기에 《조선일보》는 각각 52건과 22건, 《매일신보》는 각각 39건과 16건으로 어느 경우이건 1920년대가 훨씬 더 많은 사용 빈도를 보였다.

15 김영순은 1925년을 기점으로 그 이전에는 일본의 영향으로 신여자라는 말이 많이 쓰

였으나 이후 신여성이라는 단어가 일반으로 사용되었다고 지적하지만(김영순 2011: 63~6), 주요 매체에 나타나는 경향은 이와는 다르다.

16 1920년 3월에 창간된 여성잡지의 이름은 《신여자》였는데, 1922년 6월부터 발간된 《부인》이 1923년 10월에 재창간되면서 제호를 《신여성》으로 바꾼 것은 이를 상징하는 것이다(김경일 2004: 46).

17 빈도수가 더 적다고는 하더라도 《조선일보》의 경우도 이러한 경향에서 벗어나지 않는다.

18 신여자건 신여성이건 《조선일보》의 경우에는 두 개념의 빈도가 미약하다는 점에서 여성 문제·여성주의에 대한 관심이 보다 결핍되어 있었다고 해석할 여지를 남기고 있다. 이 문제에 대한 관심의 동기나 의도가 어떠하든 간에 조선인과 일본인, 피지배민과 지배 권력, '사' 영역과 '공' 영역이라는 점에서 대조를 이루는 《동아일보》와 《매일신보》의 두 신문은 이와는 달리 이 개념의 유통에 활발하게 참여하는 양상을 보인다.

19 여기에는 모던걸, 모던 껄, 모단毛斷 걸, 모단 껄 등의 다양한 표현이 모두 포함된다.

20 네이버 뉴스라이브러리에서 검색해 보면 모두 해서 25건이 나오지만, 내용을 보면 해당되지 않은 것도 있기 때문에 일일이 검토를 해서 이 용어가 출현하는 경우만을 계산한 결과이다.

21 참고로 발간 일자가 제한되어 있어 비교에서는 제외했지만 《중외일보》에는 6건(1927년 4건, 1928·29년 각 1건), 《중앙일보》 3건(1932년), 《조선중앙일보》 3건(1934년 1건, 1936년 2건)이 나타난다. 한국역사정보통합시스템(http://www.koreanhistory.or.kr/) 참조.

22 이와 관련한 상세한 논의는 김경일(2004: 28~30) 참조.

23 박영희(1927: 114~6); 김경일(2004: 33) 참조.

24 김안서는 이를 '현대'로 표기하고 있다.

25 1932년에 쓴 글에서 그녀는 "거룩한 신생활의 힘찬 신호를 울릴 참말 신여성은 오직 연초·제사·방직공장 등 흑탄연돌 속에서만 볼 수 있"다고 주장하면서도 '노동 부인'이나 '무산 부인'이라는 말로 이들을 지칭하지는 않고 있다. 정칠성(1932: 70) 참조.

26 마찬가지로 '프로 부인'이라는 단어의 용례도 찾아볼 수 없다.

27 '프로 부인'과 비슷하게 '노동 여성'이라는 용어 역시 해방 이후에 2건이 검색되고 있
   지만 이 시기에는 검색되지 않는다. 아마도 이 시기 대부분의 여성 노동자가 생계를
   보조하기 위한 부인 노동자였던 현실을 반영한 것으로 보아야 할 것이다.

28 각각《시대일보》1925년 6월 17일자 및《선봉》제168호, 1926년 11월 28일자.

29 허정숙은 1928년《동아일보》에 발표한 글에서 다수의 노동 부인이라는 표현과 아울
   러 무산 부인이라는 말을 함께 사용하고 있다. 그러나 허정숙의 이 글이 위의 국사편
   찬위원회 검색에서 잡히지 않는 사실을 고려해 보면 '노동 부인'이라는 말은 이보다
   더 잦은 빈도로 사용되었을 것으로 짐작된다.

30 예를 들면〈노동 부인의 건강 문제〉,《조선중앙일보》1935년 4월 25일자 사설 및〈木
   浦勞働婦人群의 職業爭奪戰激化 海藻共同荷揚場이 修羅場化 警官出動으로 解散〉,《매일신
   보》1937년 6월 8일자 참조.

31 이정윤(1923). 이정윤李廷允은 이른바 서울청년회 계열의 중심인물로서 중견 사회주
   의 운동가이다. 이보다 늦은 시기이지만 1924년 2월 조선여자고학생상조회 북부지
   방 순회 강연회에서 정종명 역시〈현대사회와 무산 여성〉이라는 제목으로 강연을 하
   고 있다.《동아일보》1924년 2월 23일자 참조.

32 무산 여성이라는 단어는 신문에서만 2건이 검색되는데, 이 경우 역시 1920년대 중반
   이념 지향의 급진 분위기에서 사용되고 있다.〈무산 여성의 해방을 위한 여성동우 창
   립〉,《동아일보》1924년 5월 11일자 및〈김해에 北光會, 무산 여성들이 조직〉,《동아
   일보》1925년 1월 10일자 참조.

33 월하동인 1927(4). 황신덕은 이 글의 서두에서 무산 부인을 정의하면서 그녀는 그것
   이 무의미하다고 하면서도 무산 부인이라는 말을 글자 그대로 해석하면 재산 없는
   부인이라고 할 수 있는데, 남성 본위의 사회에서 아버지나 남편이 아니고 자신이 직
   접 재산을 소유한 경우는 매우 드물다는 점에서 사실상 모든 여성이 무산 부인이라
   고 지적한다(월하동인 1927(1)).

34 근우회의 해소와 관련하여 정종명은〈근우회 해소 운동의 의의〉라는 글을《군기群旗》
   1931년 2월호에 발표했다. 이어서 박일형은 같은 해 6월에 발간된《해방》에 이를 비

판하는 논문을 기고했는데(박일형 1931), 정종명의 글이 전해지지 않는 상태에서 이 글에서는 정종명의 주장에 대한 박일형의 인용을 재인용하는 방식을 택했다.

[35] 근우회를 해소하여 여성 대중을 계급에 따라 재편성해야 한다는 점에서 여성의 특수 성을 반영하는 조직을 따로 고려하지 않은 정칠성과는 달리, 정종명은 여성 대중을 계급에 따라 재편성하고 이에 참여하지 못한 '勞力婦女'들을 지역별 "가정부녀회", "여성동우회" 등으로 조직하여 이를 노동·농민조합 부녀부와 함께 상설 조직으로서 의 부녀공동위원회로 발전시켜야 한다고 주장했다. 정종명의 이러한 제안은 거시로 보면 당시 코민테른에 의한 계급 대 계급 전술을 원칙으로 수용하면서도 어떠한 형 태로든지 식민지 조선에서 여성이 처한 특수 사정을 배려하고자 하는 의도를 반영한 다. 이에 대하여 박일형은 국제 노선의 계급주의 입장에서 정종명의 제안을 신랄하 게 비판한다. 정종명이 제안한 부녀공동위원회가 기존의 근우회와는 "약간의 외형상 차이가 있을 뿐이요 경계界線가 분명한 본질상의 구분이 보이지 않는다"는 박일형의 언급은 정종명 제안의 약점을 뼈아프게 지적한 것이다. 일반 여성 대중의 특수 요구 에 대한 정종명의 고민을 "관념적 계급분화론적 오류"로 규정하면서 박일형은 노농 부인협의회의 헤게모니 아래 일반 여성 대중 조직과의 협동 투쟁 기관을 임시 혹은 상설로 운영해야 한다는 계급 대 계급 전술을 도식화하여 여성 운동에 적용하고자 한다. 이와는 달리 장인모는 여성의 특수한 요구를 계급 운동과 결합하고자 하는 여 성 운동을 정종명이 제시한 것으로 평가한다. 박일형(1931: 13~4) 및 장인모(2008: 403 이하) 참조.

[36] 네이버 뉴스라이브러리에서 1920년 4월~1945년 8월 사이의 기간 동안 《동아일보》 에서 '현대여성'을 검색한 결과는 460건이지만, 여기에는 현대와 여성의 동시 포함 된 기사가 중복되어 있으므로 개별 기사를 확인하여 '현대여성'의 경우를 따로 계산 했다. 아울러 '현대여자'로 검색해 보면 '현대여성'보다 많은 699건이 나오지만 하 나의 단어로서는 31건에 지나지 않는다. 연도별로는 1920(7), 1921, 1922, 1923(3), 1924(3), 1926(3), 1927(2), 1928, 1929(3), 1933, 1935, 1936, 1938(2), 1939(2)의 분포 를 보인다.

37 《매일신보》의 검색 결과를 보면 '현대여성'으로 9건, '현대 여성'으로는 13건, '現代女性'은 1건이 나온다. 이 중에서 現代女性은 현대여성과 중복되며 현대 여성은 현대여성의 9건에 더해서 현대와 여성이 중복 출현하는 경우이다. 중앙/조선중앙일보의 경우는 1932~33년이 《중앙일보》이고, 1935~36년이 《조선중앙일보》이다. 1936년의 《조선중앙일보》 기사에서 빈도수가 많은 것은 〈현대여성의 법률상 지위〉(상식강좌 제7강)라는 연재물이 게재되었기 때문이다.

38 예컨대 이 시기에 고등여학교를 졸업한 여성이 전체 여성에서 차지하는 비율은 인구 1만 명당 불과 2~6명 정도의 소수에 지나지 않았다. 자세한 수치에 관해서는 김경일(2004: 54·283) 참조.

2장 제1세대 근대 여성

1 이를 잘 보이는 사건으로 1909년 4월 28일 경희궁에서 열린 여자귀국유학생 환영회를 들 수 있다. 관민 합동으로 대한부인회, 자혜부인회 및 한일부인회와 각 여자학교가 연합하여 미국에서 유학한 박에스더와 하란사, 일본에서 유학한 윤정원을 초대한 이날 행사에서는 대한제국의 정부 인사와 사회 유지, 그리고 여성 및 종교 단체의 여성들과 아펜젤러, 언더우드 등 7~800명에 이르는 다수의 인사가 참석하였다. 이 시기 차미리사는 미국에 체류하고 있었기 때문에 초대 대상이 되지 않았다. 이효재(1972: 77); 최은희(2003: 132·143) 참조.

2 그녀의 아호는 남휘藍輝이다. 그녀가 이름을 그대로 가질 수 있었던 것이 일본 유학 때문만은 아니다. 55칸의 저택에 살 정도로 부유한 양반 관료 집안의 태생이라는 사실을 아울러 고려해야 할 것이다. 이효재(1972: 56); 최은희(2003: 129~32) 참조.

3 이는 애국계몽기 여성들이 이름이 갖는 특징이라고 할 수 있다. 이효재는 남편의 성을 그대로 따른 것은 1900년대 여성 지도자들 전반에 나타나는 현상이라고 지적한다. 1900년대에 들어와서도 일반 여성들에게는 이름이 없었다. 기혼녀는 김모 씨 부

인, 이모 씨 부인으로 통했으며 과부는 李召史, 金召史로 표시되었고 미혼녀는 李姓女, 金姓女로 족하였다. 여자가 이름을 갖는다는 것은 개화 여성의 표시로서 이는 보수층 남성들에게 가소로운 일이었다. 이효재(1972: 55의 주 30·69) 참조.

4 하란사의 본래 성은 김씨로, 란사라는 이름은 영어의 Nancy에서 따온 것이다, 박에스더의 본래 이름은 김점동으로 에스더Esther는 세례명이다. 차미리사의 본명은 차 '섭섭이'로서, 미리사Mellissa라는 이름 역시 서양식의 세례명이다.

5 1910년대 이전 일본으로 간 여자 유학생의 규모가 어느 정도 되는지에 관한 공식 자료는 찾아보기 힘들다. 《학지광》 제6호(1915년 7월)에 수록된 〈일본유학생사〉의 자료(12~3쪽)에 의하면 1882년 박영효 등의 수신사 일행과 더불어 신문물을 배우기 위하여 파견된 10여 명이 일본 유학생의 효시라고 한다. 이후 30여 년에 걸친 유학생 수는 1,549명에 달하는 것으로 집계되었는데, 비고난에 "여자 4인은 계산하지 않았다"고 적고 있다. 1910년 일본 여자 유학생은 34명으로 같은 해의 전체 일본 유학생 420명의 8퍼센트 남짓을 차지했다(박선미 2007: 41).

6 1920~30년대의 추이를 일본의 경우와 비교해 보면 미국 여자 유학생의 비율은 대략 2배 정도 많았다(박인덕 1932: 10; 박선미 2007: 41; 김성은 2009: 185~6). 즉 남성에 비해 전반으로 낮은 비중을 보이면서도 여자의 경우 일본에 비해 미국 유학생이 더 많았다는 것이다.

7 그렇다고 하여 근대 여성이 아닌 전통 여성들이 이 시기 민족 국가의 독립에서 아무런 역할을 하지 않았던 것은 아니다. 1905년의 을사보호조약 당시 참정대신이던 한규설韓圭卨의 부인이 조약에 반대투표를 하는 데 그친 남편의 미온적인 태도에 반발하여 남편을 매섭게 꾸짖고 방문을 걸어 잠근 채 스스로 굶어 죽고자 했던 사례에서와 같이 1905~10년 사이 전통 정절관節烈觀에 입각한 구국의 자세를 보인 많은 부인들이 있었다(박용옥 1984: 146~7). 그런가 하면 이 시기 여성들은 의병 전쟁에서도 남성에 못지않은 참여 양상을 보였다. 예를 들면 유인석柳麟錫의 재종형再從兄인 유홍석柳弘錫의 며느리 윤희순尹熙順과 안사람 의병대의 사례에서 보듯이, 1907년 정미칠조약과 한국 군대 해산 이후의 이른바 제2차 의병 전쟁에서 윤희순의 안사람 의병 30

여 명은 자발로 참여했으며, 이후 만주로 망명하여 민족의 절대 독립을 위한 독립전쟁을 전개했다. 박용옥(1984: 154~6) 참조.

[8] 1898년 9월 1일 서울 북촌 부인 300명의 찬동에 의해 발표된 이 선언은 서울에 거주하는 양반 부인이 주도하고 일반 서민층 부녀 및 기생도 참여한 가운데 여성의 자각과 그것을 실현하기 위한 근대 학교의 설립을 촉구하였다(박용옥 1984: 59·61~2).

[9] 〈국가의 정신은 남녀교육에 재함〉이라는 제목으로 여자보학원의 생도인 도기봉이 《女子指南》에 기고한 글로서, 《여자지남》은 여성 교육의 시행과 그것을 통한 여성의 동등권을 표방하고 조직된 여자교육회의 기관지로 1908년에 창간되었다.

[10] 김경일(2004: 42~3). 일반으로 서유럽이나 북미 국가들의 역사에서 민족주의와 페미니즘은 분리되어 나타나는 데 비해 유럽의 주변부인 북유럽이 야스구에서 민족 지결과 여성의 권리가 양립할 수 있었듯이, 이 시기 한국에서도 페미니즘이 민족주의와 양립할 수 있는 여지가 있었다고 볼 수 있다.

[11] 《독립신문》 1896년 4월 21일자. 또 다른 날짜에서 이 신문은 국민 교육은 정부의 제일 소중한 직무로서 남녀의 차별을 두지 말고 여성에게도 교육 기회를 확장해야 한다고 주장했다. 같은 신문 1896년 5월 12일자 참조.

[12] 1897년 12월 31일 정동교회에서 엡윗청년회의 토론회는 이러한 분위기를 잘 보이고 있다. "여성에게 교육을 시키는 것이 가하뇨?"라는 주제의 이 토론회에서 여성이 직접 연사로 나서지 않고 남성 회원만이 찬반 토론에 참여한 사실도 시대 상황을 적나라하게 보이는 것이었지만, 그에 대한 찬반 의견 역시 팽팽하게 맞서는 양상을 보였기 때문이다. 예를 들면 미국의 사례를 들어가면서 여성 교육을 옹호한 서재필과 달리 윤치호는 반대의 입장에 서서 "예수의 제자와 공자, 맹자가 좋은 말로 백성을 가르쳤으되 녹의홍상에 여인이란 말을 듣지 못하였고, 영웅 열사들이 공을 이루며 후세에 이름을 전하였으되 지분을 단장한 여인이란 말을 듣지 못하였다"고 말하고 있다(이덕주 2007: 48).

[13] 이 시기 신소설 독자층의 대부분이 여자였다는 점에서 상업 동기도 아울러 고려해야 할 것이다. 이재선(1980: 87); 최창수(2000: 257).

신여성,
개념과 역사

14 그것이 대학인지의 여부는 확실하지 않다, 아버지가 워싱턴 정치대학을 졸업하고, 딸의 남자친구인 구완서가 법률과를 졸업하고 김옥련이 경제과를 마치고 귀국한다는 설정은 처음 발표된 《萬歲報》(제88호)나 1907년의 廣學書舖版에는 없는 것이다. 전광용(1986: 86)은 이를 1912년 《牧丹峰》으로 개제 출간한 동양서원 판본으로 추정하고 있다. 다른 판본에서는 여주인공 김옥련이 미국 워싱턴에서 중국 학생들과 5년 동안 공부하여 고등소학교를 우등으로 졸업하는 것으로 되어 있다.

15 흥미로운 점은 정작 이인직 자신은 이러한 옥련의 포부에 대하여 다소의 회의를 표명한다는 사실이다. 이 대목에 곧이어 그는 "구완서와 옥련이가 나이 어려서 외국에 간 사람"들이라는 사실을 환기하면서 "제 나라 형편 모르고 외국에 유학한 소년 학생 의기에서 나오는 마음"이라고 덧붙이고 있다(이인직 1978(1907): 86).

16 설성경(2005: 150~1). 이와는 달리 전광용은 이인직의 작품에서 여성의 신학문에 대한 열의나 미래에 대한 지표가 뚜렷하지 않다고 말한다. 《혈의 누》의 옥련이는 《은세계》에 등장하는 여주인공 옥순이와 비슷하게 원대한 포부나 이상에 대해서는 소극과 피동으로 신변사에만 급급하는 것으로 묘사된다는 것이다(전광용 1986: 96~7). 다른 대목에서도 관찰할 수 있는 이러한 편향은 당시의 시대 상황에서 이인직이라는 남성 작가와 나아가서는 남성 지식인 일반이 공유하고 있었던 여성관을 일정 정도 반영한다.

17 그렇다고 하여 그녀의 부모가 전통의 인습 결혼을 강제한 것은 아니다. 오히려 사정은 정반대로서 정임은 자신이 어릴 때 부모가 정혼한 약혼자에 대한 절조를 지키는 전근대의 인물로, 아버지는 문벌이나 재물이 아닌 인물 중심의 혼인관을 가지고 자기 딸이 설령 과부가 되더라도 개가를 시켜야 한다는 깬 의식의 소유자로 설정된다. 전통 약혼을 고수하는 여성 자신의 자유 의지 주장 및 그 실현 과정이 부권의 상실과 맞물린다는 점에서 이 작품은 이중의 의미 구조를 갖는다. 이러한 점에서 한 논평자는 일정 부분에서 정임의 전근대 성향을 인정하면서도 그 의미망을 전체로 확대해 볼 때 여성 해방과 개화의 내용에 부합한다는 평가를 내리고 있다. 최창수(2000: 276) 참조.

18 각각의 사례에 대한 내용은 김경일 외(2015)의 해당 항목 참조.

[19] Yun(1911: 187). 흥미롭게도 이러한 불만은 1920년대 이후 신여성의 행태에 대한 비난 내용과 일치한다.

[20] 이인직의 사례에서도 보았듯이 당시의 교육 수준에서 어느 정도의 교육을 고등교육으로 보아야 하는지의 문제가 있지만, 윤치호의 지적은 보통학교 수준에서 여성 교육을 준거로 했다. 만약 당시의 고등학교 수준을 고등교육이라고 본다면 하란사가 지적한 교육 내용을 윤치호가 부정한 것은 아니었다고 할 수 있다.

[21] 이와 대조하여 윤치호의 입장은 전형적인 보수주의의 면모를 보인다. 현모양처의 두 이념에 관한 자세한 논의로는 김경일(2012a: 235) 이하 참조.

[22] 한편으로 거의 모든 여성 환자의 몸에 배인 남녀유별 사상은 남자 의사에 대한 접근을 어렵게 했으며, 다른 한편으로 여성 의사라 하더라도 외국 여성의 경우에는 서양인이라는 점에서 "몸과 마음을 완전히 개방"하지는 않았다(이덕주 2007: 61; 이방원 2007: 196). 박에스더가 미국에서 의학을 공부한 것은 본인의 의지가 가장 중요하기는 했다 하더라도 이러한 상황에 부딪힌 선교사들의 일정한 고려도 어느 정도는 작용했다.

[23] 결혼을 앞두고 로제타 홀에게 보낸 편지에서 그녀는 다음과 같이 말한다. "제가 무슨 생각을 하는지 압니까? 3일 동안 저는 뜬눈으로 고민했습니다. 왜냐하면 저는 남자를 결코 좋아하지 않을 뿐 아니라 바느질도 잘 못합니다. 그러나 우리 관습은 결혼을 해야 합니다. 이 점은 저도 어쩔 수 없습니다. 하나님께서 박씨를 저의 남편으로 삼고자 하시면 저의 어머니가 그를 좋아하지 않는다 해도 저는 그의 아내가 될 것입니다. 저는 부자거나 가난하거나 지체가 높고 낮음을 개의치 않습니다. 제가 예수님의 말씀을 믿지 않는 사람과는 결혼하지 않을 줄 당신은 알고 있지 않습니까." 이덕주 (2007: 62); 이방원(2007: 198) 참고.

[24] 이 점은 박에스더의 남편인 박여선도 마찬가지였다. 로제타의 남편으로 선교사 의사였던 홀James William Hall 부부를 위해 일했던 두 사람은 결혼 전까지 서로 한 번도 만난 적이 없으며, 두 사람 모두 서로 좋아하는 감정이 없더라도 결혼은 얼마든지 할 수 있다고 생각하였다(정민재 2009: 44).

[25] 여성의 지위와 남녀평등에 대한 자각과 근대 문명에 대한 동경에서 근대 학교 교육

을 꿈꾸던 그녀에게 결정의 계기를 제공한 것은 위에서 언급한 한국 최초의 여의사로서 돌아온 박에스더의 금의환향이었다(비파동주인 1931: 69; 한상권 2008: 46).

26 서부에 머물면서 그녀는 대동교육회 등에서 활약했다. 1907년 《대동공보》에 기고한 글에서 그녀는 "나라를 위한 이혈보국以血報國의 죽음"이 "가장 요긴한 죽음"이라고 주장했다. "망한 국권을 회복하여 이천만 동포를 구하는" "살신구국"에는 남녀가 따로 없다는 것이다. 〈기서-상제를 믿고 나라를 위할 일〉, 《대동공보》 1907년 11월 14일자.

27 조선여자교육회의 기관지인 《여자시론》의 목차에 수록된 〈과학의 입장에서 보는 성의 동등성〉이나 〈소년소녀 간의 교육 평등〉 등의 제목 역시 이와 동일한 흐름에서 이해된다(Kim 1920: 208).

28 김미리사(1922: 30). 1930년대 후반의 글에서도 그녀는 여성에게는 결혼보다도 "참된 아내와 진실한 어머니"로서의 의의가 더 크다고 언급한다. 즉 현모양처로서의 "현명한 여성"이 되기를 강조하는 것이다(김미리사 1936: 231).

29 이와 관련하여 그녀는 여자가 남자보다 지식이 부족하기 때문에 생기는 여러 격차들로 인해 이혼이 발생한다고 보았다. 즉 "이혼에는 여러 가지 이유가 있겠지만 대개는 여자가 남자보다 지식상 부족함으로 말미암아 여러 가지 충절層節이 생김에 있는 줄로 생각"한다는 것이다. 〈신진 여류의 기염-일천만의 여자에게 새 생명을 주고자 하노라〉, 《동아일보》 1921년 2월 21일자 참조.

30 〈제명사의 신조와 주장과 배척〉, 《개벽》 1921년 6월호, 97쪽. 한상권(2008: 20·204) 참조.

31 김미리사(1925: 36~7). 조선여자교육회에 대한 인터뷰에서 그녀가 "도움을 필요로 하는 나약하고 과오가 있는" 여성을 대상으로 한다고 하면서도 첩과 기생이라는 "두 부류의 여성만 받지 않는"다고 제한을 둔 것은 이 때문이다(Kim 1920: 207).

32 東京女性財団 1994: 107. Sievers(1983: 163~5)는 메이지 전기의 여성들이 제기한 정치 표현, 사회 개혁, 경제 독립과 교육에 대한 기회에 덧붙여서 자아에 대한 인식과 여성의 섹슈얼리티에 대한 매우 의미 있는 요구를 이들이 제기했다고 평가한다. 두 세대 여성의 단절보다는 연속성에 주목하는 이러한 의견은 일본 페미니즘에서 제2

의 물결까지는 아니더라도 새로운 단계의 상징으로서 《세이토》를 보아야 한다는 입장을 반영한다.

33 윤정원(1906a: 40). 그럼에도 불구하고 그녀는 여성 교육을 제한과 유보의 관점에서 본다. 동서양 제국에서 과도한 여자 교육에 대한 폐단을 지적하면서 그녀는 "이는 교육을 하는 자의 연구할 문제요 지금 당장 시급히 교육을 받아야 할 정세에 있는 본국 여자 사회에는 아직 의론할 때가 아"니라고 말한다(윤정원 1906a: 41). 여성 교육에 대한 그녀의 이러한 인식은 앞에서 언급한 이인직의 여성 교육관, 혹은 여자 교육이 유치한 단계에 있기 때문에 윤정원과 같은 "대사범大師範을 수용需用할 지위가 부적不適"하다는 인식(홍필주 1907: 60)과도 맥락을 같이하는 것이다.

3장 제2세대 근대 여성과 급진주의

1 같은 해에 태어난 신여성으로는 박인덕朴仁德(1896~1980)을 들 수 있는데, 미국 유학을 배경으로 이들과는 상이한 삶의 궤적과 주장을 펼쳤다는 점에서 필요한 경우에만 이따금 언급할 것이다. 이 밖에도 윤심덕尹心悳(1897~1926)을 들 수 있지만, 1920년대 중반에 자살했다는 점에서 검토 대상에서 제외한다.

2 조은·윤택림(1995: 165) 참조. 이들은 신여성의 범주를 "봉건적 가부장제에 도전한 운동성을 가진 신여성"과 "단지 신식 교육을 받았다는 의미의 기능적 또는 도구적 신여성"의 양자, 즉 '진정한 의미의 신여성'과 '약간의 근대 교육을 받은 신여성에 대한 인식이 없는 신여성'으로 구분한다(조은·윤택림 1995: 188·195).

3 Kwon(1998: 382~3). 이와는 달리 최근의 연구에서는 신여성은 페미니즘의 주체 세력이나 새로운 광범위한 대중으로서 뚜렷이 자리 잡지 못한 단순한 담론의 대상에 지나지 않았다는 부정의 평가(김수진 2000: 13~4; 2009: 30)도 나오고 있다.

4 나혜석이나 김명순과 비슷하게 그녀 역시 이탈리아에 유학해서 세계의 대성악가가 되는 꿈을 가지고 있었다(유민영 1987: 80~81).

신여성,
개념과 역사

5 상세하게는 "하나님! 하나님의 딸이 여기 있습니다. 아버지! 내 생명은 많은 축복을 가졌습니다. ……내게 무한한 광영과 힘을 내려주십쇼. ……상을 주시든지 벌을 내리시든지 마음대로 부리시옵소서"(나혜석 2000(1918): 103~4)라는 내용이다.

6 나혜석(2000(1923a): 221). 1920년 4월 나혜석이 정동예배당에서 김필수 목사의 주례로 김우영과 기독교식으로 결혼을 했던 사실도 기독교의 영향을 짐작할 수 있게 한다(나혜석 2000(1923a): 222; 이상경 2000: 190)

7 나혜석(2000(1934): 421·426). 양문규는 이 시기 《학지광》이나 《청춘》 등의 가장 중요한 의제는 자아의 각성과 개성의 구현이었다고 지적한다. 이들 매체를 통하여 남성 계몽주의자들 역시 자아와 개성의 중요성을 강조하였지만, 그것이 추상 개념을 통한 과거의 방식으로서 생의 구체성과 유리된 공허함을 드러낸 것과 달리 나혜석의 그것은 경험 사고를 통한 열정을 수반하는 점에서 다르다고 그는 언급한다(양문규 2007: 247, 250~1).

8 양문규는 현모양처 교육에 대한 나혜석의 이러한 비판이 같은 시기 다른 유학생의 글에서는 단 한 편도 발견되지 않는다는 점에서 선진성을 갖는다고 평가한다(양문규 2007: 248).

9 조선과 일본에 대한 김명순의 태도나 민족 영역에서 나혜석의 이중성에 대한 논의로는 김경일(2004b: 93~7·101~4) 참조.

10 그녀는 남녀 차별의 문제를 사회 제도와 교육에 의거하여 설명한다. "[남녀불평등 문제는] 남자 그 사람만 잘못이라 할 수 없고, 여자 그 사람만 불쌍하다고 할 수 없이 사회 제도가 그릇되었고, 교육 그것이 잘못되었"기 때문이라는 것이다(나혜석 2000(1926): 277~8).

11 예를 들면 남녀평등에 대한 지지에도 불구하고 나혜석은 가정 내 부부 사이의 남녀 평등에 대해서는 정작 모호한 태도를 보였다(김경일 2012a: 45).

12 허영숙은 의사로서 이광수의 부인이다.

13 급진으로 여성의 권리를 부르짖기보다는 자유주의 사상에 기반을 두어 여성 계몽과 여권 신장을 주장하는 수준에 머물러 있었다는 점에서, 박인덕의 여성 운동은 본격

페미니즘의 기준으로 보면 크게 미흡하다고 김욱동은 지적한다. 이러한 점에서 박인 덕은 초기 단계의 자유주의 페미니즘을 전개한 것으로 보아야 한다는 것이다(김욱동 2010: 294~5).

14 〈米國, 中國, 日本에 다녀온 女流人物評判記〉(1927: 23)에서 대담자는 김원주와 김명 순을 왜 여자계의 명물이라고 부르냐고 묻는다. 이에 대하여 다른 대담자는 "연애를 네댓 번씩 하고 결혼을 일 년에 한 번씩은 하고 그만하면 명물"이라고 하면서, "그러 고도 무슨 會席상에 가서 뻔뻔히 의견을 말하고 신문지상에 新貞操觀을 발표하고 시 쓰고 文 쓰고 소설 쓰고 기자라고 인력거" 타고 다니는 것이 가소롭다고 냉소한다. 이들이 그렇게 된 데에는 "사회의 죄도 일부분은 있"지 않으냐는 상대방의 말에 대하 여 그는 "사회의 죄가 무슨 죄임닛가? 전혀 모다 自取之擘이지요. 제 생각으로는 하 나도 동정할 것이 없다"고 대답하고 있다.

15 김일엽(1974(1920g): 180). 김원주는 "우리 각성한 여자는 이를 적으로 대하고 나아가 야 한다"고 하면서, 자기의 개조와 현상 타파를 촉구한다.

4장 급진주의의 상이한 의견들

1 앞 장에서도 그러했지만, 이러한 접근은 급진주의를 주된 준거로 하여 1920년대의 신여성 사이에 존재하는 의견의 차이에 주목하고자 하는 것이다.

2 사회주의에서 이 주제는 제6장에서 다룰 것이다.

3 대표 사례로 1921년에 《동아일보》 지상을 통해 여성의 의복 개량 문제를 주제로 김 원주와 나혜석이 벌인 토론을 들 수 있다. 즉 김원주의 〈부인 의복 개량에 대하여 – 한 가지 의견을 드리나이다〉(4회, 《동아일보》 1921년 9월 10일~14일)에 대하여 나혜석이 마찬가지로 4회에 걸쳐 〈부인 의복 개량 문제 – 김원주 형의 이견에 대하여〉(같은 신 문, 9월 29일~10월 1일)라는 제목으로 자신의 의견을 피력한 것이다. 두 사람 모두 "위 생과 예의와 미를 겸한 가장 편하고 가장 완전한 개량복"을 모색해야 한다는 점에서

의견을 함께했음에도 불구하고, 나혜석은 사치를 부정하고 검박儉朴을 강조하는 것은 "인류의 진화적 본능을 무시하는" 것이라고 평가했다. 사회의 부가 증대됨에 따라 "작일의 사치품이 금일의 실용품이" 될 수 있는 가능성을 시야에 넣어야 한다는 것이다. 김일엽(1974(1921b): 192); 나혜석(2000(1921): 215~6) 참고.

[4] 1930년대에 들어와 처녀성에 대한 그녀의 입장은 다소 완화되는 듯이 보인다. 1931년 '정조 파괴 여성의 재혼론'에 대한 의견을 묻는《삼천리》의 기획에서 김원주는 "처녀·비처녀의 관념을 양기揚棄"할 것을 촉구하고 있다(김일엽 1974(1931): 194~5). 그러나 해방 이후인 1970년의 회고록에서 그녀는 '개조 처녀' 혹은 '처녀로의 재귀再歸' 등의 표현을 동원하여 과거 자신의 신정조론을 정리하면서 그러한 원칙에서 자신은 "대상되는 이성異性에 지극히 충실하였다"고 말하고 있다(김일엽 1974(1971~2): 332). 이러한 점에서 김원주의 신정조론은 일관되게 처녀성과 순결의 이데올로기에서 벗어나지 않았다고 말할 수 있을 것이다.

[5] 이 밖에도 김원주의 정조관이 남성에 대한 예속을 전제로 해서 제시된 이론이라는 임종국의 비판을 포함한 상세한 논의에 관해서는 김경일(2012a: 288~9·439) 참조.

[6] 이하에서 논의하는 나혜석의 모성 개념에 관해서는 김경일(2012a: 215~21) 참조.

[7] 모성의 본능성을 그녀가 완전히 부정한 것은 아니었다. "솟아오르는 정의 본능성이 없다는 부인설이 아니라 자식에 대한 정이라고 별다른 것은 아니라고 말하고 싶다"고 말하고 있기 때문이다(나혜석 2000(1923a): 233).

[8] 이에 관한 보다 자세한 논의는 김경일(2012a: 381 이하) 참조.

5장 제2세대 근대 여성—사회주의

[1] 그러나 후술하듯이 이들의 운동이 과연 서구에서 말하는 부르주아 여권 운동에 비견될 수 있는 것인지에 대해서는 이견이 존재한다.

[2] 이러한 점에서 일본 유학생들을 사회주의 진영으로 분류하는 방식(박지향 1988: 287)

은 재고될 여지가 있다. 자료를 보면 이들이 일본 유학의 배경을 갖는 경우가 생각보다는 많지 않기 때문이다. 예컨대 도쿄여자의학전문학교에서 수학한 유영준劉英俊, 이덕요李德耀와 도쿄에서 노동자로 일하면서 공부한 박원희朴元熙, 일본의 고베신학교와 미국 유학을 경험한 허정숙許貞淑, 도쿄여자대학을 다닌 이현경李賢卿(崔恩喜와 黃信德도 같은 학교를 다녔다), 그리고 이보다 늦게 도쿄영어강습소와 도쿄여자기예학교에 다닌 정칠성丁七星 등이 있었다. 1900년대에 태어난 김조이金助伊와 주세죽朱世竹은 각각 유명한 공산주의자인 조봉암曹奉岩과 박헌영朴憲永의 아내로 모스크바 공산대학에서 수학하였다. 이 밖에도 공산대학에서 공부한 여성으로는 고명자高明子를 들 수 있다.

3 1910년대 중반에 한때 기독교 전도 부인으로 생활한 정종명鄭鍾鳴과 황신덕 등을 논외로 한다면 이들 사회주의 여성에게서 기독교의 영향은 거의 찾아볼 수 없다.

4 이현경은 〈표 1〉에는 나타나 있지 않다. 이미 언급했듯이 이 표는 김경일 외(2015)에 수록된 근대 여성을 대표하는 63인을 대상으로 했기 때문이다.

5 김준엽·김창순(1986: 11~3). 자세한 이력에 관해서는 강만길·성대경 편(1996: 440); 김경일 외(2015: 369~77) 참조.

6 정통 공산주의자로서 그녀가 민족주의 계열 여성과의 교류를 배제하거나 적대시한 것은 결코 아니었다. 민족주의 계열의 여성을 두루 포용할 정도의 친화력을 가진 그녀는 이념 못지않게 활동을 중시한 실천의 삶을 살았다.

7 제1장의 〈표 1〉에서 황신덕, 그리고 아마도 고명자의 경우가 이에 해당할 것이다. 황신덕의 친일 행적에 관해서는 민족문제연구소(2009: 1002~4) 참조. '제1차 조선공산당'의 핵심 인물인 김단야의 연인이었던 고명자高明子는 일제 말기에 친일 잡지인 《동양지광》의 기자로서 활동하는 등의 친일 활동을 하였으며, 이러한 이유로 해방 이후 조선공산당에도 참여하지 못하였다. 이철(2008: 278·287~8) 참고.

8 이 글의 내용은 현재 전해지지 않는다. 허정자라는 이름으로 기고한 이 글은 《매일신보》 1920년 11월 6일자에서 제목만 확인할 수 있다.

9 1930년대 초반 평범한 가정 생활을 하면서 그녀는 "제일 재미있는 것은 아이 기르는

것"이라고 하면서 "거의 나이 사십에 딸만 하나 있고 아직 아들이 없으니까 아들 낳고 싶은 욕심이 제일 많"다는 심경을 토로한다. 이러한 언급은 남아를 선호하는 보통의 가정주부와 동일한 의식 구조의 일단을 드러낸다. 그녀의 이러한 태도에 대하여 당시의 한 잡지는 "살림에만 재미를 붙이지 말고 좀 사회적으로 활동을 하였으면 하는 것은 누구나 희망 하는 바"라고 논평하고 있다. 관상자(1930: 109) 참조.

[10] 그러나 그녀가 이러한 인식으로부터 완전히 자유로운 것은 아니었다. 해방 이후 북한에서의 행적은 논외로 하더라도 1929년 학생 시위 사건으로 체포돼 일제 경찰에 의해 끌려갈 때 잡혀가는 엄마의 모습을 보고 옷자락에 매달려 소리쳐 우는 7살 난 아들에 대해 엄마는 떳떳한 일을 하고서 당당히 끌려가는데 사내가 이렇게 작은 일에 운다고 노기 띤 말을 남기고 뒤도 돌아보지 않고 가 버렸다는 일화는(서형실 1992a: 213, 강조는 필자), 이 문제에 대해 우리에게 생각해 볼 거리를 제공한다.

[11] 주요한 이유는 여성 교육이나 교양, 지식 계발 등의 계몽 운동이 가지는 운동의 목표가 불명확하고 모호하다는 데 있었다. 식민지에서 여성 억압의 현실과 그에 대한 전망의 설정과 관련하여 그것은 물산장려운동을 비롯한 이 시기 자유주의 운동 일반이 가졌던 한계를 공유했다. 鵑園生(〈조선여성 운동의 사적 고찰〉, 《동아일보》 1928년 1월 6일자)은 "3·1운동 시에 급진적으로 진출하였던 운동은 민족 운동 전체의 정세와 또 전위 여성들의 예포로 인하여 미구에 무력하게" 되었다고 지적하고 있다.

[12] 1923년 말부터 정종명, 정칠성, 우수덕吳壽德 등은 여성 사회 운동 단체를 조직하려고 노력했으나 동참하는 사람이 적어 오수덕은 주로 여학생 계에서, 정종명, 정칠성은 일반 부인을 대상으로 역할 분담을 하여 조직 준비를 진행했다. 京畿道 警察部(1929: 32), 김준엽·김창순(1972: 153) 참조.

[13] 그러나 정종명의 연설은 경관의 제지로 중단되었다. 《동아일보》 1924년 10월 3일자 참조.

[14] 《동아일보》 1925년 1월 23일자.

[15] 《동아일보》 1926년 3월 6일자 및 백순원(2003: 42).

[16] 의사라는 직업이 있기 때문에 남편인 한위건韓偉鍵이 망명한 후에도 먹고사는 데에는

그다지 큰 고통을 받지 않아 다행으로 생각한다고 그녀는 언급한다(이덕요 1931: 79).

[17] 鵑園生(1928). 그러나 남화숙은 이 시기 민족주의 계열의 여성 운동이 부르주아 여권 운동에도 미치지 못하는 것이었다고 비판한다. 즉 "당시 소개되던 부르주아 여권론 의 이들에 대한 영향은 미미하며, 그 핵심이 되는 여성 참정권 문제는 당시의 정치 상황으로 보아 제기하기 어려운 문제라 하더라도 연애, 결혼, 이혼의 자유에 대한 주 장이나 재산권, 친권 등에서의 법적 평등의 요구도 찾기 어려우며, 심지어 당시 여성 에게 심각한 고통을 안겨 주던 축첩 문제조차 별로 언급되지 않는 형편"으로, "단지 기성 사회의 호응을 얻기 쉬운 문제들, 예컨대 미신 타파, 의복 개량, 조혼 금지, 인 신 매매 금지 등이 도덕적인 견지에서 온건하게 주장되는 데 그쳤다"는 점에서 이 시 기의 운동을 '부르주아 여권운동'이라고 규정지을 수는 없다는 것이다(남화숙 1991: 205~6). 문제의식은 다르지만, 이지원 역시 1920년대 전반기의 여성 운동론이 "당시 소개되고 있던 서구의 부르주아 여권론의 영향을 전혀 안 받았다고 할 수 없으나 부 르주아 여권론의 핵심이었던 참정권 문제는 물론 연애, 결혼, 이혼의 자유, 재산권, 친권 등에서의 제반 법적 평등의 요구를 거의 다루지 않았다"는 점에서 서구의 부르 주아 여권론과는 그 현실 기반이 달랐다는 점을 지적하고 있다(이지원 1991: 145).

[18] 정칠성(1933: 130). 이미 보았듯이 이러한 주장은 여성 일반이 당면한 공동의 이해를 강조하던 초기의 시각에서 계급으로서 무산 부인의 성격을 강조하는 입장으로의 선 회를 반영한다.

[19] 김준엽·김창순(1973: 80~81) 참조. 표현은 '노동 부인'이지만 6항의 경작권 확립이나 13항의 '공장 및 농장'의 내용이 있는 것으로 보아 농민 여성을 아울러 포함한다.

[20] 1929년 8월 1일 제1회 중앙상무위원회에서 부서 확충의 일환으로 노농부 책임으 로 한덕희韓德熙, 김정원金貞媛을 선출하였다. 《동아일보》1929년 8월 6일자. 박용옥 (1987: 216~8) 참조.

[21] 《동아일보》1930년 1월 4일자. 더 이상의 자료가 없어서 자세한 내용은 알기 힘들지 만 대중 단체인 근우회에서 노농 부인의 조직화에 직접 나서는 것에 대해서는 자유 주의자들의 반발과는 다른 이유에서 지방의 사회주의자들 사이에서도 이에 대한 일

정한 비판이 제기되었다. 이와 관련해서는 위의 1월 초순의 중앙집행위원회 결정에 대하여 "근우회의 사업권 밖이라는 항의가 순천노동연합회, 순천농민조합으로부터 제기"되었다는 보도가 있다. 송연옥은 《동아일보》 1930년 1월 12일자에 근거하여 이 사례를 언급하는데(송연옥 1984: 366), 실제 기사는 있지 않다. 아마도 다른 신문의 착오일 것이다.

22 그녀가 말하는 무산 부인은 노동 부인과 농촌의 빈농 여성을 포함한다. 강정희(1928), 남화숙(1991: 217의 주31) 참조.

23 1920년 9월에 창간된 《신여자》 창간사에서 "사회를 개조하려면 먼저 사회의 원소인 가정을 개조하여야 하고 가정을 개조하려면 먼저 가정의 주인 될 여자를 해방하여야 할 것"이라고 한 것에서 보듯이 사회 개조의 기초로서 여자의 해방이 제시되었다. 이지원(1991: 143) 참조.

24 《조선일보》 1924년 5월 24일자. 백순원(2003: 34) 참조.

25 《조선일보》 1925년 12월 21일 및 《동아일보》 1926년 3월 6일자, 백순원(2003: 36~7) 참조.

26 《동아일보》 1925년 2월 24일자.

27 같은 이름으로 1925년 말에 林松治, 玄愛羅 등에 의해 조직된 단체가 있다. 이 조직은 1926년 1월에 창립총회를 열어 프로여성동맹이라는 이름으로 개칭했다. 이처럼 이름을 바꾸게 된 것은 여성해방동맹의 명칭은 자신들이 먼저 사용한 것이라고 김현제 등이 항의했기 때문이다. 이 조직이 조선노동당 계열에 속한다는 점에서 당시의 자료에서는 서울계와 북풍·화요계와 아울러 여성 운동에서 '3파의 정립 시대'를 가져왔다고 평하고 있지만(坪江汕二 1959: 183), 실제 활동은 가장 미약했다. 鐘路警察署(1926), 조경미(1992: 81~2) 참조.

28 박용옥(1996: 266~7) 참조. 그러나 이 여성해방동맹이 프로여성동맹으로 발전한 것으로 보는 부분은 재고의 여지가 있다. 이에 관해서는 김준엽·김창순(1972: 155~6) 참조.

29 대중의 일반 여성 단체와 전위의 여성 청년 단체와 같은 이원 조직 방식은 이 시기 노동 운동에서도 일반 노동조합에 대하여 노동 청년 단체들이 조직된 사례를 통하여

찾아볼 수 있다. 김경일(2004a: 142~6) 참조.

30 여성동우회와 여성해방동맹이 대중 단체이고 경성여자청년동맹과 경성여자청년회
가 일종의 전위 단체라는 것은 당시 사회주의 운동 단체의 조직 방침 일반을 반영한
다. 전위 단체로서의 성격이 가장 강했던 것은 경성여자청년동맹이었다. 이 단체가
16세 이상 "만 26세 미만의 여자청년"으로 나이를 제한한 것도 이러한 조직의 성격
을 반영한다. 그러나 사회주의 계열의 청년 단체들이 엄격한 나이 제한을 두고 있었
던 것과 달리 회원의 연령 제한을 설정한 여성 청년 단체의 경우는 의외로 드물었다.
방금 언급한 경성여자청년동맹과 함북 경성의 경성여성공조회(16~36세)의 사례를
제외하면 회원의 연령을 제한한 단체는 실제로는 많지 않았다(박혜란 1993: 77). 여성
회원을 확보하기가 쉽지 않았던 현실에서 연령을 제한하는 경우 실제로는 회를 유지
하기가 어렵다는 사정이 있었을 것이다. 나아가서 성성여사성년회는 큰내 교육을 빋
은 신여성만이 아니라 가정 부인을 비롯한 구여성까지를 회원으로 포용하고자 한 방
침에 따라 나이 제한을 설정하지 않은 것으로 짐작된다. 여성동우회에 대해서는 김
준엽·김창순(1972: 158)은 연령 제한이 없었다고 하지만 사실은 "만 18세 이상의 조
선 여성"이라는 제한 규정이 있었다(《조선일보》, 1925년 12월 21일자). 일반으로 청년회
에서 나이 제한은 기성세대의 영향력을 차단하기 위하여 상한선을 설정하는 데 반
해, 여성동우회의 경우는 하한선을 두어 실제로는 학생층의 일정 부분을 배제하려고
했던 점이 주목된다.

31 김준엽 등은 이 조직의 발기 총회 이후에 "여성동우회와의 미묘한 관계로 정식 간판
을 걸지 않"았다고 언급한다(김준엽·김창순 1972: 156). 양명 이 사상 단체를 비롯한 여
성 단체에서 화요계와 서울계의 양대 진영을 중심으로 한 파쟁 양상을 지적하면서,
"서울을 예로 하면 일면에 여성동우회와 여자청년동맹이 있고 반면에 경성여자청년
회가 있다"고 하여 여성해방동맹을 언급하지 않았던 사실(1926: 5)은 이 단체의 위상
을 짐작하게 한다.

32 《동아일보》 1926년 1월 4일자 참조.

33 《동아일보》 1925년 2월 24일자. 김준엽·김창순(1972: 159).

34 김준엽·김창순은 두 파의 차이를 지적하면서 경성여자청년회가 "훨씬 보수적"이라고 평가한다. "이는 경성여자청년동맹의 과격적인 '투쟁적 교양', '조직적 훈련', '단결력과 조직에 의한 투쟁' 노선에 불쾌와 혐오를 느끼는 일반 여성 운동자들의 총의를 규합하려는 데 아마도 목적이 있었던 것 같다"는 것이다(김준엽·김창순 1972: 159).

35 백순원(2003: 42). 예를 들면 부모에 의한 강제결혼 문제가 사회의 주요 쟁점으로 등장한 1920년대 중반 경성여자청년회가 자유결혼을 주제로 한 강연회를 개최한 것은 반대파에서는 찾아볼 수 없는 새로운 시도였다. 1926년 2월 22일 경성여자청년회의 주관으로 종로 중앙기독교청년회관에서 〈자유결혼 문제에 대하여〉라는 제목의 강연회가 열렸다. 연사로는 최원순崔元淳, 김창제金昶濟, 김원주金元周, 박원희朴元熙 등이 예정되어 있었으나 정작 유일한 사회주의자로 분류할 수 있는 박원희는 연단에 서지 않았다. 강연회의 연사로 참여한 나머지 세 사람은 민족주의 계열의 인물이었다. 《동아일보》 1926년 2월 19일 및 1926년 2월 24일자 참조. 후자의 신문에는 연단에 선 김원주의 모습이 찍힌 강연회 사진이 게재되어 있다.

36 발회식에 참석한 80여 명 중 남자 방청객이 50여 명이고, 감시 경찰관 10여 명을 제외하면 여성의 수는 13, 4명밖에 안 되었다. 이들 모두는 주최자여서 《신여성》지는 이를 두고 "여성동우회가 아니라 남성동우회 같다"고 평했다. 〈여성동우회 발회식에 갔다가〉(1924: 10); 전상숙(1987: 53) 참조.

37 근우회 창립총회의 참가 인원수에 대하여 《동아일보》는 회원 200명과 다수한 방청객, 《조선일보》는 회원 150명에 방청인이 1,000명이라고 했다. 황신덕은 회원 190명이라고 했다. 방청객의 대부분이 남자였으므로 남자의 수가 더 많았던 것으로 짐작된다. 《동아일보》 및 《조선일보》 1927년 5월 29일자. 황신덕(1933), 박용옥(1987: 193) 참조. 제2회 대회의 경우 대회준비위원회에서 전체 500매의 방청권을 각각 남자 300매와 여자 200매로 배정하여 역시 남자가 여자보다도 많다. 김준엽·김창순(1973: 87) 참조.

38 정족수 미달로 연기된 경성지회 설립대회는 일주일 후인 3월 31일 100여 회원이 참석하여 설립되었다. 《동아일보》 1928년 3월 26일자 및 《근우》 창간호, 1929, 91쪽,

박용옥(1987: 302~4) 참조.

[39] 학생 중에는 러시아, 일본, 중국 등지에서의 유학생이 상당히 많은 비중을 차지하였다. 《조선일보》 1925년 12월 21일자. 전상숙(1987: 46) 및 박혜란(1993: 29) 참조.

[40] 이는 신간회의 경우와 대조를 이룬다. 신간회는 회원 총수 39,410명 중 농업 21,514명, 노동자 6,041명(각기 54.6퍼센트와 15.3퍼센트)으로 노동자·농민을 합한 비율은 무려 70퍼센트 정도에 이르렀다. 《조선일보》 1931년 5월 18일자. 박용옥(1987: 218) 참조.

[41] 일반으로 말하면 여성 문제에 대한 사회주의 남성의 인식은 낮은 정도에 머물러 있었다고 평가해야 할 것이다. 1929년 12월 모스크바공산대학 조선·일본반 합동회의에 참가한 김필수金必壽는 회의에 참가한 40여 명의 운동자 중에서 여성 문제에 대한 발언이 매우 적었다는 사실을 지적하면서, "올바른 현상은 아니라고 생각"한다는 의견을 덧붙였다(김필수 2004(1929): 360).

[42] 그러나 이는 허정숙이 오해한 것으로 사실과 다른 것이다. 여성의 정치 조직에 거의 관심이 없던 러시아에서도 1917년 당 내부에 여성 조직의 설립을 계획했다. 많은 볼셰비키들은 여성 조직의 존재가 계급 투쟁을 약화시키고, 노동 계급을 계급 투쟁으로부터 분리시킴과 동시에 부르주아 여성 운동을 촉진한다고 생각했다. 그러나 콜론타이Alexandra Kollontai를 비롯한 일부 운동가들은 여성은 미래 사회주의 국가를 건설하는 데 반드시 필요한 존재이며, 동시에 여성의 삶의 변화가 전통 사회의 영향력을 감소시키고 새로운 사회 문화의 가치들을 만들어 내는 데 중요한 요소가 된다는 이유에서 여성 조직 설립을 열렬히 지지했다. 이에 따라 여성회의, 여성위원회, Zhenotdel(Woman's Bureau, 당중앙위원회 서기국의 여성부), 대표자회의, 여성클럽과 같은 다양한 여성 조직이 만들어졌다. 여성에 대한 당사업의 일환으로 조직된 제노뜨젤은 1930년에 해체되었다. 고유경(2003: 28~30·58) 참조. 유럽 국가들의 경우에도 실천의 경험에 비추어 별개의 일반 여성 조직이 필요함을 꾸준히 제기했고(村田陽一 1981: 542~3), 일본에서도 성별 조직을 반대하던 야마카와 히토시山川均가 몰락하고 후쿠모토福本주의가 공인(1926년 12월)된 후 성별 조직으로서의 관동부인동맹을 결성(1927. 7. 3)했다가 원칙에 위배된다 하여 다시 해체(1928년 3월)하는 곡절을 겪었다(工

位靜枝 1973: 9). 남화숙(1991: 218) 참조.

43 김준엽·김창순(1973: 79~80). 이 제안은 〈민족 운동에 대한 결의〉의 제4항에 있는 것이다. 엄격하게 말하면 이 조항은 바로 직전의 제3항과 배치되는 측면이 있다. 제3항에서 근우회의 여성은 "각각 그 속하는 계급층에 의하여" 신간회에 참가한다고 제안하고 있기 때문이다. 여성이라는 성의 존재로서가 아니라 자신이 속한 계급의 일원으로 참가한다면 구태여 여성부를 설치할 필요가 없게 된다. 그럼에도 불구하고 근우회와 같은 성별 조직의 틀을 버리고 신간회의 여성부로 들어가 민족협동전선 위에서 싸워야 한다는 주장은 실현되지는 않았다. 대신에 근우회가 해소된 이후 전국 각지의 노동조합과 농민조합의 여성부로 들어가 노농 운동 선상에서 투쟁하는 것으로 귀결되었다.

44 〈여자 운동 선에도 방향 전환의 필요 – 성적 해방에서 계급 해방으로〉(1~2), 《동아일보》 1927년 4월 20일 및 21일자 참조.

45 김준엽·김창순(1973: 73~4). 이 강령의 1항과 6항은 1925년 4월 창건된 조선공산당의 여성 정책을 반영한 것이다. 여성 문제와 관련하여 조선공산당은 '여성의 정치, 경제, 사회 일절 권리의 평등'과 '여성 노동자의 산전 산후 휴식과 임금 지불'을 당면 슬로건으로 제시했다. 〈朝鮮共産黨のスロカン〉, 《思想月報》 1권 4호, 1931 참조.

46 〈근우회 제2회 전국대회 회록〉 참조. 신주백 편(1989: 399). 경성지법검사국의 〈思想 二關スル調査書類〉는 위의 10개조 항목에서 제10항을 언급하지 않는다. 제2항에서도 '정치'의 차별을 '봉건' 차별로 대체하고 있으며, 7항의 내용도 '산전 산후 2주간의 휴양과 임금 지불'로 바꿔서 보고하고 있다(김준엽·김창순 1973: 93~4).

47 자세한 내용은 《조선일보》 1930년 4월 6일자 및 박용옥(1996: 398~9) 참조.

48 1. 결혼법 및 친족법 개정에 의한 법률상·생활상 남녀의 절대평등권 획득, 2. 사회 기능으로서의 모성 승인 획득, 3. 모성 및 유아의 특별입법 보호, 4. 아동소년의 사회 부양과 교육시설 획득(탁아소 등), 5. 가정 부담 경감 시설 획득, 6. 조혼 강제, 인신매매 결혼 반대 투쟁 및 결혼, 이혼의 자유권 획득, 7. 공창제 철폐, 8. 봉건 풍습 미신에 대한 계획과 문화의 투쟁, 문맹 퇴치, 9. 여성의 체육 장려 및 그 지도의 확립, 10. 부

인 야간, 산전 산후, 특별유해부문 노동 금지, 11. 성과 민족에 따른 노동 조건의 차
별 철폐, 12. 도일 노동자 도항 자유 획득, 13. 언론·출판·집회·결사 자유, 14. 일본
이민·駐兵 반대, 15. 조선총독정치 반대, 16. 일체 정치 검거 반대, 17. 해방 운동 희
생자 구원이 그것으로 〈근우회 동경지회 제2회 정기총회 의안〉(김인덕 편 1996: 192),
장인모(2008: 395~6) 참조.

49 《조선일보》 1930년 12월 20일자. 이지원(1991: 193), 이소영(1992: 74) 참조.

50 1932년의 신년을 맞아 송계월(1932)은 《동아일보》의 설문에 대한 답변에서 여성 운동
의 목표로 "가정과 사회에서 여성을 노예와 완롱물로 보는 봉건 관습의 철폐"를 가장
중요한 당면 과제로 꼽았다. 봉건 관습이 지배하는 사회 조건이 "여성을 해방하는 운
동에 여성을 적극 참가시키지 못한 원인"이 되었다는 것이다. 이러한 과제를 실천하
기 위한 전략으로 그녀는 공장부인위원회나 농촌부인위원회 능을 결성하여 소식 행
동을 할 것을 주장했다. 단순한 의견 개진의 수준에 머물렀다고는 하더라도 그녀의
의견은 봉건 제도의 영향을 평가하면서도 그것을 근로 여성과 연결시키고자 했다는
점에서 주목된다.

6장 사회주의 여성의 성과 사랑

1 최혜실은 "일본에서는 베벨의 책이 번역되었고 많은 이론가들이 그의 이론을 받아들
였으나 한국에서 직접적 영향 관계는 보이지 않는다"(최혜실 2000: 155)고 하였으나,
이는 사실과 다르다. 베벨의 책은 1925년 배성룡에 의해 《부인해방과 현실생활》이라
는 제목으로 조선지광사에서 번역 출판되었다. 《동아일보》 1925년 11월 9일자 3면의
'신간 소개' 참조.

2 그는 기독교에 입각한 민족주의 사상을 옹호하였다. 李大偉(1922: 6~10) 참조.

3 이는 그녀가 도쿄여자대학 사회과에서 수학한 당시의 교육 내용을 반영한 것으로 짐
작된다. 李賢卿(1927a) 참조.

[4] 예컨대 〈문제의 부인, 때의 여성-투사 쿠라라 체토킹 여사〉(1925: 45), 김해성(1931: 28~30), 김하성(1931: 48~51) 등 참조.

[5] 콜론타이는 자서전 형식의 소설인《일벌의 사랑》을 1923년 러시아에서 출판했다. 이 안에는 〈바실리사 말리기나〉, 〈삼대의 연애〉, 〈세 자매〉 등의 단편이 포함되어 있다. 〈바실리사 말리기나〉는 1925년에 〈자유로운 사랑〉이라는 제목으로 재간행되었는데, 미국과 한국에서는 〈붉은 사랑(적연)〉으로 번역, 출간되었다. 김제헌 옮김(1988) 및 석미주 옮김(1991), 김은실(2004: 187~91) 참조.

[6] 이는 당시 조선 사회에만 한정되지 않았다. 러시아와 서구에서는 오랜 동안 콜론타이가 러시아에서 성 혁명의 오용과 도덕의 무정부 상태에 책임이 있다는 의견이 제기되어 왔다. Stites(1978: 358) 참조.

[7] 이미 언급한 유철수 역시 "성적 생활의 방사放肆는 부르조아적이고 붕괴 타락적 현상"이라는 레닌과 클라라 제트킨의 견해를 빌려 가면서 콜론타이를 비판했다. 그는 〈삼대의 연애〉의 바실리사에 대해서는 어느 정도 수긍하면서도, "게니아같이 태연한 종류의 연애"는 비판하고 있다. "과도기적 일 현상에 불과"한 게니아의 성관계에서 "그 과도기 현상을 그대로 승인하고 그것을 정당시하는 것은 큰 오류"라는 것이다(유철수 1931: 91).

[8] 위에서 소개한 내용을 보더라도 전상주와 김옥엽은 여자로 추정되지만, 윤형식, 김하성, 유철수, 민병휘, 안회남 등은 모두 남성이다.

[9] 이 밖에도 그녀는 모성애와 관련하여 공동의 육아원을 설치·운영하는 콜론타이의 '신시대 모성애'를 언급하고 있다.

[10] 안광호 역시 이와 비슷한 견해를 피력한다. 안광호의 글은 일본의 야마다 와카山田わか가 쓴 같은 제목의 소논문을 반박하는 것인데, 야마다는 자신의 글에서 콜론타이의 〈붉은 연애〉, 〈삼대의 연애〉 등을 인용하면서, "공산주의자들은 애욕 생활이 주가 되고 주의 생활이 종이 된다"는 주장과 아울러 "당원 한 사람이 다수의 여성을, 그리고 다수의 남성이 하나의 여성을 상대하는" 등의 무정부주의 경향이 이들의 연애관이며 정조관이라고 설파했다. 안광호는 이러한 경향이 "일시의 과도 현상"으로 존재했

다는 사실을 부인하지는 않았다. "러시아 혁명 이후 모든 것이 갑자기 자유롭게 되는 데 따라 성생활 방면에도 순전이 자유가 허락되는 때 일부의 여성들은 그것을 성 생활의 무정부주의 자유로 오인하여 젊은 여성들이 무원칙한 자유의 성생활을 부르짖은 때가 있었"다는 것이다. 그러나 이어서 그는 "그 시대는 벌써 먼 과거에 속하는 사실"이라고 주장한다. 그들에게는 "언제나 주의 생활이 주가 되고 애욕 생활은 순전히 일부분의 생활에 불과" 한 것이며 그들의 정조관은 "결코 일부다처의 무정부주의 견해가 아니고 건실한 새로운 견해에 나가지고 있"다는 것이다(안광호 1932: 8~10).

[11] 콜론타이의 신여성에 대한 논의, 새로운 성도덕의 문제, 공동 영역에 대한 여성의 참여, 그를 위한 가사 노동과 자녀 양육의 사회화, 모성애와 사회주의 건설의 문제, 남녀애를 뛰어넘는 동지애와 자매애, 정치에 의한 일과 사랑의 결합 등은 거의 논의되지 않았다. 고유경(2003), 김은실(2004), 선성옥 외(2004b) 참조. 이 밖에도 Fraisse 외(1998: 742~3), 최혜실(2000: 139~42) 참조.

[12] 나혜석(2000(1921): 113~4). 그녀는 이 번역 연재의 삽화를 그리기도 했다. 1921년 3월 2일, 4~5일의 삽화는 이상경(2000: 62)에 소개되어 있다.

[13] 이른바 제1차 조선공산당 사건으로 1928년 2월 경성지법에서 징역 2년 6월을 선고 받아 1929년 4월 만기 출소했다. 강만길·성대경(1996: 247), 이철(2008: 251) 참조.

[14] 이철(2008: 253~5) 참조. 또 다른 연구자는 송봉우와의 동거는 미국 유학을 갔다 온 직후에도 계속되다가 송봉우가 공산당 사건에 연루, 체포되었다가 전향하자 관계를 끊어 버렸다고 본다. 이 시기 잡지에 송봉우와의 동거설이 다시 등장한 것은 이들 사이에 태어난 둘째 아들의 병색이 완연해지자 아들을 만나기 위해 송봉우가 그의 집에 자주 드나들었기 때문으로 추정한다. 송봉우의 출입은 병약한 아들을 위한 허정숙의 배려였을 것이라는 것이다. 서형실(1992a: 214; 1992b: 282) 참조. 당시의 잡지에서도 허정숙이 출옥한 1932년 3월 이후 송봉우와의 관계가 끊어졌다고 지적하면서 사실 여부는 책임지고 말하기 어렵다고 하고 있지만(〈문제인물의 문제-조선의 콜론타이스트 허정숙〉 1932: 76), 이보다 2년 후에 간행된 다른 삽지에서는 송봉우가 허헌의 사위라고 언명하고 있다(〈인생게시판〉 1934: 39).

신여성,
개념과 역사

15 체포된 송봉우는 전향을 하고 금방 석방되었지만, 그를 맞이하는 허정숙의 눈길은 싸늘했으며, 그녀는 한 치의 망설임도 없이 송봉우와의 결별을 선언했다고 한다(이철 2008: 255). 송봉우의 전향이 어떠한 성격의 것이었는지에 대한 의문은 있지만, 어쨌든 이 사건을 계기로 허정숙은 송봉우와의 관계를 정리한 것으로 보인다.

16 공식 결혼 관계를 유지한 이들 세 남성 이외에 그녀는 1929년 전후로 추정되는 일정 시기 동안 신일용과의 스캔들에 휘말렸다. 당시의 한 잡지에서는 "나이 30 이전에 애인을 세 번 가졌고 가졌을 적마다 (아버지의 성이 다른) 옥동자를 얻었다"고 하여 임원근, 송봉우, 신일용과의 관계를 지적하고 있으며(초사 1931: 14), 후대의 연구자들 또한 이 견해를 답습하고 있다(서형실 1992a: 203; 1992b: 281; 신영숙 1996: 138; 2006: 168~9). 그러나 송봉우와의 사이에서 낳았다고 추정되는 둘째 아이의 출생 시기가 1926년 봄 무렵이고, 송봉우와의 염문이 1926년 초 무렵에 알려진 사실을 고려해 보면 둘째 아이를 송봉우와의 사이에서 낳았을 가능성은 낮아 보인다. 송봉우의 아이는 오히려 신일용과의 사이에서 낳은 것으로 주장되는 셋째 아이일 가능성이 많다고 보아야 할 것이다. 이러한 점에서 허정숙의 둘째 아이는 임원근의 아이이며, 따라서 신일용과의 관계에서도 아이가 있었다는 위의 잡지 기사는 오보라는 지적(이철 2008: 247·254)이 신빙성이 있는 것으로 보인다.

17 이 점에 대하여 다른 사회주의 여성들 역시 의견을 함께한다. 정종명은 "방종무절조 放縱無節操한 생활을 함부로 하"면서 여성에게 정조를 강요하는 남성들의 행태를 비난하고 있으며(정종명 1929a: 131), 이현경은 "여자가 정조를 지켜야 한다면 남자도 정조를 지켜야 할 것"이라는 사실을 강조한다(이현경 1927(a4): 131). 정조에 대한 남녀 공동의 의무에 대한 강조는 정조에 관한 자유주의 교리의 주요 특징들 중의 하나로서(김경일 2012a: 273), 사회주의자들의 입장에서 보자면 일종의 최소 강령에 해당된다고 말할 수 있을 것이다.

18 정조에 대한 도덕 판단의 배제는 정조의 실체와 의미 부여를 회의하는 사회주의의 정조 인식의 전형성을 드러내는 것이다(김경일 2012a: 291 이하). 실제로 그녀는 여기에서 정조에 대하여 '공리적'이라는 표현을 사용하고 있다(황신덕 1930: 52~3).

¹⁹ 이를 잘 보이는 적절한 사례로는 사치에 대한 사회주의 여성의 일관된 입장을 지적할 수 있다. 일반으로 사회주의 여성은 사치를 부정하고 비판하는 태도를 가지고 있었으며, 이러한 점에서 이들은 자유주의·민족주의 계열은 말할 것도 없고 조선총독부로 대표되는 식민 권력에 의한 검약과 절제를 강조하는 계몽 캠페인과도 입장을 함께하였다. 예를 들면 콜론타이의 〈붉은 연애〉의 주인공인 바실리사가 남편이 사 준 값비싼 비단옷을 거부하면서 우리 여성 노동자들에게는 무명옷이 더 좋다고 말하는 대목에서 정칠성은 완전한 찬성의 뜻을 표명한다. "사치는 인종지말들이나 하는 것"이고 "프롤레타리아의 세계에는 사치라는 이름이 없"다는 것이다(정칠성 1929b: 8). 그런가 하면 우봉운은 자신이 만일 서울 여시장이 된다면 "시민으로 하여금 허영에서 탈脫케 하고 사치의 풍습을 절실히 폐지시키고 화장품 가를 현시보다 100배쯤 비싸지게 세금을 올리겠"다는 포부를 밝히고 있다(우봉운 1934: 5기). 조만 해빙 이후 니싱 좌담회에 참석한 유영준은 "조선 여자는 전부 파마넨트를 없애고 입붉이칠口紅을 금해서 실질적 생활을 해야" 한다고 주장한다. 퍼머넌트가 전쟁시 여성의 머리를 노동에 간편하도록 연구한 것이라는 사회자의 지적에 대해서도 그녀는 조선 여성들은 그러한 취지에 따른다기보다는 "사치술로 나"간다고 응대하고 있다(유영준 외 1945: 17). 사회주의 여성들의 이러한 생각은 나혜석과는 대조를 이룬다. 나혜석은 의복의 질박質朴을 강조하는 식민지 사회에서 "사람을 비평하는, 더구나 여자 즉 여학생을 비평하는 표준이 극히 단순하고, 극히 애매하고, 극히 유치하다"고 지적한다. 사치가 개인과 국가에 해를 끼쳐 왔다는 사실을 인정하면서도, 그녀는 "개인과 국가의 노동률이 그만치 증진한" 문명 국가에서는 "개인과 국가가 극단껏 사치하는 동시에 개인과 국가는 흥하고 성"하는 것이라고 주장한다. 유럽과 미국의 선진국을 여행한 그녀의 경험을 반영한 것이지만, 이러한 점에서 그녀는 모든 사람에게 일률로 검박과 절제를 강조하는 의견을 비판했다. 검박설은 개인 수신론으로는 의미가 있을지 몰라도 크게 봐서는 인류, 적게는 "반도 2천만 인 하등의 계급을 불문하고 검박하라 제한하는 것은 무리의 청구요, 뿐만 아니라 인류의 진화 본능을 무시"한다는 것이다. 나혜석(2000(1921b): 215~6) 참조.

신여성,
개념과 역사

20 성관계의 개인주의the privacy of sexual relations로 요약되는 연애사사설은 당시 지식인 사이에서 흔히 콜론타이의 주장으로 알려져 왔지만, 사실은 베벨의《여성과 사회주의》에서 따온 것이었다. 베벨은 "성 요구의 만족은 인간 유기체의 다른 어떠한 자연 요구의 만족과 같이 사private와 개인personal"에 속한다고 주장했다(Stites 1978: 264·354).

21 앞 장의 주9에서 언급한 유영준의 사례를 상기하면 좋을 것이다.

22 정칠성(1929b: 7). 이와 비슷한 맥락에서 정종명 역시 "불합리한 현실과 싸우는 큰일에 몸을 던지"는 자신을 언급한다(정종명 1929b: 50).

23 허정숙에 대하여 당시의 한 잡지는 허정숙이 추구한 것이 콜론타이의 〈삼대의 연애〉에 나오는 올가와 같이 "성의 촉수였는지, 연애였는지"를 물으면서, 만약 전자라면 "인간 본능을 이해하는 한에서 오히려 동정할 일"이며, 후자의 연애라면 "연애는 사사私事"라는 명제 아래에서 공격할 아무 근거가 없다고 말한다. 그러면서 이어서 "열熱잇고 성실하고 미모이고 그리고 체계 있는 사상을 창달暢達하게 기록할 수 있는 명석한 두뇌의 인人, 필筆의 인人, 설舌의 인人 허정숙 여사는 조선 여류 사상계의 첫손가락에 꼽힐 빛나는 미래를 가진 여성"이라고 평가하고 있다(초사 1931: 14~5).

24 제2부인 문제를 특집으로 하는 잡지의 설문에서 그녀는 제2부인 문제의 해결은 "완전한 여성 해방"에 있으며, 이를 위해서는 무산 계급의 해방이 필요하다는 의견을 피력한다(박화성 1933: 21). "계급 해방이 여성 해방"이라는 여성 사회주의자와 동일한 주장을 펼치고 있지만 이는 다소 돌출한 것으로 비록 그녀가 노동자, 농민에 공감하는 경향소설과 유사한 지향을 보인다고는 하더라도 자신이 사회주의자는 아니었다.

25 나혜석이나 허정숙의 경우와 크게 다른 점이 없는데도 불구하고 박화성의 연애가 나혜석이나 허정숙 이상으로 남성 사회와 미디어의 폭력에 노출된 이유로서 송연옥은 사회주의 운동 진영의 당파성과 아울러 1940년대의 시대 변화를 들고 있다. 자유연애론이 전성기를 구가하던 1920년대와는 달리 1940년대는 '국가'의 기대를 받는 현모로서의 어머니 세대로의 역류된 시대의 변화가 있었다는 것이다. 송연옥(2003: 101~2) 참조.

26 "허정숙이가 조선독립동맹의 간부인 최창익의 부인 아닙니까? 내가 그 두 사람을 연안에서 보았지요. 허정숙이 시집을 일곱 번이나 간 여자입니다. 참 뭐라고 해야 할지. 첫 번째 남편이 이명곤이고, 최창익은 일곱 번째 남편이지요. 어느 책에 보면 이명곤을 최창익의 별명이라고 해 놓았던데 다른 사람입니다. 허정숙의 남편이라니까 같은 남자로 생각한 것이지요"라고 그는 회상한다(김학준 1988: 211; 서형실 1992a: 199). 여기에는 사실에 대한 오해나 왜곡과 아울러 이러한 감정의 복합이 아울러 작용하고 있다.

27 1923년 4월 러시아 이르쿠츠크 군정대학을 졸업하고 블라디보스토크 꼬르뷰로로부터 국내에 파견된 신철이 국내부 공청 책임비서가 되면서 공청회원으로 활동하던 정종명과 만나는 계기가 되었다(이애숙 1989: 263).

28 천두상은 정우회의 상무집행위원으로 조사부에서 활동하고, 성송병은 같은 상무위원에서 검사위원 4명 중 한 사람이었다. 《동아일보》1926년 11월 6일자 참조.

29 이애숙(1989: 266), 조선희(1993: 42~3). 당시의 한 잡지에서는 "애인 신철 씨가 보석이 되어 병상에 누웠을 때 그의 진실한 간호는 실로 눈물의 기록"이었다고 하면서, 중병의 신철이 건강을 회복한 것은 그녀 덕분이라고 지적한다(초사 1931: 17).

30 이량(1931: 30). 비슷한 맥락에서 또 다른 논자는 그녀에게는 "성적 동반자가 한둘 있었지만 이를 나무라는 이는 없다"고 하면서, "그만큼 그녀의 경우는 동정을 끈다"고 지적한다(초사 1931: 17). 이러한 호의에 찬 평가는 정종명이 이른바 조선공산당의 재건을 목적으로 하는 서울 상하이파의 공작위원회 사건으로 1931년 4월 검거되어 예심 중에 있었던 상황을 아울러 고려해야 할 것이다.

31 〈문제인물의 문제-조선의 콜론타이스트 허정숙〉(1932: 75~6).

32 송봉우(1930: 36~37). 마치 그에 대한 보복이라도 하려는 듯이 나중에 《비판》지의 편집자로서 그는 박화성에 대해서도 가차 없는 비판을 퍼부었다.

33 《동아일보》 현상논문 당선작으로 〈나余의 혼인관〉이라는 논문이 9회에 걸쳐 이 신문 지상에 연재(1927년 1월 10일~19일자)되었는데, 필자는 최호崔浩로서 연희전문의 학생이었다. 이 논문이 발표된 직후 당시 이화학당의 교의인 유영준이 《중외일보》에 반

박문을 발표하였다. 이어서 《동아일보》 1927년 4월 2일부터 9일까지 7회에 걸쳐 광산光山이라는 이름의 필자가 두 사람에 대한 반박문(《신여성과 정조문제 '근본적 관념 변천'에 대하야》)을 게재하였으며, 이에 대하여 유영준은 같은 신문인 《동아일보》에 〈光山씨의 신여성 정조관〉이라는 제목의 글을 4회에 걸쳐 기고하고 있다(1927년 4월 14일 ~17일). 유영준과 광산의 비판에 대한 최호의 응답은 같은 신문 1927년 4월 28일부터 30일에 〈정조 문제에 대한 答辭數則〉이라는 제목으로 3회에 걸쳐 소개되고 있다(여기에서 그의 이름은 崔活로 나오는데 광산도 그의 이름을 이렇게 부르고 있다). 모두 4차례에 걸친 이 일련의 논쟁에서 유영준이 참여한 것은 두 차례인데, 현재 전해지는 《중외일보》에는 1927년 1월 1일부터 5월 15일분이 빠져 있기 때문에 유감스럽게도 유영준의 첫 번째 반박문을 직접 볼 수는 없다. 그러나 주요 논지는 광산 등의 비판문에서 간접 인용되고 있기 때문에 이를 통해 논지 전체를 대체로 파악할 수 있다.

34 광산(1927(5)). 광산의 이러한 입장은 정칠성을 인터뷰한 《삼천리》 기자의 생각과 상통하는 바가 있다. 순결과 정조를 사랑의 필수불가결한 지표로 보는 이러한 인식은 남성 사회 일반의 의식을 대변하는 것으로 자유주의보다는 오히려 보수주의에 가깝다고 할 수 있다.

35 "썩은 습관에 잔물殘物의 형식 또는 인간 본위가 아닌 금전, 모양模樣, 부골腐骨(즉 양반에 자식) 등등"을 언급하고 있다(유영준 1927(1)).

36 "기녀도 그 명칭을 기피하는 것을 보면 일남일녀의 이상적 남녀결합을 동경하는 것"이며, "반드시 보수를 받는 것을 보면 일시적 성교를 일대 모욕으로" 알고 있다는 것이다(유영준 1927(2)).

37 이와 비슷한 맥락에서 그녀는 "철저한 정조를 가진 여성 운동의 맹장을 그 누가 원치 아니하냐"고 되묻는다. 유영준 1927(3) 참조.

38 "지금 우리 현상으로 보면 부정녀不貞女도 남성 사회에서 나온 것"이라고 그녀는 지적한다(유영준 1927(4)).

39 "한번 정조의 파멸을 당한 여자는 다시 이상적 가정을 이룰 수 없다"는 광산의 주장이 "과부해방론을 무시하는 것"(유영준 1927(4))이라고 그녀는 반박한다.

40 그에 대한 사례로 그녀는 "남자는 제 맘대로 성적 방종을 하면서도 여자에게는 편무적으로 정조를 강제"하는 남녀에 대한 상이한 정조관을 언급한다. 남녀는 원래 생리가 다른 까닭에 모성을 가진 여성의 경우 자녀의 혈통을 밝힐 필요에서 정조를 지켜야 한다는 속설을 비판하면서 그녀는 이는 남성의 성 방종을 옹호하려는 한갓 구실에 불과하다고 반박한다.

41 이 기사의 편집자는 "콜론타이 여사의 소설 〈붉은 연애〉 기타 여러 가지 양성兩性 관계의 신도덕 문제에 대하여 조선의 여류 사상가들은 너무도 안타깝게 침묵을 지키고 있"는 상황에서 중견 여류 사회주의자의 비판을 소개한다는 점에 의미를 부여한다 (정칠성 1929b: 4).

42 〈조선의 콜론타이스트 허정숙〉(1932: 75~76) 및 송연옥(2003: 99) 참조.

43 레닌을 포함한 내부분의 마르크스주의사가 비내의 성편제의 형식으로 싱싱힌 깃은 일련의 정사들a series of love affairs이라기보다는 '결혼', 혹은 그와 비슷한 종류의 성 결합love union이었다. 비록 부르주아와 프롤레타리아의 성의 자유를 구별하기는 하였지만, 자연 본능으로서의 성욕에 일정 정도의 공감을 표명하였다는 점에서 콜론타이는 이들 주류 마르크스주의자들의 비판의 표적이 되었다. 자세한 내용은 김경일 (2012a: 285~6) 참조.

7장 신여성의 미국 체험과 인식

1 망명이나 도주의 형태로 북쪽의 국경을 넘어 만주나 소련으로 가는 경우는 다소의 예외에 속한다. 이 경우 일제의 통제를 받지 않고서 비밀리에, 혹은 신분을 위장하여 중국이나 소련으로 나갈 수 있는 가능성이 열려 있었다.

2 〈朝鮮 女流 10巨物 列傳(1)−朴仁德, 黃愛施德 兩氏〉(1931: 37)는 "반도의 여류 거물들"을 네 범주로 구분했다. 즉 (1) 미국에 가 있는 김마리아 등 미국계, (2) 시베리아와 상하이 등지의 좌익 운동자, (3) 서대문 감옥에 갇혀 있는 여성 운동자들 및 (4) 재경

단체에서 활약하는 현역 운동자들이 그것이다. 이 기사는 미국계로 분류된 김마리아, 박인덕, 황에스터의 세 사람을 "1919년을 기억하는 이 땅 인사에게 가장 불멸의 기억을 남겨 준 여류 거물들"로, "반도의 애인"으로 표현하고 있다.

3 吳天錫(1933: 43)은 미국에 유학한 여성으로 김마리아, 김활란金活蘭, 엄인덕朴仁德, 김필례金弼禮, 황黃에스터, 홍洪에스터, 김金함나, 김신실金信實, 서은숙徐恩淑, 유형숙柳瑩淑, 김金앨니스, 김성실金誠實, 윤성덕尹聖德, 박朴마리아, 김동준金東俊, 김金메블 등을 꼽았다.

4 김마리아에 관해서는 많은 연구가 나와 있다. 단행본·전기류로는 김옥선(1994), 박석분·박은봉(1997), 박용옥(2003, eBook(2015)), 김영란(2012), 전병무(2013) 등과 아울러 대표 논문으로는 김호일(2003), 박용옥(1999) 등이 있다. 또한 정일형(1933: 40)과 〈정치 무대에 활약하든 명사名花들〉 1931: 16, 중외일보 1929년 10월 26일, 《동아일보》 1932년 7월 25일자 등 참고.

5 총무는 나혜석이었다. 박용옥(2003: 140 이하) 참조.

6 3·1운동의 흥분이 채 가시기도 전에 여성 항일 단체로서 애국부인회 사건은 전국 차원에서 관심의 대상으로 되었으며, "조선의 잔다르크"로 불릴 정도로 김마리아는 항일 여성 운동의 상징이 되었다. 일제 역시 그에 상응하여 집중 감시를 하고 있던 상황에서 병보석으로 풀려난 그녀가 상하이로 탈출한 사건은 충격 뉴스로 보도되었다. 김마리아의 탈출은 미국 선교사인 매큔George Shannon McCune의 권고 및 재정 지원, 그리고 상하이임시정부에서 특파된 윤응념尹應念의 개입으로 실현되었다. 자세한 내용에 관해서는 박용옥(2003: 274~86) 참조.

7 당시 대부분의 언론 기사나 김호일의 논문 등에서는 그녀의 미국 생활 기간을 13년으로 서술하고 있는데, 이는 1921년부터 1923년까지의 상하이 시절을 합산한 해외 체류 기간이다.

8 1922년 2월 18일에 개최된 임시정부 제10회 임시의정원 제2일째 회의에서 김구와 함께 의정원 황해도 의원으로 선출되었다. 그러나 실제로 활동은 거의 하지 않고 주로 난징에서 학업에 열중하였다(박용옥 2003: 293). 그런가 하면 《동아일보》는 그녀가

만주의 훈춘琿春과 하얼빈 등지에서 애국부인회를 조직하여 활동하였다고 보도하였
지만, 신빙성은 다소 떨어진다. 《동아일보》 1922년 1월 7일 및 2월 4일자 참조.

9 부회장은 황에스터가 맡았다. 박용옥(1999), 김호일(2003) 참조.

10 당시 원산 신학원으로 그녀를 인터뷰하러 간 잡지사의 기자는 "미국서 돌아온 뒤 노
래를 잊어버린 카나리아인 듯, 사회니 민족이니 하는 말을 한 마디도 입에 담지 않
고, 고요히 법문法門 속에 몸을 감추어 버린 불명불읍不鳴不泣의 유명한 김마리아"로
그녀를 표현했다. 인터뷰를 위해 그녀와 대면한 이 기자는 김마리아의 "얼굴에서는
옛날 정치 운동에 뛰어다니던 표한慓悍한 표정은 찾을 길 없고 교육자로서 양과 같
이 순한 표정이 흐르고 있었다"고 적었다. 〈가인독수공방기佳人獨宿空房記〉, 《삼천리》
(1935: 86).

11 허정숙은 동행한 아버지 허헌의 도움으로 경제 곤란을 겪지 않고 세세 여행을 하였다.

12 "하우스웤, 쿡, 웨이트레스, 너스nurse, 쳄버메이드chamber maid, 페들러(행상), 세일
스 걸 등 온갖 험한 일"을 하면서 생계를 유지하였다. 또한 심한 인종차별 때문에 때
로는 "중국 백성으로 행세"하였지만 그로부터 벗어나기는 힘들었다(정일형 1933: 40).

13 1924년 김마리아의 권유에 의해 미국으로 와서 함께 생활한 독립운동의 후배 차경신
은 "독립운동을 하던 때부터 가장 힘든 일은 배고픔을 해결하는 것"이었다고 회상하
였다. 김마리아에게도 차경신에게도 이러한 사정은 미국이라고 해서 달라지지 않았
다. 박용옥(2003: 308~9·311~2) 참조.

14 〈가인독수공방기佳人獨宿空房記〉, 《삼천리》(1935: 88). 또 다른 곳에서 그녀의 이러한
생활은 "반공생半工生"으로 표현되었다. 〈김마리아 양 조선 탈출 전말(3)〉, 《동아일보》
1925년 8월 17일자. 그런데 미국 유학 생활에서 그녀가 선교사의 후원 등을 받지 않
은 것은 아니었다(《동아일보》 1931년 3월 19일자). 그럼에도 불구하고 그녀는 자신의 생
활비를 마련하기 위하여 "노동 시장을 헤매며 잡역"을 해가면서 힘든 고학 생활을 해
야 했다.

15 식민지 시기 그녀에 대하여 다룬 수많은 신문·잡지 기사늘과 달리 해방 이후 그녀의
친일 경력을 반영하여 그녀의 친일 행위를 고발한 반민족연구소(1993)를 제외하고는

신여성,
개념과 역사

그녀에 관한 연구는 거의 없다시피 하다가 2000년대 이후 우미영(2004), 김욱동(2010, 2011), 김성은(2010), 이숙진(2014) 등에 의한 연구가 나오고 있다.

[16] 〈신여성총관新女性總觀(2) – 백화난만百花爛漫의 기미여인군己未女人群〉, 《삼천리》(1931: 24).

[17] 박인덕(1927(1)) 및 《동아일보》 1931년 10월 9일자의 그녀의 귀국 보도 기사 참조.

[18] 1931년 2월 1일 같은 대학의 사범대학에서 교육학 석사 학위를 받았다. Pahk(2007(1954): 140·156) 참조.

[19] 그녀 자신의 말을 빌리면 1년 동안 미주 48개 주 중에서 32개 주를 찾았고, 거의 모든 대도시를 방문하였다. 100개 대학교의 5만여 명 학생에게 "우리의 사천년 역사, 문화, 풍속, 문물, 청년 운동과 기독의 영향을 말했"으며, 강연 횟수는 270회에 이르렀다(박인덕 1930: 125~6). 또 다른 잡지는 "조선 사정과 조선 기독교의 과거, 현재, 장래와 일반 학술 문제"를 주제로 한 강연은 무려 260회에 이르렀으며, 이들 강연은 "수십만 외국인에게 감격을 주었다"고 언급한다. 〈朝鮮 女流 10巨物 列傳(1)~朴仁德, 黃愛施德 兩氏〉(1931: 37).

[20] 프랑스, 벨기에, 독일을 거쳐 덴마크, 스웨덴, 모스크바, 오스트리아, 스페인, 이탈리아, 터키를 경유하여 시리아와 유태, 이집트를 보고 홍해를 건너 인도와 싱가포르, 홍콩을 거쳐 상하이에 도착했다. 이어서 9월 14일 상하이에서 남경, 북경을 거쳐 천진에서 배를 타고 대련에 와서 다시 봉천, 안동을 거쳐 10월 2일 평양에 내렸다가 같은 달 6일 여의도 비행장에 도착했다. 박인덕(1938: 211~2) 및 《동아일보》 1931년 10월 9일자.

[21] 박인덕이 미국 체류 시절인 1927년에 참석한 미주학생선교회의 주관으로 4년마다 열린 전미주학생선교대회의 1935년 회의였다. 당시 잡지에서는 "미국학생의학의 용단米國學生宜學義勇團"이라는 명칭의 단체로부터 "조선 대표"로 초대장을 받았다고 보도하였는데, 기독교계의 원익상元翊常 목사가 대표 자격을 문제 삼은 일이 있었다. 〈들은 風月記〉, 《삼천리》(1935: 93) 및 〈三千里 機密室(The Korean Black Chamber)〉, 《삼천리》(1935: 24) 참조.

22 〈궁금한 그 사람 그 뒤〉, 《삼천리》(1936: 178~9). 그녀는 1926~1931년 사이의 "미국 유학 길에서 세계 일주는 거반하게 된 셈이고 조선 와서 4년 만에 다시 세계학생기독 청년회 초대를 받아 제2차로 갔을 때 전 세계를 마저 돌은 셈"이라고 언급했다. 박인 덕(1938: 212) 및 〈三千里 機密室(The Korean Black Chamber)〉, 《삼천리》(1935: 24) 참조.

23 7살 때 진남포에서 참외장사 하던 이야기를 하면서 그녀는 "제 먹고 제 입을 일에는 자신이 났"다고 언급한다. 〈가인독수공방기佳人獨宿空房記〉, 《삼천리》(1935: 84).

24 미국 장님 시인의 후원을 받았는데, 그녀는 "남의 돈으로 공부하는 것이 황송스럽고 또한 즐거워서 나는 공부 이외에 다른 것을 생각지 않"아 늘 학과 성적이 좋았다고 한다(박인덕 1938: 209~10).

25 "흥보아라 나도 갈 수 있다. 그대들의 배경이 없어도 나는 갈 터이니" 하고 미국으로 갈 준비를 하였다고 한다. 《중외일보》 1929년 10월 31일자.

26 박인덕(1927(1)) 및 《중외일보》, 위 신문 참조.

27 자신의 남성다운 활발한 성격을 의식하면서 그녀는 "그 까닭에 아마 여자다운 점이 다소라도 있는 여성이 되었는지 모른다"고 서술하였다. 〈청춘을 앗기는 가인애사佳 人哀詞〉(1935: 103).

28 그녀에 관해서는 그녀의 여동생인 허근욱에 의한 회상 형식의 글이 있으며(허근욱 1994), 서형실(1992a, 1992b) 및 신영숙(1996) 등의 연구가 있다. 2000년대 이후 송진희 (2004), 강혜경(2007), 김경애(2011), 김효주(2013) 등의 논문이 나왔으며, 박석분·박은 봉(1997)에도 관련 장이 수록되어 있다.

29 〈인재 순례-제2편 사회단체〉, 《삼천리》(1930: 10), 강만길·성대경(1996: 540~1) 및 박 석분·박은봉(1994: 128~45) 참조. 뒤의 두 책은 상하이영어학교의 경력을 소개하고 있지 않다.

30 초사 1931: 13. 영어로 발간된 나이두의 시집으로는 *The Golden Threshold*(1905), *The Bird of Time*(1912), *The Broken Wing*(1918) 등이 있었다고 하는데, 이 중에서 어느 책 을 번역했는가의 여부는 알려지지 않았다.

31 허근욱(1994: 223~4) 참조. 미국 대통령을 면담했다는 사실의 진위 여부는 알 수 없다.

[32] 영국 런던에서 허헌은 영국 노동당 본부를 방문하기도 하고 벨기에 브뤼셀에서는 세계약소민족대회와 코론느에서 개최된 국제반제국동맹창립대회에 참석(1927년 2월 10일~20일)하여 〈한국에 대한 일본의 제국주의적 정치〉라는 제목의 보고 연설 등을 했다고 한다(허근욱 1994: 223~4).

[33] 김마리아와 박인덕이 유학의 목적으로 머물렀던 것에 비하여 허정숙은 컬럼비아대학에서 수학했다고는 하더라도 불과 6개월의 짧은 시기 동안 미국에서 체류했다.

[34] 《조선일보》 1925년 5월 22일자, 박용옥(2003: 330~1).

[35] 미국에 대한 박인덕의 의미 부여는 나혜석의 일본에 대한 태도와 유사성을 보인다. 김경일(2004b: 84~91) 참조.

[36] "과거 3, 4년간을 조선 땅에 쑥 박혀 있는 동안 너무나 정신상의 피로를 느꼈던 것이며, 또한 모든 것에서 뒤떨어진 듯한 감을 느꼈"다고 그녀는 적었다(박인덕 1936: 70).

[37] 미국 문명과 러시아 문명의 어느 것을 모델로 해야 하느냐는 흥미로운 질문에 대한 답변에서 박인덕은 두 나라가 개인주의와 집단주의, 사유제와 국유제, 종교의 공인과 부정, 가정의 존중과 무관심 등에서 대조를 보인다고 하면서도, 미국 문명은 연로하고 이미 성숙이 된 반면에 러시아는 새 문명을 산출하려는 실험장에 있다는 점에서 직접 비교가 어렵다고 언급하고 있다(洪陽明 외 1932: 14). 또한 다음 절에서 보듯이 그녀는 일종의 성인 교육의 모범 사례를 미국이라기보다는 유럽의 사례를 통해서 찾고자 했다. 그리고 이와 관련해서는 독일인의 품성과 독일 농촌의 사례를 매우 호의를 가지고 평가했다(박인덕 1932b: 66~8). 이 밖에도 인도 여행의 소감을 기록한 박인덕(1940a: 256~60) 참조.

[38] 그러나 그녀가 미국 문명을 비관하지만은 않았다. 열렬한 사회 운동자답게 그녀는 미국 사회의 장래는 사회 운동에 달려 있다고 보았다. "지금은 대두할 만한 세력을 가지지 못했다고 하지만 암암리에 자라 오르는 그들의 세력은 어느 날이나 부정한 돈의 국가를 XX(전복—필자)하려는 기세를 가지고 있는 것을 엿볼 수 있"다고 그녀는 적었다(허정숙 1927: 74~5) 참조.

[39] 〈단합하기 공부하자〉, 《신한민보》 1923년 8월 16일자, 박용옥(2003: 305~6) 참조.

[40] 〈김마리아양 조선 탈출 전말〉(3), 《동아일보》 1925년 8월 17일자. 항일 독립운동가 열전인 《騎驢遂筆》에도 이와 비슷한 언급이 보인다. 즉 "우리 동포를 구하는 길이 정치에만 있는 것이 아니라 역시 그것이 교육에도 있다고 말하고 미주에 유학하고자 드디어 먼저 남경의 금릉대학에 갔다"는 것이다. 宋相燾(1971: 272); 박용옥(2003: 292) 참조.

[41] 〈단합하기 공부하자〉, 《신한민보》 1923년 8월 16일자, 박용옥(2003: 297·305).

[42] 〈김마리아가 고국의 친구에게 보낸 편지〉, 《조선일보》 1925년 5월 22일자, 박용옥 (2003: 315·320).

[43] 그녀의 법정 시효 만기는 1931년 5월이었다(박용옥 2003: 382~3).

[44] 이 시기의 자세한 활동 내용에 대해서는 박용옥(2003: 410 이하) 참조.

[45] 한 좌담회에서 그녀는 "아메리카의 여성들은 자기의 소질에 따라서 직업을 얻는 바, 교사 노릇을 많이 한"다고 언급하였다. 〈외국 대학 출신 여류 삼학사三學士 좌담회〉, 《삼천리》(1932: 35).

[46] 저렴한 등록금과 직업 교육에 주안점을 둔 켄터키주 메디슨시의 베리아대학Berea College에 주안점을 두고 소개한 것은 이러한 맥락에서 이해된다. 박인덕(1930: 125) 참조.

[47] 박인덕(1932a). 3부로 구성된 이 책은 제1부에서 덴마크의 국민고등학교 방문 기행을, 2부에서는 국민고등학교 운동의 역사를 검토하였으며, 마지막 3부에서는 그것을 모방하여 조선 내에서 실험해 보자는 취지에서 '국민수양소' 안을 제시하였다. 박인덕의 이 책에 대해서는 《동광》지에서 비판 논평을 소개한 바 있다. 이 서평은 덴마크의 경험을 조선에 적용하고자 하는 경우, 자주국과 식민지라는 차이와 아울러 런던이나 베를린, 파리와 같은 대소비시장을 배후에 가진 덴마크와 이에 반해 "무자비하게 농촌을 흡취하려 하는 자본 및 반봉건의 세력이 거의 무제한으로 침윤"되고 있는 조선 사이의 전혀 다른 조건을 고려해야 한다고 지적한다. 이러한 조건을 무시하고 덴마크 모델에 대한 "비판보다는 찬미"를 앞세우면서 그것을 모방, 장려하려는 것은 "미구에 파탄을 불면"하거나 "정치적, 경제적 현실의 앞에 허수아비될 염려가 적지 않"

다는 것이다. 〈독서실〉, 《동광》(1932: 124) 참조.

48 총 10만 원의 재단법인 형태로 설립된 이 학교의 교장塾長을 永河仁德으로 창씨개명한 박인덕이 맡았으며, 다수의 일본인을 강사로 선발하였다. 〈조선·내지·해외 화제〉, 《삼천리》(1941: 155) 참조.

49 일상생활 관습과 예절은 한국식을 존중하여 하루에도 10여 차례 반드시 공손히 꿇어 앉는 평절로 인사를 하게 하였다. 박용옥(2003: 100~1) 참조.

50 미국유학생회의 소식지인 *The Korean Student Bulletin*(1925년 4월호, 국가보훈처 1999: 2~3) 및 박용옥(2003: 339·461) 참고.

51 〈朝鮮 女流 10巨物 列傳(1)−박인덕, 황애시덕 양씨〉(1931: 38).

52 "마음이 외로워지며 새삼스러이 달빛조차 흐려지는 듯하며 그 쾌활한 곡조차 애끓는 애연성을 띠며 바르르 떠는 길고 짧고 높고 얕은 멜로디가 가물가물 멀리 바다로 퍼지어 높고 넓은 여운이 그만 귀에서 마지막 사라질 때에는 더욱이나 청량하고 애달파"졌다고 적었다(박인덕 1927(1)).

53 자유종은 "얼핏 보기에 몹시도 가련한 자유를 잃은 것같이 보였"지만, 사실은 "그 몸뚱이에 쓰인 문구와 같이 온 세상 전인류에게 자유를 광포했"다고 그녀는 적었다(박인덕 1933: 46~7).

54 1939년 4월 독일은 폴란드와 1934년에 맺은 불가침 조약의 파기를 선언하였으며, 이어서 9월에 폴란드를 침공하였다. 제2차 세계대전의 시작이었다.

55 근화회의 회장은 김마리아였으며, 총무는 황에스터였다. 실업부와 교육부, 사교부의 3개 부서를 두었는데, 김마리아와 황에스터가 각각 교육부와 실업부의 책임을 맡고 박인덕은 사교부의 책임을 맡았다. 박용옥(2003: 333~4·342~6).

56 찬양회와 국채보상운동이 여성의 자의식과 해방에 미친 영향에 대해서는 김경일 (2004b: 40~3) 참조.

57 1928년 2월 뉴욕 한인 사회의 유지들이 《3·1신보》의 발간을 계획, 추진하고 동지회도 조직하였지만, 여기에 여성 유학생은 포함되지 않았다. 남녀평등 의식이 보다 더 있을 것으로 기대되는 재미 한인조차도 여성에 대한 성차별 의식에서 벗어나지 못했

던 것이다(박용옥 2003: 345).

[58] 〈가인독수공방기佳人獨宿空房記〉(1935: 88).

[59] 예컨대 교회 안에서 남녀 차별을 정당화하는 데 〈고린도전서〉 14장 34~35절과 〈디모데전서〉 2장 12~13절을 인용하는 것을 그녀는 지적하고 있다. 김마리아(1934: 10) 및 박용옥(2003: 467) 참조.

[60] 이 경우 그녀가 언급한 사회에 대한 책임은 여자기독청년회나 절제 운동 등에 한정된다는 점에서도 민족주의 성향의 전형을 엿볼 수 있다.

[61] 〈가인독수공방기佳人獨宿空房記〉(1935: 87~8) 참조.

[62] 박인덕을 면담한 잡지사의 기자는 "여권 존중에서부터 부인 해방을 절규하는 여사는 또한 결혼에 대하여도 대단히 자유스러운 견해를 가지고" 있다고 언급하였다. 〈조선 여류 10거물 열전(1)-朴仁德, 黃愛施德 兩氏〉(1931: 38). 또 다른 자리에서 박인덕은 러시아의 사례를 소개하면서 "남자 하는 일이 따로 있고 여자 하는 일이 따로 있지 않는 이상 여자도 사회 사업 하고 싶은 사람, 가정 살림 하고 싶은 사람, 어린애기 기르고 싶은 사람 다 각기 자기의 소질에 따라서 원하는 대로 일"해야 한다고 주장하였다. 이와 아울러 그녀는 러시아에서 어린이에 대한 절대 자유와 자유결혼을 언급하고 있다. 〈외국 대학 출신 여류 삼학사 좌담회〉(1932: 34~7).

[63] 박인덕(1928: 47). 어느 경우이건 그녀는 이와 대조되는 조선의 사례를 함께 언급하고 있다. 서구에서와 같은 정치 지위는커녕 인간으로 취급을 받지도 못하면서 평생을 "가정 사업의 혜매이기"에 구속되어 있는 조선 여성의 현실을 상기하고자 한 것이다.

[64] 박인덕은 랭킨을 미국 최초의 상원의원이라고 하였지만, 사실은 최초의 하원의원 이었다. 그녀는 미국 의회에서 미국의 제1, 2차 세계대전 참전에 반대한 유일한 인물로 알려져 있다. 그녀의 이력에 대한 자세한 내용은 http://en.wikipedia.org/wiki/Jeannette_Rankin 참조. 박인덕은 1929년 여름 뉴욕의 어느 호텔에서 그녀와 면담하였다. 박인덕(1932c: 37) 참조.

참고문헌

《동아일보》 1922년 1월 7일자.

《동아일보》 1922년 2월 4일자.

《동아일보》 1931년 3월 19일자.

《동아일보》 1931년 10월 9일자.

《동아일보》 1932년 7월 25일자.

《중외일보》 1929년 10월 26일자.

《중외일보》 1929년 10월 31일자.

〈佳人獨宿空房記〉, 《삼천리》 제7권 제7호, 1935년 8월.

〈궁금한 그 사람 그 뒤〉, 《삼천리》 제8권 제11호, 1936년 11월.

〈김마리아양 조선 탈출 전말(3)〉, 《동아일보》 1925년 8월 17일자.

〈남편 재옥·망명 중 처의 수절 문제〉, 《삼천리》 제10호, 1930년 11월.

〈독서실〉, 《동광》 제36호, 1932년 8월.

〈들은 風月記〉, 《삼천리》 제7권 제8호, 1935년 9월.

〈문제인물의 문제–조선의 콜론타이스트 허정숙〉, 《제일선》 제6호, 1932년 7월.

〈문제의 부인, 때의 여성 - 투사 쿠라라 체토킹 여사〉, 《신여성》 1925년 10월호.

〈米國, 中國, 日本에 다녀온 女流人物評判記〉, 《별건곤》 제4호, 1927년 2월.

〈三千里 機密室(The Korean Black Chamber)〉, 《삼천리》 제7권 제9호, 1935년 10월.

〈新女性總觀(2) - 百花爛漫의 己未女人群〉, 《삼천리》 제16호, 1931년 6월.

〈여성동우회 발회식에 갔다가〉, 《신여성》 1924년 6월호.

〈외국 대학 출신 여류 삼학사 좌담회〉, 《삼천리》 제4권 제4호, 1932년 4월.

〈인생게시판〉, 《삼천리》 제6권 제7호, 1934년 6월.

〈인재 순례 - 제2편 사회단체〉, 《삼천리》 제5호, 1930년 4월.

〈정치무대에 활약하든 名花들〉, 《삼천리》 제3권 9호, 1931.

〈조선·내지·해외 화제〉, 《삼천리》 제13권 제6호, 1941년 6월.

〈조선 여류 10거물 열전(1) - 朴仁德, 黃愛施德 兩氏〉, 《삼천리》 제3권 제11호, 1931년
    11월.

〈조선의 콜론타이스트 허정숙〉, 《제일선》 제6호, 1932년 7월.

〈청춘을 앗기는 佳人哀詞〉, 《삼천리》 제7권 제3호, 1935년 3월.

강만길·성대경 편, 《한국사회주의운동인명사전》, 창작과비평사, 1996.

강정희, 〈선구 여성들의 신년 신기염〉, 《동아일보》 1928년 1월 1일자.

강혜경, 〈일제하 허정숙의 기자활동〉, 《한국민족운동사연구》 50, 2007.

견원생, 〈조선 여성 운동의 사적 고찰〉 《동아일보》, 1928년 1월 6일자.

고유경, 〈알렉산드라 콜론타이의 여성관연구〉, 고려대학교 교육대학원 석사학위논문,
    2003

관상자, 〈경성 명인물 「스면」록〉, 《별건곤》 제34호, 1930년 11월호.

국사편찬위원회, 〈김마리아 제2회 신문조서〉, 《한국독립운동사자료집》 14(삼일운동 4),
    1991.

권보드래, 〈신여성과 구여성〉, 《오늘의 문예비평》 46, 2002.

권보드래, 《연애의 시대》, 현실문화연구, 2003.

권보드래, 〈1920년대 초반의 사회와 연애〉, 윤해동 외, 《근대를 다시 읽는다 2 – 한국 근대 인식의 새로운 패러다임을 위하여》, 역사비평사, 2008.

권수현, 〈허정숙의 여성론 재구성〉, 《페미니즘 연구》 제10권 1호, 2010.

김경애, 〈가부장제 사회에서 신여성의 삶과 남성들: 나혜석, 김일엽, 허정숙을 중심으로〉, 《젠더연구》, 제16집, 2011.

김경일, 《한국노동운동사 – 일제하의 노동운동 1920~1945》, 고려대 노동문제연구소, 2004a.

김경일, 《여성의 근대, 근대의 여성: 20세기 전반기 신여성과 근대성》, 푸른역사, 2004b.

김경일, 〈1920~30년대 한국의 신여성과 사회주의〉, 《한국문화》 제36집, 2005.

김경일, 〈식민지 시기 신여성의 미국 체험과 문화 수용 – 김마리아, 박인덕, 허정숙을 중심으로〉, 이화여자대학교 한국문화연구원, 《한국문화연구》 제11집, 2006.

김경일, 《근대의 가족, 근대의 결혼》, 푸른역사, 2012a.

김경일, 〈차이와 구별로서의 신여성 – 나혜석의 사례를 중심으로〉, 《나혜석 연구》 창간호, 2012b.

김경일 외, 《한국 근대 여성 63인의 초상》, 한국학중앙연구원 출판부, 2015.

김광섭, 〈여성과 사치〉, 《여성》 1940년 9월호.

김마리아, 〈사랑하는 고국형님! 미국 '꽉' 대학에서〉(1, 2), 《동아일보》 1925년 2월 25일 및 3월 2일자.

김마리아, 〈한 달의 '널스' 생활〉, 《우라키》 제6호, 1933.

김마리아, 〈조선기독교여성 운동〉, 《종교시보》 제3권 제1호, 1934년 1월.

김명순, 〈부친보다 모친을 존경하고 여자에게 정치사회문제를 맡기겠다〉, 《동아일보》 1922년 1월 7일자(서정자 남은혜 편, 《김명순 문학전집》, 푸른사상, 2010).

김명순, 〈계통 없는 소식의 일절〉, 《신여성》 1924년 9월호(서정자·남은혜 편, 《김명순 문학전집》, 푸른사상, 2010).

김명순, 〈이상적 연애〉, 《조선문단》 1925년 7월호 (서정자·남은혜 편, 《김명순 문학전집》, 푸른사상, 2010).

김명순, 〈나는 사랑한다〉, 《동아일보》 1926년 9월 2일자(서정자·남은혜 편, 《김명순 문학전집》, 푸른사상, 2010).

김명순, 〈생활의 기억〉, 《매일신보》 1936년 11월 19일~21일자(서정자·남은혜 편, 《김명순 문학전집》, 푸른사상, 2010).

김미리사, 〈신진 여류의 기염 – 일천만의 여자에게 새 생명을 주고자 하노라〉 《동아일보》 1921년 2월 21일.

김미리사, 〈지방여자계의 현상〉, 《신천지》 1922년 6월호.

김미리사, 〈여자의 정조는 세계에 其比가 없습니다〉, 《개벽》 1925년 7월호.

김미리사, 〈교문을 나서는 지식 여성들에게 – 조선 여성이여 자립하라〉, 《조광》 1936년 3월호.

김상배, 《김명순 자전 시와 소설 – 꾸밈없이 살았노라》, 춘추각, 1985.

김성은, 〈1920~30년대 여자 미국 유학생의 실태와 인식〉, 《역사와 경계》 제72집, 2009.

김성은, 〈박인덕의 사회의식과 사회 활동: 1920년대 말~1930년대를 중심으로〉, 《역사와 경계》 제76집, 2010.

김성은, 〈신여성 하란사의 해외 유학과 사회 활동〉, 《사총》 77, 2012.

김수진, 〈'신여성', 열려 있는 과거, 멎어 있는 현재로서의 역사쓰기〉, 《여성과 사회》 제11호, 2000.

김수진, 《신여성, 근대의 과잉 – 식민지 조선의 신여성 담론과 젠더정치, 1920~1934》, 소명출판, 2009.

김안서, 〈모단 껄과 남성 해방연맹(1, 2)〉, 《동아일보》 1927년 8월 20일 및 23일자.

김영란, 《조국과 여성을 비춘 불멸의 별 김마리아》, 북산책, 2012.

김영순, 〈한·일 '신여성' 비교연구 – '아타라시이온나新しい女'가 '신여자'에게 미친 영향을 중심으로〉, 《일본문화연구》 제37집, 2011.

김영옥 편, 《"근대", 여성이 가지 않은 길》, 또하나의 문화, 2001.

김옥선,《빛과 소금의 삶: 김마리아 선생의 생애》, 보람문화사, 1994.

김옥엽, 〈청산할 연애론〉,《신여성》, 1931년 11월호.

김온, 〈콜론타이 연애관 비평〉,《별건곤》제29호, 1930년 6월호.

김욱동, 〈박인덕의《구월 원숭이》–자서전을 넘어서〉,《로컬리티 인문학》3, 2010.

김욱동, 〈박인덕의 전기와 관련한 오류〉,《동아연구》제61집, 2011.

김원주, 〈재혼 후 일주년 – 인격 창조에〉,《신여성》1924년 9월호.

김은실, 〈소비에트 사회에서의 여성 해방론 실험: 콜론타이의 여성 해방론을 중심으로〉,《아시아여성연구》, 숙명여대 아시아여성연구소, 43권 2호, 2004.

김은실 외,《한국여성인물사》(1), 숙명여자대학교 아시아여성연구소, 2004.

김은희, 〈무산 부인의 운동은 어대로 가나〉,《삼천리》제4권 제1호 1932년 1월호 (1932a).

김은희, 〈무산 부인운동론〉,《삼천리》제4권 제2호 1932년 2월호 (1932b).

김인덕 편,《식민지 시대 민족운동사 자료집 – 일본지역 편》, 국학자료원, 1996.

김일엽, 〈부녀잡지 신여자 창간사〉,《신여자》제1호, 1920년 3월《미래세가 다하고 남도록》(하), 인물연구소, 1974(1920a)).

김일엽, 〈여자 교육의 필요〉,《동아일보》1920년 4월 6일자(1920b).

김일엽, 〈우리 신여자의 요구와 주장〉,《신여자》제2호, 1920년 4월《미래세가 다하고 남도록》(하), 인물연구소, 1974(1920c)).

김일엽, 〈K 언니에게〉,《신여자》제2호, 1920년 4월《미래세가 다하고 남도록》(하), 인물연구소, 1974(1920d)).

김일엽, 〈잡지 신여자 머리에 씀〉,《신여자》제3호, 1920년 5월《미래세가 다하고 남도록》(하), 인물연구소, 1974(1920e)).

김일엽, 〈여자의 자각〉,《신여자》제3호, 1920년 5월《미래세가 다하고 남도록》(하), 인물연구소, 1974(1920f)).

김일엽, 〈먼저 현상을 타파하라〉,《신여자》제4호, 1920년 6월《미래세가 다하고 남도록》(하), 인물연구소, 1974(1920g)).

김일엽. 〈근래의 연애문제〉,《동아일보》1921년 2월 24일자《미래세가 다하고 남도록》(하),

인물연구소, 1974(1921a)).

김일엽. 〈부인 의복 개량에 대하여 – 한 가지 의견을 드리나이다〉, 《동아일보》 1921년 9
월 10일~14일자(1921b).

김일엽, 〈내가 남자라면 – 개성의 이해자로 아내를 해방〉, 《동아일보》 1922년 1월 3일자.

김일엽, 〈나의 정조관〉, 《조선일보》 1927년 1월 8일자(《미래세가 다하고 남도록》(하), 인물
연구소, 1974).

김일엽, 〈3년간은 참어라 – 남편 재옥·망명 중 처의 수절 문제〉, 《삼천리》 제10호, 1930
년 11월호.

김일엽, 〈처녀·비처녀의 관념을 양기하라 – 정조 파괴 여성의 재혼론〉, 《삼천리》 1931년
2월(《미래세가 다하고 남도록》(상), 인물연구소, 1974).

김일엽, 〈진리를 모릅니다 – 나의 회상기〉, 《여성농아》 1971년 12월 – 1972년 6일(《미래
세가 다하고 남도록》(상), 인물연구소, 1974).

김일엽, 《미래세가 다하고 남도록》(상·하), 인물연구소, 1974.

김준엽·김창순, 《한국공산주의운동사》(2), 고려대학교 아세아문제연구소, 1972.

김준엽·김창순, 《한국공산주의운동사》(3), 고려대학교 아세아문제연구소, 1973.

김준엽·김창순, 《한국공산주의운동사》(자료편1), 고려대학교 아세아문제연구소, 1986.

김탄실, 〈귀향〉, 《매일신보》 1936년 10월 7일~13일자(서정자·남은혜 편, 《김명순 문학전
집》, 푸른사상, 2010).

김탄실, 〈시로 쓴 반생기〉, 《동아일보》 1938년 3월 10일~12일자(서정자·남은혜 편, 《김명
순 문학전집》, 푸른사상, 2010).

김필수, 〈동방노력자공산대학 조선·일본반 합동회의 속기록〉, 1929. 12. 13~19. 러시아
국립사회정치사문서보관소(이정박헌영전집편집위원회, 《박헌영전집》 4, 역사비평사, 2004).

김하성, 〈세계여류운동자 프로필〉, 〈독일의 클라라 쳇트킨, 러시아의 알렉산더 코론타
이부인, 러시아의 크르푸쓰카야〉, 《신여성》 1931년 12월호.

김학준 편, 《혁명가들의 항일회상》, 민음사, 1988.

김해성, 〈독일의 로 – 자 룩센부륵크〉, 《신여성》 1931년 11월호.

김호일, 〈기독교 교육가 김마리아 연구〉, 중앙대학교 인문과학연구소, 《인문학연구》 36, 2003.

김효주, 〈1920년대 여행기에 나타난 미국 인식과 표상: 허헌 허정숙의 미국 여행기를 중심으로〉, 《한국민족문화》 제49집, 2013.

나혜석, 〈이상적 부인〉, 《학지광》 제3호, 1914년 12월(이상경 편, 《나혜석전집》, 태학사, 2000).

나혜석, 〈잡감 – K언니에게 여與함〉, 《학지광》 1917년 7월호(이상경, 《나혜석 전집》, 태학사, 2000).

나혜석, 〈경희〉, 《여자계》 1918년 3월호 (이상경 편. 《나혜석 전집》. 2000).

나혜석, 〈인형의 가家〉, 《매일신보》 1921년 4월 3일자(이상경 편, 《나혜석전집》, 태학사, 2000, 1921a).

나혜석, 〈김원주 형의 의견에 대하여 – 부인의복 개량 문제 – 〉, 《동아일보》 1921년 10월 1일자(이상경 편, 《나혜석전집》, 태학사, 2000, 1921b).

나혜석, 〈모된 감상기〉, 《동명》 1923년 1월 1일~21일자(이상경 편, 《나혜석 전집》, 태학사, 2000(1923a)).

나혜석, 〈강명화의 자살에 대하여〉, 《동아일보》 1923년 7월 8일자(이상경 편, 《나혜석 전집》, 2000(1923b)).

나혜석, 〈생활 개량에 대한 여자의 부르짖음〉, 《동아일보》 1926년 1월 24일~30일자.

나혜석, 〈프랑스 가정은 얼마나 다를까〉, 《동아일보》 1930년 3월 28일~4월 2일자.

나혜석, 〈아아 자유의 파리가 그리워 – 歐美 漫遊하고 온 후의 나〉, 《삼천리》 1932년 1월호(이상경 편, 《나혜석 전집》, 태학사, 2000).

나혜석, 〈이혼고백장 – 靑邱씨에게〉, 《삼천리》 1934년 8, 9월호(이상경 편, 《나혜석 전집》, 태학사, 2000).

나혜석, 〈신생활에 들면서〉, 《삼천리》 1935년 2월호(이상경 편, 《나혜석 전집》, 태학사, 2000(1935a)).

나혜석, 〈이성간의 우애론 – 아름다운 남매의 기記〉, 《삼천리》 1935년 6월호(이상경 편,

《나혜석 전집》, 태학사, 2000(1935b)).

나혜석, 〈나의 여교원 시대〉, 《삼천리》 1935년 6월호(이상경 편, 《나혜석 전집》, 태학사, 2000(1935c)).

나혜석, 〈독신 여성의 정조론〉, 《삼천리》 1935년 10월호(이상경 편, 《나혜석 전집》, 태학사, 2000(1935d)).

나혜석, 〈현숙玄淑〉, 《삼천리》 1936년 12월호(이상경 편, 《나혜석 전집》, 태학사, 2000).

나혜석 외. 〈설문 응답〉. 《삼천리》 1930년 5월호.

남화숙, 〈1920년대 여성 운동에서의 협동전선론과 근우회〉, 《한국사론》 25, 1991.

민병휘, 〈애욕 문제로 동지에게〉, 《삼천리》 1931년 10월호.

민족문제연구소, 《친일인명사전》(인명편 3), 2009.

박석륜·박은봉, 《인물여성사》, 새날, 1997.

박영희, 〈소위 근대녀, 근대남의 특징〉, 《별건곤》 1927년 12월호.

박용옥, 《한국 근대 여성 운동사 연구》, 한국정신문화연구원, 1984.

박용옥, 〈근우회의 여성 운동과 민족 운동〉, 역사학회 편, 《한국근대민족주의운동사연구》, 일조각, 1987.

박용옥, 《한국 여성 항일운동사 연구》, 지식산업사, 1996.

박용옥, 〈김마리아의 망명 생활과 독립운동〉, 《한국민족운동사연구》 22, 1999.

박용옥, 《김마리아: 나는 대한의 독립과 결혼하였다》, 홍성사, 2003.

박인덕, 〈경성에서 시카고까지〉(1, 2), 《동아일보》, 1927년 1월 20일 및 1월 21일자.

박인덕, 〈조선 여자와 직업 문제〉, 《우라키》 제3호, 1928.

박인덕, 〈북미 대륙 방랑의 1년〉, 《우라키》 제4호, 1930.

박인덕, 〈6년 만의 나의 반도, 아메리카로부터 돌아와서 여장을 풀면서〉, 《삼천리》 제3권 제11호, 1931년 11월.

박인덕, 《丁抹國民高等學校》, 경성: 조선기독교청년회연합회, 1932a.

박인덕, 〈내가 본 독일농촌〉, 《삼천리》 제4권 제4호, 1932년 4월(1932b).

박인덕, 〈내외 인물 인상기 ─ 미국 여성의 대표적 인물 랭킨스 양의 인상〉, 《동광》 제32

호, 1932년 4월 (1932c).

박인덕, 〈재미동포의 최근 상황〉, 《신동아》 1932년 7월호 (1932d).

박인덕, 〈미국 자유종각 방문기〉, 《삼천리》 제5권 제3호, 1933년 3월.

박인덕, 〈조선사회와 장년교육론〉, 《삼천리》 제7권 제5호, 1935년 6월.

박인덕, 〈태평양을 다시 건너며, 세계기독교대회에 참석코저〉, 《삼천리》 제8권 제1호, 1936년 1월.

박인덕, 〈형제여 잘 있거라〉, 《삼천리》 제8권 제4호, 1936년 4월.

박인덕, 〈파란 많은 나의 반생〉, 《삼천리》 제10권 제11호 1938년 11월.

박인덕, 〈熱熱과 자유의 신이 잠자는 신비의 도성, '쇼팡'의 모국〉, 《동아일보》 1939년 9월 10일자.

박인덕, 〈인도여행〉, 《삼천리》 제12권 제4호, 1940년 4월(1940a).

박인덕, 〈흑인과 미주의 인구문제〉, 《삼천리》 제12권 제9호, 1940년 10월 (1940b).

박인덕永河仁德, 〈임전애국자의 대사자후大獅子吼!!−승전의 길은 여기 있다〉, 《삼천리》 제13권 제11호, 1941년 11월.

박인덕永河仁德, 〈東亞 黎明과 半島 女性〉, 《대동아》 제14권 제3호, 1942년 3월.

박일형, 〈근우회는 어떻게 해소할까?−정종명 씨 소론의 일보족적 비판〉, 《해방》 제3권 제4호, 1931년 6월.

박찬승, 《한국근대정치사상사연구》, 역사비평사, 1992.

박헌영, 《이정 박헌영 전집 8》, 역사비평사, 2004.

박혜란, 〈1920년대 사회주의 여성 운동의 조직과 활동〉, 이화여대 대학원 사학과 석사학위논문, 1993.

박화성, 〈계급해방이 여성 해방〉, 《신여성》 제7권 제2호, 1933.

백순원, 〈일제하 한국 여성단체와 여성 운동〉, 연세대학교 교육대학원 석사학위논문, 2003.

반민족연구소 편, 《친일파 99인⑵》, 돌베개, 1993.

B기자, 〈삭발하고 장삼 입은 김일엽 여사의 회견기〉, 《개벽》 1935년 1월호 (김일엽, 《미래

세가 다하고 남도록〉(하), 인물연구소, 1974).

비파동주인, 〈광무융희光武隆熙 시대의 신여성 총관總觀〉, 《삼천리》 제15호, 1931년 5월호.

서경석·우미영 편, 《신여성, 길 위에 서다》, 호미, 2007.

서정자·남은혜 편, 《김명순 문학전집》, 푸른사상, 2010.

서형실, 〈정열의 여성 운동가 허정숙〉, 《여성과 사회》 제3호, 1992a.

서형실, 〈허정숙 - 근우회에서 독립동맹투쟁으로〉, 《역사비평》 19, 1992b.

설성경, 《신소설 연구》, 새문사, 2005.

송계월, 〈남성에 대한 선전포고 - 각계 신구여성의 기염(2)〉, 《동아일보》 1932년 1월 2일자.

송봉우, 〈정조를 절대 사수하라! - 남편 재옥·망명 중 처의 수절문제〉, 《삼천리》 제10호, 1930년 11월호.

宋相燾, 《騎驢隨筆》, 국사편찬위원회, 1971.

송아지, 〈부인해방문제에 관하야〉(8), 《독립신문》 1920년 4월 1일자.

송연옥, 〈1920년대 조선여성 운동과 그 사상 - 근우회를 중심으로〉, 《1930년대 민족해방운동》, 거름, 1984.

송연옥, 〈조선 '신여성'의 내셔널리즘과 젠더〉, 문옥표 외, 《신여성 - 한국과 일본의 근대 여성상》, 청년사, 2003.

송진희, 〈허정숙의 생애와 활동 - 사상과 운동의 변천을 중심으로〉, 순천대학교 교육대학원 석사학위논문, 2004.

수유+너머 근대매체연구팀, 《신여성 - 매체로 본 근대 여성 풍속사》, 한겨레신문사, 2005.

신영숙, 〈일제하 신여성의 사회 인식〉, 《이대사원》 21, 1985.

신영숙, 〈일제하 신여성의 연애·결혼 문제〉, 《한국학보》 제45집, 일지사, 1986.

신영숙, 〈일제하 한국여성사회사연구〉, 이화여대 대학원 사학과 박사학위논문, 1989.

신영숙, 〈일제 시기 여성 운동가의 삶과 그 특성 연구 - 조신성과 허정숙을 중심으로〉, 《역사학보》 150, 1996.

신영숙, 〈사회주의 여성 운동가, '조선의 콜론타이' 허정숙〉, 《내일을 여는 역사》 23,

신여성,
개념과 역사

2006년 3월.

신주백 편, 《1930년대 민족해방운동론 연구 I》, 새길, 1989.

안광호, 〈애욕생활과 주의생활〉, 《신여성》 1932년 11월호.

안숙원, 〈신여성과 에로스의 역전극-나혜석의 《현숙》과 김동인의 《김연실전》을 대상으로〉, 《여성문학연구》 제3호, 2000.

안회남, 〈청춘과 연애〉, 《신여성》 1933년 5월호.

양명, 〈여시아관〉, 《개벽》 65호, 1926년 1월호.

양문규, 〈1910년대 나혜석 문학의 또 다른 근대성〉, 문학과사상연구회, 《근대 계몽기 문학의 재인식》, 소명, 2007.

오숙희, 〈한국 여성 운동에 관한 연구-1920년대를 중심으로〉, 이화여대 대학원 석사학위논문, 1988.

오천석, 〈米洲留學生의 面影〉, 《삼천리》 제5권 제3호, 1933.

우미영, 〈근대 한국 여성의 서양 인식, 서양 체험과 문학: 서양 체험을 통한 자기 구성 방식-나혜석, 박인덕, 허정숙의 서양여행기를 중심으로〉, 《여성문학연구》 제12집, 2004.

우봉운, 〈내가 서울 여시장 된다면?〉, 《삼천리》 제6권 제7호, 1934년 6월.

우봉운, 《여류 연설객과 잡감》, 《삼천리》 제7권 제1호 1935년 1월호.

우해천, 〈연애의 계급성〉, 《신여성》 1931년 10월호.

월하동인, 〈무산 부인〉(1~4), 《동아일보》 1927년 9월 4일~7일자.

유민영, 《윤심덕-사의 찬미》, 민성사, 1987.

유상규, 〈조선 여성과 산아 제한〉, 《신여성》 1932년 3월호.

유영준, 〈중국 여자의 굳은 정절〉, 《여자계》 제4호, 1920년 3월 (1920a)

유영준, 〈중국 여자의 굳은 정절(속)〉, 《여자계》 제5호, 1920년 6월 (1920b)

유영준, 〈반도 청년 여자에게〉, 《여자계》 제5호, 1920년 6월 (1920c)

유영준, 〈신춘의 새 희망-구식 부인도 회합에 참석하라〉, 《별건곤》 제11호, 1928년 2월.

유영준, 〈이 세상에 만약 남자가 없다면-인간 사회는 수라장〉, 《별건곤》 제19호, 1929

년 2월호.

유영준, 〈허례를 폐하라 – 우리가 가질 결혼예식에 대한 명사의 의견〉, 《별건곤》 제28호, 1930년 5월호 (1930a).

유영준, 〈수절 못함이 당연〉, 《삼천리》 제10호, 1930년 11월호 (1930b).

유영준 외, 〈해방여성 좌담회〉, 《여성문화》 1945년 12월호.

유철수, 〈성애해방론 – 건전한 성적 자유의 획득〉, 《동광》 24호, 1931년 8월호.

윤정원, 〈헌신적 정신〉, 《대한자강회월보》 제10호, 1907년 4월(《태극학보》 제7호, 1907년 2월).

윤정원, 〈본국 제형 제매에게(기서)〉, 《태극학보》 제2호, 1906년 9월(1906a).

윤정원, 〈추풍일진(기서)〉, 《태극학보》 제3호, 1906년 10월(1906b).

윤정원, 〈공겸의 정신〉, 《태극학보》 제4호, 1906년 11월(1906c).

尹亨植, 〈푸로레타리아연애론〉, 《삼천리》 1932년 4월호.

이구열, 《나혜석 일대기 – 에미는 선각자였느니라》, 동화출판공사, 1974.

이노우에 가즈에井上和枝, 〈조선 '신여성'의 연애관과 결혼관의 변혁〉, 문옥표 외, 《신여성》, 청년사, 2003.

이대위, 〈여자의 경제적 독립〉, 《청년》 1922년 10호.

이덕요, 〈성욕은 참아야 한다 – 남편 재옥·망명 중 처의 수절문제〉, 《삼천리》 제10호, 1930년 11월호.

이덕요, 〈학교선택 체험담 – 여자와 경제독립〉, 《동광》 제18호 1931년 2월호.

이덕주, 〈신여성의 선각자 하란사〉, 《새가정》 370호, 1987.

이덕주, 《한국 교회 처음 여성들: 개화기 여성 리더들의 혈전의 역사》, 홍성사, 2007.

이량, 〈전위선상의 인물평 – 열성과 근로의 정종명 씨〉, 《삼천리》 제14호, 1931년 4월.

이방원, 〈박에스더(1877~1910)의 생애와 의료 선교 활동〉, 《의사학》 제31호, 2007.

이상경, 〈1920년대 신여성의 다양한 행로에 관한 연구〉, 《한국근대여성문학사론》, 소명출판, 2002.

이상경, 〈인간으로 살고 싶다 – 영원한 신여성 나혜석〉. 한길사, 2000a.

이상경 편, 《나혜석 전집》, 태학사, 2000b.

이소영, 〈1920년대 사회주의 여성 운동의 이념적 성격에 관한 연구〉, 연세대학교 대학
　원 정치학과 석사학위논문, 1992.

이숙진, 〈박인덕의 연설활동과 근대적 주체의 탄생: 박인덕의 자서전을 중심으로〉, 《여
　성신학논집》 제11집, 2014.

이애숙, 〈정종명의 삶과 투쟁－민족과 여성의 해방을 위해 싸운 한 여성투사 이야기〉,
　《여성》 제3집, 1989.

이옥수, 《한국근세여성사화(상)》, 규문각, 1985.

이인직, 《혈의 누》, 한국학문헌연구소 편, 《신소설·번안(역)소설》 권1(한국개화기문학총서
　I), 아세아문화사, 1978(1907).

이일정, 〈남녀의 동권은 인권의 대립－당파열 타파의 필요〉, 《동아일보》 1920년 4월 3
　일자.

이재선, 《한국현대소설사》, 홍성사, 1980.

이정윤, 〈무산 부인의 과거, 현재, 미래〉, 《동아일보》 1923년 5월 5일자.

이지원, 〈1920년대 여성 운동의 이념과 활동〉, 《한민족 독립운동사 9－3·1운동 이후의
　민족운동2》, 국사편찬위원회, 1991.

이철, 《경성을 뒤흔든 11가지 연애사건》, 다산초당, 2008.

이춘수, 〈신년을 際하여－특히 무산 부인에게〉, 《조선일보》 1926년 1월 4일자.

이해조, 《자유종》, 한국학문헌연구소 편, 《신소설·번안(역)소설》 권4(한국개화기문학총서
　I), 아세아문화사, 1978.

이현경, 〈경제상태의 변천과 여성의 지위〉(1)～(5), 《현대평론》 1927년 1호～5호(1927a).

이현경, 〈여성과 단결〉, 근우회 리플리트 제1집, 1927년 8월(최은희, 《조국을 찾기까지(1905
　～1945 한국여성활동비화)》(하), 탐구당, 1972, 1927b).

이화형 외, 《한국근대 여성의 일상문화》(전9권), 국학자료원, 2004.

이효재, 〈개화기 여성의 사회진출〉, 《한국여성사 II》, 이화여자대학교 한국여성사 편찬
　위원회, 1972.

장린, 〈근우회에 대한 각 방면 인사의 기대－노동 부인의 조직화를〉, 《근우》 제1호,

1929년 5월.

장인모, 〈1920년대 근우회 본부 사회주의자들의 여성 운동론〉, 《한국사연구》 142, 2008.

전경옥 외, 《한국여성문화사(1)》, 숙명여자대학교 아시아여성연구소, 2004a.

전경옥 외, 〈실천하는 여성 해방론자 알렉산드라 미하일로브나 콜론타이〉, 《세계여성리더》, 숙명여대 출판부, 2004b.

전광용, 《신소설연구》, 새문사, 1986.

전병무, 《김마리아 – 한국 항일여성 운동계의 대모》(독립기념관 한국의 독립운동가들 48), 역사공간, 2013.

전상숙, 〈'조선여성동우회'를 통해서 본 식민지 초기 사회주의 여성지식인의 여성 해방론〉, 이화여대 대학원 정외과 석사학위논문, 1987.

정민재, 〈조선 최초의 여의사, 박에스더〉, 《한성사학》 제24집, 2009.

정일형, 〈김마리아론 – 다난한 망명생활공개장〉, 《우라키》 제6호, 1933.

정종명, 〈남성은 오즉 야심뿐〉, 《별건곤》 제19호, 1929년 2월(1929a).

정종명, 〈빈궁, 투쟁, 고독의 반생〉, 《삼천리》 제2호, 1929년 9월(1929b).

정칠성, 〈신여성이란 무엇인가 – 가치대폭락의 허물은 누구에게〉, 《조선일보》 1926년 1월 4일자.

정칠성, 〈참 자유의 길〉, 《여자계》 속간 제4호, 1927년 1월.

정칠성, 〈의식적 각성으로부터 – 무산 부인 생활에서〉, 《근우》 제1호, 1929년 5월(1929a).

정칠성, 〈'적련' 비판, 꼬론타이의 성도덕에 대하야〉, 《삼천리》 제2호, 1929년 9월(1929b).

정칠성, 〈부재중은 의식적 행동하라 – 남편 재옥·망명 중 처의 수절문제〉, 《삼천리》 제10호, 1930년 11월.

정칠성, 〈연애의 고민상과 그 대책〉, 《조선지광》 제94호, 1931년 1·2월 합호(1931a).

정칠성, 〈여성으로서 본 세계관〉, 《비판》 제1권 제1호, 1931년 5월호(1931b).

정칠성, 〈신여성의 신년 신신호〉, 《동광》 1932년 1월호.

정칠성, 〈인형전람회를 보고 – 신동아 11월호 소재〉, 《신계단》 제4호, 1933년 1월.

정 켈리 Y., 〈신여성, 구경거리a spectacle로서의 여성성: 기시성과 접근성 – 나혜석의 《경희〉를 중심으로〉, 《한국문학연구》 29집, 동국대학교 한국문학연구소, 2005.

조경미, 〈1920년대 사회주의 여성단체에 관한 일연구 – 근우회 창립 이전 ~〉, 《한국학연구》 제2집, 1992.

조사부, 〈근우회 회황일람會況一覽〉, 《근우》, 창간호, 1929.

조선희, 〈정종명〉, 《발굴 한국현대사 인물I》, 한겨레신문사, 1993.

조은·윤택림, 〈일제하 '신여성'과 가부장제 – 근대성과 여성성에 대한 식민담론의 재조명〉, 광복50주년기념사업위원회·한국학술진흥재단, 《광복50주년 기념논문집》(8 여성), 1995.

주세죽, 〈제일 미운 일 제일 보기 싫은 일 – 남자의 자기만 사람인 척 하는 것〉, 《별건곤》 제9호, 1927년 10월호.

진상주, 〈프로레타리아 연애의 고조 – 연애에 대한 계급성〉, 《삼천리》 1931년 7월호.

천화숙, 〈일제하 조선여자기독교청년회연합회의 여성 운동〉, 《실학사상연구》 제9집, 1997.

초사, 〈현대여류사상가들(3) – 붉은 연애의 주인공들〉, 《삼천리》 제17호, 1931년 7월.

최숙경·이배용·신영숙·안연선, 〈한국여성사 정립을 위한 인물 유형 연구(III): 3·1운동 이후부터 해방까지〉, 《여성학논집》 제10집, 1993.

최은희, 《조국을 찾기까지(하)》, 탐구당, 1979.

최은희, 《여성을 넘어 아낙의 너울을 벗고》, 문이재, 2003.

최찬식, 〈추월색〉, 한국학문헌연구소 편, 《신소설·번안(역)소설》 권7(한국개화기문학총서 I), 아세아문화사, 1978.

최창수, 〈신소설 여성의 근대화와 자기정체성 – 〈혈의 누〉, 〈자유종〉, 〈추월색〉을 중심으로〉, 《어문론집》 제28집, 중앙어문학회, 2000.

최혜실, 《신여성들은 무엇을 꿈꾸었는가》, 생각의 나무, 2000.

태혜숙 외, 《한국의 식민지 근대와 여성공간》, 여이연, 2004.

콜론타이, 알렉산드라, 김제헌 옮김, 《붉은 사랑》, 도서출판 공동체, 1988.

콜론타이, 알렉산드라, 석미주 옮김, 《홀로된 사랑 이별》, 푸른산, 1991.

한국정신문화연구원 현대사연구소, 《遲耘 金錣洙》(자료총서 4), 한국정신문화연구원, 1999.

한상권, 〈1920년대 여성 해방론 – 단발론을 중심으로〉, 《사학연구》 제87호, 2009.

한상권, 〈일제 강점기 차미리사의 민족교육운동〉, 《한국독립운동사연구》 16, 2001.

한상권, 《차미리사 평전 – 일제 강점기 여성 해방운동의 선구자》, 푸른역사, 2008.

허근욱, 〈나의 아버지 허헌과 언니 허정숙〉, 《역사비평》 26호, 1994 가을호.

허영순, 〈여성과 모성애 – 여성의 가장 큰 자랑은 굳센 모성애에만 있다〉, 《여성》 1938년 9월호.

허정숙, 〈신년과 여성 운동〉, 《조선일보》 1926년 1월 3일자(부록 3면).

허정숙, 〈울 줄 아는 인형의 여자국 북미인상기〉, 《별건곤》 제10호, 1927년 12월.

허정숙, 〈미주여성을 들어 조선여성에게!(1~3)〉, 《조선일보》 1928년 1월 3일~5일사 (1928a).

허정숙, 〈부인운동과 부인문제 연구 – 조선여성지위는 특수〉(2), 《동아일보》 1928년 1월 4일자(1928b).

허정숙, 〈이 세상에 만약 남자가 없다면 – 의식주만은 무걱정〉, 《별건곤》 제19호, 1929년 2월호(1929a).

허정숙, 〈근우회 운동의 역사적 지위와 당면 임무〉, 《근우》 창간호, 1929(1929b).

허정숙, 〈현실과 이상은 다르다 – 남편 재옥·망명 중 처의 수절문제〉, 《삼천리》 제10호, 1930년 11월호.

洪陽明 외, 〈우리들은 亞米利加문명을 끌어올까 露西亞문명을 끌어올까?〉, 《삼천리》 제4권 제7호, 1932년 5월.

홍필주, 〈別報 – 不可無此一言〉, 《대한자강회월보》 제10호, 1907년 4월.

홍효민, 〈현대 여성의 부동성 – 소위 "모더니즘"의 편린〉, 《신동아》 1931년 12월호.

홍효민, 〈처녀와 처녀성의 붕괴 – 속 현대 여성의 부동성〉, 《신동아》 1932년 2월호.

황신덕, 〈신양성도덕의 제창 – 부부애, 정사, 성교육〉, 《삼천리》 제6호, 1930년 5월.

황신덕, 〈조선부인운동은 어떻게 지내왔나〉, 《신가정》 1933년 4월호

京畿道 警察部,《治安槪況》1929년.

工位靜枝,〈關東婦人同盟〉,《歷史評論》제280호, 1973.

羅英均,《日帝時代, わが家は》(小川昌代 譯). 東京: みすず書房, 2003.

東京女性財団,《先驅者たちの肖像~明日を拓いた女性たち》, 東京: ドメス出版, 1994.

朴宣美,《朝鮮女性の知の回遊: 植民地文化支配と日本留學》, 山川出版社, 2005(《근대 여성, 제국을 거쳐 조선으로 회유하다-식민지 문화지배와 일본 유학》, 창비, 2007).

女性史總合硏究会 編,《日本女性史(제4卷 近代)》, 東京大學出版会, 1982.

鐘路警察署,〈各團體の動靜に關する件〉, 京鍾警高秘 제11422호, 1926년 9월.

村田陽一,《コミンテルン資料集》4, 大月書店, 1981.

坪江汕二,《朝鮮民族獨立運動秘史》, 東京: 日刊勞働通信社, 1959.

Choi, Hyaeweol, *Gender and Mission Encounters in Korea: New Women, Old Ways*, Berkeley: University of California Press, 2009.

Choi, Hyaeweol, *New Women in Colonial Korea: A Sourcebook*, London: Routledge, 2012.

Fraisse, Geneviève, Georges Duby, Michelle Perrot and Arthur Goldhammer (eds.), *A History of Women in the West: Emerging Feminism from Revolution to World War*. vol. IV. Cambridge: Harvard University Press 1993(권기돈·정나원 옮김,《여성의 역사》(제4권 하), 새물결, 1998).

Hahr, Nansa K., "A Protest," *The Korea Mission Field*, vol. 7 no. 12, 1911.

Jung-Kim, Jennifer, "The New Woman and New-Style Weddings in Colonial Korea," *The Review of Korean Studies*, vol. 11, no. 4, 2008.

Kim, Melissa, "The Korean Women's Educational Association" *The Korea Mission Field*, vol. 16 no. 10, 1920.

Kwon, Insook, "'The New Women's Movement' in 1920s Korea: Rethinking the Relationship Between Imperialism and Women," *Gender and History*, vol. 10, no. 3, 1998.

The Modern Girl Around the World Research Group, *The Modern Girl around the World*: *Consumption, Modernity, and Globalization*, Duke University Press, 2008.

Pahk, Induk, *September Monkey*, New York: Harper & Brothers, 1954(《구월 원숭이》, 창미, 2007).

Stites, Richard, *The Women's Liberation Movement in Russia*: *Feminism, Nihilism, and Bolshevism, 1860~1930*, Princeton: Princeton University Press, 1978.

Yoo, Theodore Jun, *The Politics of Gender in Colonial Korea*: *Education, Labor, and Health, 1910~1945*, Berkeley: University of California Press, 2008.

Yun, T. H. "A Plea for Industrial Training," *The Korea Mission Field*, vol. 7 no. 7, 1911.

찾아보기

신여성,
개념과 역사

신여성,
개념과 역사

신여성, 개념과 역사

⊙ 2016년 5월 9일 초판 1쇄 발행
⊙ 2017년 8월 2일 초판 2쇄 발행
⊙ 지은이   김경일
⊙ 펴낸이   박혜숙
⊙ 디자인   이보용
⊙ 펴낸곳   도서출판 푸른역사
  우) 03044 서울시 종로구 자하문로8길 13
  전화: 02) 720-8921(편집부) 02) 720-8920(영업부)
  팩스: 02) 720-9887
  전자우편: 2013history@naver.com
  등록: 1997년 2월 14일 제13-483호

ISBN   979-11-5612-072-8   93900

• 잘못 만들어진 책은 교환해드립니다.